AS PARÁBOLAS DE JESUS PARA CATEQUISTAS

PE. JOSÉ CARLOS PEREIRA, CP

AS PARÁBOLAS DE JESUS PARA CATEQUISTAS

Acolher, escutar e acompanhar

EDITORA
SANTUÁRIO

DIREÇÃO EDITORIAL:
Pe. Fábio Evaristo R. Silva, C.Ss.R.

COPIDESQUE:
Luana Galvão

REVISÃO:
Sofia Machado

DIAGRAMAÇÃO E CAPA:
Bruno Olivoto

COORDENAÇÃO EDITORIAL:
Ana Lúcia de Castro Leite

Dados Internacionais de Catalogação na Publicação (CIP) de acordo com ISBD

P436p Pereira, José Carlos

As parábolas de Jesus para catequistas: acolher, escutar e acompanhar / José Carlos Pereira. - Aparecida, SP : Editora Santuário, 2020.
216 p. ; 16cm x 23cm.

Inclui índice.
ISBN: 978-85-369-0628-7

1. Cristianismo. 2. Jesus. 3. Parábola. 4. Catequistas. I. Título.

2020-109 CDD 240
CDU 24

Elaborado por Vagner Rodolfo da Silva - CRB-8/9410

Índice para catálogo sistemático:
1. Religião : Cristianismo 240
2. Religião : Cristianismo 24

2ª impressão

Rua Pe. Claro Monteiro, 342 – 12570-045 – Aparecida-SP
Tel.: 12 3104-2000 – Televendas: 0800 - 016 00 04
www.editorasantuario.com.br
vendas@editorasantuario.com.br

INTRODUÇÃO

Este livro foi preparado para catequistas, mas pode servir também para qualquer outra pessoa que queira refletir sobre as parábolas de Jesus, entendê-las e aplicá-las a sua vida pessoal e pastoral.

A proposta de direcionar esses ensinamentos de Jesus aos catequistas se dá pelo fato de Jesus ter sido o Catequista dos catequistas e de ter formado muitos catequistas, apóstolos, discípulos, missionários com sua pedagogia catequética, cujo método consistia em ensinamentos por meio de parábolas, um recurso de linguagem eterno, sem data ou prazo de validade, que nunca envelhece e se inova e renova, por si mesmo, em cada realidade e momento que é lido e aplicado. Não há outra pedagogia ou método mais eficaz. As parábolas atravessaram milênios e continuam tão atuais como se tivessem sido ditas hoje. Por essa razão, aplicá-las à formação de catequistas é algo imprescindível e indispensável, e é esse o objetivo primordial deste livro.

O catequista é um discípulo de Jesus por excelência. Sua missão consiste no seguimento de Jesus a partir dos ensinamentos que Ele deixou, transmitindo a outros aquilo que ele ensinou a seus primeiros discípulos, aos mestres e doutores da lei, às pessoas do povo e a tantas outras personagens que contracenaram com Ele, na época em que viveu. Assim, a responsabilidade do catequista é tamanha que fica difícil descrevê-la aqui, a não ser em forma de parábolas ou de explicações e de sua aplicação para esses discípulos missionários de hoje, tão valiosos para a Igreja e para a continuidade da missão de Jesus. Nesse sentido, um dos temas que se destacam nestas reflexões é o do seguimento.

O tema do seguimento, bem como seus desafios, é recorrente na maioria das parábolas que encontramos nos evangelhos. Algumas delas dão destaque, juntamente com o seguimento, ao tema da justiça, algo fundamental nos ensinamentos de Jesus e que está presente em muitas de suas parábolas, como poderemos conferir neste livro. A prática da justiça é a ação do justo, e ser justo sempre foi algo tremendamente desafiador. Os justos nem sempre são compreendidos; os justos são comumente perseguidos e até mortos por aqueles que são injustos e se sentem incomodados pelos justos. Quem é justo possui a senha para entrar no Reino de Deus, diz Jesus, com outras palavras, em algumas destas parábolas aqui reunidas.

Assim sendo, a proposta cristã é desafiadora, porque prima pela justiça. Portanto, a pessoa do catequista precisa ser necessariamente justa, condição primordial para ser catequista. O catequista é essencialmente um discípulo de Jesus e, no contexto do que pediu a Conferência de Aparecida e seus desdobramentos, um discípulo missionário. Quem não é justo não se enquadra no seguimento de Jesus, pois não pode ser discípulo nem missionário. Por isso, não se deve seguir Jesus apenas para obter vantagens, lugares de destaque, visibilidade nesta ou na outra vida, pois quem tiver essa intenção se decepcionará. Não se pode ser catequista com essas intenções na mente e no coração. Essas e outras questões e situações estarão presentes nas parábolas refletidas aqui neste livro e fazem o catequista pensar como anda seu ser cristão no exercício da missão de ser catequista, nos desdobramentos e nas implicações que a catequese tem na Igreja e na sociedade.

O livro da Sabedoria (Sb 2,12a.17-20) fala da perseguição dos justos. Ciladas são armadas para aqueles que representam um estorvo; os que com seu comportamento justo se opõem ao modo de agir dos que não se preocupam com a justiça. O justo incomoda porque ele não se cala diante das injustiças. Todo aquele que denuncia injustiças e coisas erradas corre risco de vida. Primeiro vêm as ameaças, depois a perseguição, por fim, a morte, caso o justo persista incomodando. Foi assim que aconteceu com tantos que lutaram pela justiça; basta ver a história dos mártires de ontem e de hoje. Eles foram mortos porque incomodavam, porque denunciavam as injustiças. Os injustos testam os justos para ver se eles desistem, mas, se o justo confiar verdadeiramente em Deus, não desistirá. Continuará a agir com firmeza, serenidade e não se deixará abalar pelas ameaças. Não é fácil agir dessa maneira. Muitos desistem antes mesmo de as coisas se agravarem. Assim, o livro da Sabedoria, no trecho supracitado, faz um alerta a todos sobre a vivência da Palavra de Deus, a quem quer seguir Jesus e para os/as catequistas que querem ser verdadeiros discípulos missionários dele na árdua missão de catequizar. O justo dessa leitura é associado com Jesus, o Filho de Deus, pois esse passou por tudo o que está relatado: foi entregue nas mãos dos injustos, que o mataram, mas permaneceu firme, indo até o fim, porque confiou nas promessas do Pai, que o ressuscitou no terceiro dia. Porém, muitos não perseveram, porque temem ou porque têm outras preocupações.

No evangelho de Marcos (Mc 9,30-37), Jesus está em plena atividade catequética com seus discípulos. Sua catequese, como toda boa catequese, contém teoria e prática. Ele leva os discípulos a campo, aos lugares de missão, para ensiná-los. Isto mostra que, quando se sai das salas de catequese, das "sacristias" ou dos templos e se vai ao encontro dos necessitados, das realidades, dos desafios, os ensinamentos, as pregações, enfim, a catequese são muito mais eficazes do que ficar apenas na teoria, no discurso dentro de uma sala. Hoje, um dos apelos da Igreja é o da catequese familiar ou a catequese dada em domicílio, nos lugares onde os catequizandos vivem, pois ali se enxergarão outras realidades, e eles enxergarão de modo diferente os ensinamentos dos/as catequistas. Portanto, onde houver possibilidade, a catequese seja dada nas casas.

É esse um dos primeiros ensinamentos de Jesus a seus discípulos quando atravessaram a Galileia, território de missão. Jesus não queria que ninguém soubesse que estavam passando por ali para não interromper seus ensinamentos catequéticos. O momento era catequético, "aula prática", pois, além de conhecerem a realidade, ouviam-no, falando tudo o que iria sofrer. Cristo apresentou para eles o conteúdo da missão, do seguimento; porém, como hoje, nem todos estavam interessados. Alguns queriam mesmo o lugar de destaque. Por isso, enquanto Jesus ensinava, eles discutiam quem seria o maior, quem seria o mais importante, quem teria mais privilégios, enfim, o que não condizia com as propostas de Jesus. Isso nos faz lembrar quando o catequista está dando catequese, e os catequizandos estão pensando ou fazendo outras coisas, querendo apenas receber a comunhão ou a crisma e não a aprendizagem. Ou então, quando vamos à missa e, enquanto o padre faz a homilia, nossa cabeça está distante ou focada em outras coisas.

Que discípulo de Jesus nós somos quando sua proposta não nos interessa? Que discípulos de Jesus serão as crianças, os adolescentes, jovens ou adultos da catequese, se a proposta medular da catequese, que é o seguimento de Jesus, não lhes interessa?

Cabe pensar nessa questão e nas situações que esse texto traz para avaliar o seguimento como catequista. Enquanto Jesus falava de algo tão sério, tão importante, essencial em sua missão, alguns tinham outras preocupações. Será que isso é muito diferente da realidade eclesial? Será que todos os que estão na catequese ou mesmo na Igreja, catequistas ou não, têm verdadeira preocupação com as propostas cristãs? Estão dispostos a sofrer o que Jesus sofreu para obter o que ele obteve? Ou querem lugar de destaque, visibilidade, status, carreira etc.? Jesus sabe quando estamos na Igreja preocupados com outras coisas e não com a justiça, o reino de Deus ou o ensinamento de sua Palavra.

Quando chegou a casa, em Cafarnaum, perguntou o que eles tinham discutido enquanto ele falava. Viu que eles estavam preocupados com outras coisas. Diante da pergunta, eles se calaram. Sentiram-se envergonhados pelo conteúdo da discussão, pois discutiam quem seria o maior. A preocupação em ser grande é algo que pode nos desviar do foco da missão ou daquilo que é essencial. Jesus, porém, aproveitou a oportunidade para mostrar-lhes que, em seu seguimento, quem quisesse ser grande, o primeiro deveria ser o último de todos e o primeiro a servir. Desse modo, ele tocou no âmago das vaidades. Pediu que se despojassem dos interesses escusos, da busca de poder, para servir, principalmente, os pequenos, os humildes, os marginalizados. Em outras palavras, ele pediu para se abaixarem e lavarem os pés dos irmãos. Esse ato os tornaria grandes e visíveis diante de Deus. Assim, quem receber, nesta vida, títulos, honra e glória, dificilmente, receberá em outra, mas quem passar sua vida servindo na humildade, sem se preocupar com honrarias e grandezas, tornar-se-á o primeiro diante de Deus.

O exemplo da criança é muito expressivo. Jesus a colocou no meio deles para mostrar-lhes que os pequenos, os dependentes, os vulneráveis precisavam estar no centro das preocupações. Portanto quem acolhe os pequenos o acolhe, e quem o acolhe acolhe a Deus, que se revela nos pequenos. Enquanto as manias de grandeza forem o centro de sua preocupação, estará longe do seguimento de Jesus, mesmo dentro da Igreja como catequista. Lembre-se disso cada vez que for preparar o encontro de catequese e cada vez que se encontrar com as crianças da catequese. O papa Francisco tem mostrado isso com muita clareza em suas homilias, pregações e seus escritos. Ele tem buscado resgatar os ensinamentos mais profundos de Jesus e aplicar à vida da Igreja, para que esta seja mais humana e, sendo mais humana com os pequenos, torne-se mais próxima de Deus, mais divina.

Para que isso venha a ocorrer na Igreja e na sociedade, é preciso banir sentimentos, como a inveja, pois, onde há inveja, há rivalidades, e, onde há rivalidades, há desordens e toda espécie de obras más, diz a Carta de Tiago (Tg 3,16-4,3). Deus não quer que sua Igreja se torne um espaço de rivalidades, de disputa de poder, pois, onde isso acontece, os pobres, os pequenos são esquecidos. Portanto, é preciso agir com sabedoria, que vem de Deus, que, segundo Tiago, é pacífica, modesta, conciliadora, cheia de misericórdia, de bons frutos e pura; qualidades que os/as catequistas deveriam ter. Estes, que são discípulos missionários de Jesus Cristo, devem ser pessoas puras, em seus pensamentos e em seus atos, sem maldade no coração, pois quem tem pureza consegue ver a Deus. Devem ser modestos, isto é, ser simples, sem buscar ou ostentar poder, pois a ostentação na Igreja é profundamente escandalosa. Devem ser conciliadores, buscando sanar as divisões, as discórdias que, porventura, venham ocorrer. Devem ter misericórdia, pois esta revela a face de Deus, e quem é misericordioso transmite Deus em seus atos. Enfim, não podem ser parciais ou agir com fingimento. Esse procedimento, além de ser feio, é injusto, pois quem age assim não é uma pessoa confiável. Têm de dar bons frutos, que se chamam justiça. "O fruto da justiça é semeado na paz", diz a Carta de Tiago. Assim, os que promovem a paz, fruto da justiça, promovem a paz de Cristo, sendo, portanto, uma pessoa de Deus, um verdadeiro catequista.

Enfim, se existem ainda entre nós guerras, brigas, discórdia, é sinal de que ainda são cultivadas paixões desordenadas, que fazem pessoas intolerantes, mesquinhas e vis, distantes de Deus e de seu projeto. É preciso pensar sobre essas e outras situações e assumir o propósito de seguir a Cristo verdadeiramente, com o coração repleto de bondade e desprovido de interesses que não sejam para o bem comum, para a edificação da vida dos que sofrem. Somente assim haverá catequistas e fiéis discípulos missionários, que formarão outros discípulos missionários. É esse o propósito deste livro: despertar no coração e na mente dos catequistas o desejo do discipulado, a fim de que eles transformem seus catequizandos em discípulos missionários. Nesse sentido as parábolas vêm para ensinar sobre coisas valiosas para o verdadeiro seguimento de Jesus, o bom pastor.

Ao todo foram reunidas, neste livro, quarenta parábolas dos evangelhos sinóticos (Marcos, Mateus e Lucas). Elas foram aqui agrupadas em trinta e cinco textos. Algumas são de difícil desmembramento devido sua extensão e conexão uma com a outra, como, por exemplo, a parábola do sal da terra e a da lâmpada sob a vasilha (Mt 5,13-16) e as parábolas da semente de mostarda e a do fermento na massa (Mc 4,26-34). Por essa razão, elas foram tratadas conjuntamente em um único texto, sem perder a riqueza de seu conteúdo.

O evangelho de João, considerado o mais teológico de todos, embora tenha algumas passagens que se assemelhem à parábola, como, por exemplo, a do Bom Pastor (Jo 10,1-18), que coloco nas considerações finais desta obra, não traz parábolas, por ter outro gênero literário e outra forma de abordagem das exortações de Jesus.

Para melhor aproveitar este livro de reflexões sobre as parábolas de Jesus, sugiro que ele seja utilizado com o método da leitura orante. Assim se poderá extrair das parábolas toda a sua riqueza teológica. Para isso, leia as parábolas, depois a reflexão proposta e, em seguida, faça as seguintes perguntas:

- Para quem a parábola foi contada?
- Por que a parábola foi contada?
- Quais são as personagens da parábola?

- Quais dessas personagens mais se assemelham a mim e por quê?
- Qual é a moral da parábola?
- Existe algum ponto culminante na parábola?
- Há no contexto alguma interpretação ou explicação para a parábola?
- O que essa parábola me diz?
- O que essa parábola me faz dizer a meu próximo?
- O que essa parábola me faz dizer a Deus?
- Como posso aplicar essa parábola na catequese?
- Que outros elementos essa parábola traz para minha vida pessoal e pastoral?

Essas perguntas também podem ser feitas após a leitura da parábola. Se assim o fizer, deixando a leitura do texto aqui proposto para o final, você poderá extrair mais elementos da parábola. Essas são apenas sugestões. Você poderá ler estas reflexões da forma que achar mais proveitosa a leitura. O importante é que elas sejam lidas, refletidas e aplicadas na vida pessoal e pastoral. Leia tranquilamente e retire propósitos para sua vida.

1
A PARÁBOLA DO SAL DA TERRA E LUZ DO MUNDO

(Mt 5,13-16)

A parábola do sal da terra e da lâmpada sob a vasilha (Mt 5,13-16 e Lc 8,16-19) não está identificada, literalmente, na Bíblia como parábola, mas é uma parábola por seu teor e sua linguagem figurada. Ela foca na ação missionária, nas boas obras, e, em seu contexto, temos a comparação da ação missionária do agente de pastoral, do catequista com o sal da terra e a luz do mundo, dois elementos bem distintos em visibilidade, porém essenciais para a vida. O sal, embora não apareça, dá gosto e sentido aos alimentos, isto é, à vida. A luz, porém, é muito visível, existe para iluminar, apontar caminhos, dissipar as trevas. São dois símbolos que se complementam e resultam naquilo que é essencial à vida. Ambas as comparações são muito oportunas para a missão e a pessoa do catequista, discípulo e missionário de Jesus Cristo. Não é a pessoa do catequista que tem de aparecer. Ela é apenas o sal. Seu efeito, suas ações em prol da vida que devem aparecer. Como fazer isso? As leituras complementares aqui utilizadas nos ajudam a dar as respostas.

O profeta Isaías (Is 58,7-10) é direto na resposta ao dizer que, se alguém quiser, de fato, brilhar diante de Deus e neste mundo, deverá praticar atos de amor e solidariedade: partilhar, acolher bem, fazer algo para suprir as necessidades do próximo, não humilhar as pessoas com atitudes arrogantes e prepotentes, enfim, ter bondade no coração e colocá-la na prática. Somente assim a luz brilhará diante de Deus. Além disso, o profeta deixa claro que fazer o bem ao próximo faz bem. Quantos são os que estão doentes, com depressão ou estressados, com problemas cardíacos, porque vivem para si mesmos ou muito ocupados em não fazer nada, como diz Paulo, apóstolo, em outro texto. O sedentarismo adoece e mata. Quem ajuda o próximo obtém saúde, diz o profeta Isaías. É saudável fazer bem ao próximo. Nos lugares públicos e nos consultórios médicos, deveria haver placas com os seguintes dizeres: "Ajudar o próximo faz bem à saúde" (Is 58,7-8). Esse deveria ser um alerta dos médicos a seus pacientes. Quando se faz o bem ao semelhante, beneficia-se a si mesmo. Ser bom e justo é o caminho certo para que a glória de Deus nos acompanhe. Glorifica-se a Deus quando se age com bondade e solidariedade. Quem procede desse modo sente Deus mais próximo de si, e isso o fortalece. Portanto, para que tudo isso aconteça, é preciso conversão do coração, mudança de vida, erradicando dela procedimentos inadequados. É preciso, a cada dia, ter o propósito de ser melhor e de fazer melhor cada coisa, por mais simples que ela seja. Nos pequenos atos, revela-se a grandeza do ser humano. Isaías dá uma importante dica: deixar de lado os costumes perversos de falar mal da vida alheia, que macula a Igreja e a catequese, os hábitos autoritários e a língua maldosa é o primeiro passo para a conversão e o acolhimento de todos, mas, principalmente, dos que mais necessitam. Assim, seremos uma luz, que brilha nas trevas, como diz o Salmo (Sl 111/112).

Outro passo importante é a prática da humildade. Paulo, apóstolo (1Cor 2,1-5), dá esse exemplo de humildade. Com toda a sua sabedoria, ele se dirige à comunidade de Corinto, formada por gente pobre, humilde e se apresenta como um servo de Cristo, que está ali para ajudar e não para julgar ninguém ou ser mais importante. Para isso, ao anunciar o mistério de Deus, usa a linguagem deles, sem recorrer à linguagem elevada, dos eruditos e supostamente sábios de sabedoria humana. A única coisa que Paulo julga saber é Cristo, crucificado, ou seja, pauta sua vida e suas ações naquele que é o exemplo sublime de humildade e amor ao próximo. Essa é a razão da conversão e das ações de Paulo. Essa deve ser sempre a razão para a conversão e missão. Suas palavras, entre os humildes, não tinham nada de discursos persuasivos, como fazem alguns políticos e os charlatões, eram uma demonstração do poder do Espírito. Tudo isso para que eles também tivessem a fé baseada nesse poder de Deus e não nas promessas mágicas do mundo ou nas propostas tentadoras, que este oferece, vazias de sentido para a vida.

Com a proposta de Isaías (58,7-10) e de Paulo (1Cor 2,1-5), entramos no contexto da parábola do sal da terra e da lâmpada sob a vasilha (Mt 5,13-16) e vemos que o proposto por Jesus nessa parábola é algo semelhante. Todo aquele que quer ser seu discípulo deve ter consciência disto: fazer o bem sem querer status e agir gratuitamente, sem esperar nada em troca. Nisso consiste ser sal da terra e luz do mundo. É preciso agir, ajudando a dar sentido à vida daqueles que já o perderam, sem querer lugar de destaque e honrarias. Quando agimos dessa maneira, estamos sendo sal da terra e, consequentemente, luz para essas pessoas e para o mundo, porque viver infeliz, sem ver a beleza da vida, é viver na escuridão. Quem devolve a alegria de ver e de viver a alguém que está nessas condições, está sendo, na vida dela e do mundo, sal e luz. Essas ações precisam ser propagadas, evidenciadas. "Ninguém acende uma lâmpada e a coloca debaixo de uma vasilha, mas, sim, em um candeeiro, onde brilha para todos que estão em casa" (Mt 5,13-16). Assim, as boas obras devem ser divulgadas, evidenciadas e não ficarem ocultas. Devem ser evidenciadas para serem imitadas e não para mostrar quem as fez. Quem as praticou deve ficar oculto como o sal. O desejo de Jesus é, portanto, que nossa luz de catequistas e de discípulos e missionários seus brilhe diante do mundo, para que todos vejam que, apesar de tantas coisas ruins que os meios de comunicação mostram, há muita coisa boa sendo feita. Há muita gente que é como o sal da terra e a luz do mundo, heróis anônimos que não estão nos *reality shows* da TV nem nas manchetes dos jornais, mas que estão aí, no meio da massa, dando gosto e sentido à vida de muitos, como os inúmeros catequistas que, sem medir esforços, dedicam a vida à catequese.

Desse modo, convido os catequistas a refletirem sobre o testemunho e a partilha de seus tesouros como resultados da escuta e da prática da Palavra de Deus, luz que ilumina suas ações. O profeta Esdras (1,1-6), nesse texto, traz uma convocação ou proclamação que, de modo resumido, afirma: quem pertence a Deus ajuda a construir seu templo. O profeta fala do templo de Jerusalém, no tempo do reinado de Ciro, rei da Pérsia, mas podemos aplicar isso a outros templos, simbólicos, como espaço figurado de encontro e manifestação de Deus.

Que templo nós somos, hoje, convocados a construir como demonstração de nossa pertença a Deus? O templo do amor e da justiça, das boas ações, da integridade, enfim, para ser coerente com a parábola do sal da terra e da lâmpada sob a vasilha, o templo das obras da luz, que iluminam a vida de outros, ajudando-os a serem melhores. É essa também a proposta dessa parábola. Ela fala da função da lâmpada, que existe para iluminar. Desse modo, ninguém acende uma lâmpada, a fim de cobri-la com uma vasilha, pois ela perderia sua função de iluminar a todos, fazendo-os enxergarem. Ser luz significa ser exemplo, modelo, fazer coisas que ajudem o próximo, favoreçam a vida e apontem caminhos. Por essa razão, em outra passagem bíblica, Jesus convida seus discípulos a ser luz do mundo. Todo catequista, discípulo e missionário de Jesus Cristo, deve ser luz do mundo, deve ser e dar exemplo na comunidade.

Em oposição à luz temos as trevas. Na Bíblia, ela significa as más ações, atos que prejudicam o próximo e que são feitos às escondidas para que ninguém descubra seus autores. Mas dissipa as trevas, diz Jesus, por ser superior. Por isso ele afirma que "tudo o que está escondido deverá tornar-se manifesto; tudo o que está em segredo deverá tornar-se conhecido e claramente manifesto". É o bem que vence o mal, a vida que vence a morte, a verdade que sobrepõe à mentira.

Devemos, portanto, prestar muita atenção na maneira como nós ouvimos seus ensinamentos, sua Palavra e como a ensinamos a nossos catequizandos. Devemos saber interpretá-la para não ter um entendimento errôneo de seus ensinamentos, e ensinar os catequizandos a interpretá-la. Aqueles que entendem pouco e não são perseverantes em aprofundar seus conhecimentos, até o pouco que aprenderam, perder-se-ão e ficarão sem a semente da Palavra em seu coração, afirmando com outras palavras o contexto da parábola ora refletida.

É como a parábola do semeador. As sementes que caíram à beira do caminho, entre as pedras ou espinhos, perderam-se. Porém as que caíram na terra boa germinaram e deram frutos. Assim é nosso coração: um terreno que recebe a Palavra. Se nele não existir luz, a semente poderá até germinar, mas ficará sufocada pela escuridão e se perderá. Porém, se houver luz, crescerá, multiplicar-se-á e serão os tesouros que partilharemos para a construção do templo santo do Senhor, como vimos na profecia de Esdras (1,1-6). Os catequistas são, portanto, convocados a cultivar esses tesouros em seu coração e partilhá-los para ajudar a construir o templo do amor e da justiça, o reino de Deus.

2
A PARÁBOLA DA CASA CONSTRUÍDA SOBRE A ROCHA

(Mt 7,24-27)

A parábola da casa construída sobre a rocha (Mt 7,24-27 e Lc 6,47-49) é uma das mais conhecidas por ser usada, sobretudo, no sacramento do matrimônio; mas ela, por ter como tema central os mandamentos de Deus, como alicerce para nossa vida cristã, serve para todas as ocasiões, inclusive para a catequese. É, portanto, um convite para refletirmos sobre onde, quando, como pôr nossa confiança e em quem a estamos pondo. Será que nossas ações estão pautadas nos ensinamentos de Deus, em sua Palavra ou em teorias vazias, que nos são apresentadas, revestidas por uma bonita roupagem, mas que não têm o fundamento ou a solidez necessária para nos amparar na hora dos desafios. Nossa vida é o resultado de nossas escolhas, e nossas escolhas precisam ser orientadas. Isso faz parte da missão do catequista: ensinar e orientar seus catequizandos à luz da Palavra de Deus, para que suas decisões, no decurso de sua vida, sejam pautadas, iluminadas e, especificamente, alicerçadas na Palavra de Deus.

No Antigo Testamento a Palavra de Deus era a lei, que alicerçava a vida das pessoas. No livro do Deuteronômio (11,18.26-28.32), Moisés trata da lei que recebeu de Deus e serviu de alicerce não apenas para sua vida, mas para a vida do povo para o qual ele foi chamado a liderar. Como a Palavra de Deus é importante! As coisas importantes deveriam ser gravadas para a eternidade, para nunca serem esquecidas. Era essa a intenção de Deus quando pediu para Moisés gravar suas Palavras, seus mandamentos em uma tábua de pedra. Ele queria que suas Palavras ficassem de geração em geração. As pedras são duras, mas não são eternas. Podem durar milhares de anos, mas um dia ela se desgasta e o que foi escrito nela se apaga. Assim sendo, os ensinamentos de Deus são Palavras que deveriam estar gravadas não apenas nas tábuas ou pedras, como de fato estavam, mas incutidas no coração e na alma, amalgamadas na vida de cada um como se estivessem amarradas nas mãos e colocadas como faixa sobre a testa de cada um. Deveria ser parte integrante da vida e, assim, a vida seria conforme Deus quis que ela fosse. Essa linguagem figurada do início dessa leitura do Deuteronômio mostra o quanto a Palavra de Deus deve estar impregnada em nossa vida. Incuti-la significa gravá-la no coração, onde colocamos apenas as coisas que amamos, que para nós têm um valor incomensurável. As coisas que se grava na memória, no intelecto são passíveis de esquecimento, mas as que se gravam no coração jamais são esquecidas. O coração é o lugar onde guardamos as coisas que dão sentido a nossa vida. Um ensinamento guardado nele cumpre o verdadeiro sentido da palavra "decorar", que não significa repetição de palavras sem compreendê-las, mas sim não esquecê-las jamais porque elas têm e dão sentido para nossa existência. Enfim, a Palavra de Deus deve estar incutida na alma. Que bom se todos os catequistas ajudassem seus catequizandos a gravarem no coração seus mandamentos. Eles não os esqueceriam jamais.

Desse modo, todas as nossas ações devem estar fundamentadas nos ensinamentos dessa Palavra. Tê-la colocada como faixa na testa, significa que ela deve estar também em nossa cabeça, em nossa mente, porque a mente é que conduz as ações humanas, e uma mente que contém a Palavra de Deus conduzirá a ações igualmente de Deus.

Com todas essas elucidações estamos prontos e livres para fazermos escolhas. Temos diante de nós tanto o bem quanto o mal, bênçãos e maldições. Aquilo que escolhermos teremos para nossa vida. Em suma, essa escolha consiste na seguinte dinâmica: quem obedece aos mandamentos de Deus tem as bênçãos em sua vida, quem lhes desobedece tem maldições. Visto por esse ângulo, parece algo simplista, superficial e um tanto quanto punitivo, mas não é bem assim. Os ensinamentos de Deus indicam os procedimentos que resultam em coisas boas, enquanto que os procedimentos que não vêm de Deus não podem resultar em algo bom. É o preço da liberdade. É preciso, portanto, ter liberdade com responsabilidade. Quem cumpre os mandamentos de Deus, quem coloca em prática sua Palavra tem uma vida muito mais estruturada do que os que agem por impulso, de modo superficial, a mercê das influências oriundas de outras fontes que não as da Palavra de Deus, que se encarnou por meio de Jesus Cristo e nos deu vida plena. É o que Paulo mostra em Romanos 3,21-25a.28.

Nessa carta, Paulo diz que a justiça de Deus se manifestou atestada pela lei e pelos profetas, mediante a fé em Jesus Cristo. Fé aqui não significa uma atitude passiva, mas algo que nos motiva, impulsiona-nos à prática da caridade, que é resultado da compaixão e do amor ao próximo. Acreditar em

Jesus é fundamental para que a Palavra de Deus se realize em nossa vida e nossa vida seja uma constante doação. Mesmo diante de todas as nossas fraquezas e todos os nossos pecados, Deus, que é graça, concedeu-nos o perdão para que voltássemos para seus caminhos e fôssemos beneficiados de suas bênçãos. Porém, para que isso ocorra, para que nossa vida seja abençoada, precisamos ter essa fé encarnada. Quem acredita vive os ensinamentos de Deus e não apenas repete fórmulas ou palavras decoradas pela imaginação. Não basta dizer "Senhor, Senhor", para que se obtenham bênçãos, mas é preciso ter verdadeira fé e colocar em prática o que ele ensinou, diz Jesus, por intermédio do evangelista Mateus, na introdução da parábola da casa edificada sobre a rocha (Mt 7,21-27).

Ou seja, não basta cumprir todas as obrigações religiosas: ir à missa todos os domingos; comungar; ter algum tipo de devoção ou espiritualidade; contribuir com o dízimo; confessar; ser catequista; ter outro trabalho pastoral etc. Se não houver a prática da Palavra de Deus, pouco adianta o cumprimento dos preceitos religiosos. Quem faz tudo isso, mas pratica o mal, é uma pessoa que comete injustiças; não será, portanto, reconhecida diante de Deus. Toda prática religiosa deve estar em sintonia com a prática de boas ações, de atos de partilha, de justiça, de solidariedade e de amor. Quem age de forma incoerente é igual a quem constrói uma casa sobre a areia. Mas quem coloca sua confiança em Deus, pratica sua Palavra tem sua vida solidificada em uma rocha inabalável. É a pessoa que construiu sua casa sobre a rocha. Se os catequistas ensinarem a seus catequizandos o verdadeiro sentido da expressão "casa construída sobre a rocha" e "casa construída sobre a areia", eles aprenderão uma grande lição de vida, pois saberão como se comportar no decurso de sua vida. Seria interessante e ilustrativo se, ao tratar dessa parábola com os catequizandos, os catequistas usassem alguma dinâmica ou expressão teatral, com símbolos dessas duas realidades metafóricas, pois assim ficaria mais fácil e agradável assimilar tão nobre ensinamento dado por Jesus.

Diante de tudo isso, a parábola e os textos bíblicos complementares nos levam a refletir e questionar sobre a vivência de nossa fé e a verificar como anda nossa prática religiosa e a ação catequética. É mais uma vez um convite à revisão de vida, pois todo catequista deve fazer periodicamente uma revisão de vida. Em suma, tudo o que se ensina na catequese ou se celebra na missa deve ser vivido no dia a dia, senão perde seu sentido de eucaristia, de comunhão com Deus, com os irmãos e, sobretudo, de ensinamento, isto é, de catequese. A prática religiosa não pode se resumir a práticas externas, vazias de compromisso, mas ser expressão de coerência entre fé e vida. Louvar o senhor com palavras é fácil. O desafio está em louvá-lo com gesto de caridade e de amor ao próximo.

Por essa razão, fazer a vontade de Deus é o tema central da parábola da casa edificada sobre a rocha. Um dos grandes desafios que encontramos em nossa fé consiste exatamente nisto: saber fazer a vontade de Deus, colocando-a na prática. São diversos os argumentos que encontramos para não fazer sua vontade: dificuldade de saber qual é a vontade dele, falta de fé, interesses meramente humanos, individualistas, nossas próprias vontades etc.; porém nenhum deles justifica essa falta com Deus. Às vezes, sua vontade parece não coincidir com a nossa ou então parece tão distante, tão difícil de ser concretizada que desanimamos ou buscamos subterfúgios para realizá-la. É o que ocorreu com Abrão e Sarai (Gn 16,1-12.15-16). Eles tentaram facilitar a realização da vontade de Deus, encurtando caminhos. Muitas vezes, queremos "facilitar" as coisas para Deus. Agindo assim, invertemos a ordem das coisas. Em vez de fazermos a vontade de Deus, queremos que Ele faça a nossa. E, quando isso não acontece, brigamos com Ele, afastamo-nos da Igreja, da religião e nos revoltamos com Deus e o mundo. Não são poucos os que assim procedem.

Vimos em outras passagens, desse mesmo livro, que Deus fez aliança com Abrão e lhe prometeu terra e descendência. Abrão era um homem de idade avançada, e Sarai era estéril. Dois grandes empecilhos que tornavam aparentemente impossível a realização de tal promessa. Vimos que Abraão acreditou, mas Sarai tinha dúvida se esse projeto de Deus se realizaria de fato por intermédio dela, esposa de Abrão. Nessa dúvida, buscou, juntamente com Abrão, facilitar a realização da promessa de Deus, cedendo a escrava Agar para que Abrão gerasse com ela um filho. Naquela época, a lei permitia que as mulheres estéreis fizessem tal procedimento. Aproveitando essa brecha da lei, e com o consentimento de Sarai, Abrão desposou Agar e gerou um Filho, Ismael. Porém, as coisas não saíram como eles haviam planejado. A gravidez de Agar trouxe problemas de relacionamento entre os três. Não era aquele o plano de Deus. Embora o filho de Abrão tenha vindo ao mundo, Deus tinha outros propósitos para Abrão e Sarai. Não seria daquela maneira que a promessa de Deus iria se realizar, como veremos mais adiante na continuidade da leitura do Gênesis.

O que tudo isso tem a dizer aos catequistas?

O texto mostra que não se pode distorcer ou abreviar os planos de Deus em nossa vida. Ele tem seus métodos, seu tempo e sua hora para realizá-los. É preciso confiar e se entregar, aguardando o tempo de Deus, que é diferente do nosso. Sua promessa nunca falha; basta colocar em prática seus ensinamentos que ele fará a parte dele. Fazer a vontade de Deus não significa fazer as coisas por ele, deturpar seus planos ou apenas discursar sobre ele. Fazer sua vontade é colocar em prática o que ele ensinou.

Jesus, por intermédio do evangelista Mateus, afirma que nem todo aquele que diz Senhor, Senhor, entrará no reino dos céus, mas somente os que colocarem em prática a vontade de Deus entrarão em seu reino. Aqui está o cerne da vida cristã: viver os ensinamentos de Deus e não apenas decorá-lo e pregá-lo, sem um compromisso concreto. Todo catequista deveria ter essa preocupação na hora de ensinar sobre a Palavra de Deus. Para ilustrar e elucidar esse ensinamento, Jesus, como o primeiro catequista, traz alguns exemplos que ajudam a iluminar nossa prática cristã. Como disse acima, e repito propositalmente a título de enfatizar a afirmação, de nada adianta ir à missa todo dia, comungar, ser dizimista fiel e cumprir com os demais preceitos religiosos se o proceder depor contra os ensinamentos de Cristo, se não amar os irmãos como se deve, se não for solidário, coerente com aquilo que se prega ou ensina, se não pagar salários dignos aos funcionários, se não respeitar os mais velhos, sobretudo os pais e avós, se for corrupto, se não cuidar da casa comum, o planeta etc. Falar do nome de Deus é importante, mas não basta. É preciso prática. Ação e oração devem caminhar juntas. Os que forem coerentes com os ensinamentos de Deus, colocando-os em prática, serão reconhecidos diante dele. Os que só tiverem teoria ou uma religiosidade vazia de compromisso, não serão reconhecidos, diz a parábola.

Portanto, catequistas, peçam a Deus, em suas orações, que Ele lhes dê discernimento para saberem qual é sua vontade, colocarem em prática tudo o que dele aprenderam e repassarem para seus catequizandos. Assim, suas ações serão sólidas como a casa construída sobre a rocha, e nada poderá abalá-la. É importante viver a Palavra de Deus, colocá-la em prática, para que o tempo que vocês se dedicam à catequese seja de transformações valiosas.

Essas leituras falam sobre um Deus que dá força aos fracos, tornando-os firmes como a rocha. Aos que se acham poderosos, que são inchados de arrogância, ele os derruba de seus tronos, como bem mostrou o profeta Isaías em seu canto (26,1-6). O canto do povo de Judá liberto do medo, da insegurança. Um canto de justiça e de cumprimento da Palavra que manifesta a firmeza de seus propósitos. É o canto da esperança, da paz e da confiança. Um cântico que mantém sintonia com o cântico atribuído a Maria (o Magnificat): "Derruba do trono os poderosos e eleva os humildes" (Lc 1,52). A esperança anunciada pelo profeta Isaías, nesse trecho de seu livro, é a de uma cidade fortificada, símbolo da segurança. Em um mundo de tanta insegurança e vulnerabilidade, sentir-se amparado é o desejo de todos, e é essa a promessa contida nessa parábola. O profeta Isaías diz que ninguém precisará ter medo porque a cidade foi por Deus cercada de muros e antemuro. As muralhas de Deus são inabaláveis, por maior que sejam as tormentas e os tormentos. É dessa segurança de que fala a parábola da casa construída sobre a rocha. Nossa vida é um edifício em constante construção, porém, para que ela esteja sempre firme, é preciso estar alicerçada na rocha da vivência e da prática da Palavra de Deus, que não a basta repetir nas ruas e praças, mas vivê-la no dia a dia. Quem só fala e não a vive está construindo um castelo sobre a areia. Qualquer sopro pode colocá-lo abaixo. Quantos são os que na primeira dificuldade enfrentada se revoltam contra Deus. E, às vezes, são pessoas que estavam constantemente na igreja, comungavam, eram catequistas. Há, porém, os que nem demonstram tanta fé ou assiduidade na comunidade, mas que dão grandes lições de fé na hora de ser solidário ou quando é acometido por alguma doença grave ou tragédias. Permanecem inabaláveis, com a certeza de que Deus, apesar de tudo, está ali, alicerçando sua vida para que ela não desmorone.

Encerro essa reflexão pedindo mais uma vez a vocês, catequistas: roguem a Deus que lhes dê o dom da fortaleza, que não os deixem desanimar na missão de catequistas ou se abaterem diante das dificuldades. Ele estará sempre ao lado dos que sofrem e dos fracos, fortalecendo-os. Ele estará sempre com vocês. Não desanimem.

3
A PARÁBOLA DO SEMEADOR
(Mt 13,3-9)

A reflexão que faço aqui sobre a parábola do semeador (Mt 13,3-9) recai sobre a importância de os catequistas compreenderem a Palavra de Deus para que ela dê frutos em sua prática catequética, isto é, dê resultados, signifique algo para sua vida, a vida de seus catequizandos e para o mundo, transformando-os em algo melhor, de acordo com a vontade de Deus.

Lembro aqui a leitura do Profeta Isaías (55,10-11), que relata a transformação provocada pela Palavra de Deus quando esta é proferida pela boca dos profetas, daqueles que vivem a Palavra. Essa mesma Palavra está, ou deveria estar, na boca dos catequistas, e eles podem trazer grandes transformações se crerem nisso e se revestirem daquele profetismo recebido no batismo e que agora é exercido na missão de catequista. Depende de você, catequista. Profetas de ontem e de hoje continuam importantes na missão de semear e cultivar a Palavra. O profeta Isaías compara a Palavra de Deus com a chuva e a neve, que, ao caírem sobre a terra, fecundando-a, fazem germinar a semente ou preparam a terra para a semeadura. Sem a chuva, as sementes não germinam, por melhor que seja o solo ou a semente. Elas dependem da água para germinar. A neve tem também uma função importante. Além de proporcionar a umidade do solo, ela cumpre um papel importante para a agricultura. Quem é agricultor em regiões frias, onde costumam cair geada e neve, sabe disso. Ambas são comparadas ao poder que a Palavra tem de transformar a vida das pessoas. Porém, essa Palavra precisa ser semeada e cultivada. Deus faz a parte dele, você precisa fazer a sua. Não é por acaso que você foi chamado a ser catequista. Vale lembrar: mais que estar catequista, você é catequista, tem uma vocação, foi chamado, e a resposta a esse chamado depende de você.

Assim, a Palavra de Deus, proferida pelos profetas de ontem e de hoje, provoca grandes transformações, porém é preciso que o coração das pessoas que a recebem seja preparado como o agricultor prepara o solo para receber as sementes e aguardar as chuvas para que elas possam germinar. A missão dos catequistas é preparar esses terrenos. Desse modo, a Igreja vem insistindo na formação das pessoas, na formação de catequistas. Quem assume essa missão precisa se preparar sempre. Formação para catequista devia ser levada a sério por todos que assumiram ou querem assumir a missão da catequese. A Conferência de Aparecida enfatizou a importância de nossas paróquias serem verdadeiras escolas de oração e de formação. Quando se investe na formação das pessoas, sobretudo na de catequistas, a Palavra de Deus encontra um terreno preparado, germina e produz fruto porque encontra ali uma terra boa. O coração de cada catequista precisa ser esse solo de terra boa que produza muitos frutos em outros corações, sobretudo no coração das crianças, dos adolescentes e jovens que estão sob sua responsabilidade. É disso que nos fala a parábola do semeador (Mt 13,3-9).

Esse é um dos poucos evangelhos que vêm seguidos de uma explicação clara, de uma verdadeira catequese, que dispensam outras explicações. Mesmo assim, é importante enfatizar alguns elementos para que ele fique ainda mais elucidado e assim possa ajudar os catequistas a transmitirem essa mensagem a seus catequizandos.

Aqui Jesus fala às multidões. Sabemos da dificuldade de falar para muita gente, turmas grandes de catequese ou mesmo para as multidões de catequistas. A maioria dos que as compõem, geralmente, não têm formação para entender a Palavra e não estão interessados em compromissos, mas sim em algo para sua vida particular. É isso que ocorre com boa parte de crianças e jovens de nossas catequeses pelo Brasil. Eles não estão muito interessados em ouvir, querer receber a primeira comunhão, a crisma e viver a Palavra. É o que também acontece ainda hoje em encontros que reúnem milhares de pessoas, como, por exemplo, celebrações e eventos presididos pelos chamados "padres midiáticos", que, presentes na mídia, arrebanham multidões. Catequizar a multidão é algo difícil, e essas celebrações acabam por se transformar em shows ou espetáculos, em que cada um entende o que deseja, fazendo a Palavra de Deus se diluir e ficar oculta ou sem seu devido aproveitamento. É para essa situação que a parábola do semeador, dita à multidão, chama a atenção. Veja que tipo de solo você está semeando aí na catequese de sua paróquia. Você, catequista, além de semeador, deve ser "agricultor", isto é, semear e cultivar. Tratar com carinho cada solo, adubá-lo, colocando insumos, regando, até que ele se recupere. O coraçãozinho dessas crianças e desses jovens não são solos prontos para semear. Seu papel é prepará-lo para semear e cultivar, ou cultivar para semear. Essa é a árdua e importante missão dos catequistas. Sem vocês nossa Igreja seria mais pobre, solo árido, onde as poucas plantas sobreviveriam.

Jesus, diante da multidão, sente-se como o semeador que saiu para semear e encontrou diversos tipos de terreno. Você, catequista, diante de suas turmas de catequese, é semeador. A semente é a mesma, mas os terrenos são diferentes. Jesus sabia que ali, no coração das pessoas que compunham aquela multidão, havia uma infinidade de "terrenos", isto é, diferentes tipos de compreensão. Hoje, não é diferente com você catequista. Você receberá terrenos de todos os tipos, uns áridos, outros fecundos. Cabe a você preparar e cuidar de todos, dando uma atenção especial aos mais áridos, outra recomendação de Jesus. A transformação que a Palavra de Deus terá em nosso meio depende de nossa compreensão, da compreensão do catequista e dos catequizandos. Por essa razão, Jesus contou-lhes a parábola do semeador e dos diversos tipos de terreno. Vamos fazer uma breve memória, para elucidar a realidade da catequese hoje, não importando onde você é catequista.

O evangelho supracitado começa dizendo que "o semeador saiu para semear..." Nesse início, nós lembramos de um dos apelos do papa Francisco: Igreja "em saída", que não fica entre quatro paredes ou somente na sacristia, mas vai ao encontro dos afastados, dos distanciados e dos que nunca se aproximaram. Essa é a Igreja pedida também aos catequistas, semeadores da Palavra do reino de Deus. Estes precisam sair para semear, ir ao encontro de crianças, adolescentes, jovens e adultos para prepará-los não apenas para receber os sacramentos, mas para serem Igreja. Creio que uma de suas maiores alegrias é ver seus catequizandos perseverando na Igreja, tornando semeadores, multiplicadores da Palavra.

É louvável a atitude dos catequistas que vão ao encontro dos catequizandos em suas casas, nas periferias, nos hospitais e casas de recuperação, em lugares não tão cômodos como as estruturas de nossas paróquias, que não medem esforços para adentrar os areópagos de nossos tempos e lá levar a Palavra, como fez Paulo, apóstolo. Já encontrei pessoas de idade avançada adentrando os lugares mais inóspitos para evangelizar como catequista. Pessoas assim deixam nossa Igreja em estado permanente de missão, por não se importarem com o tipo de terreno que vão encontrar e por saberem que o mais importante é sair para semear.

O primeiro terreno é o daqueles que vão como rebanho, seguindo multidões, atrás de líderes religiosos. Muitos vão por causa do líder e não de Deus ou de sua Palavra. Ele ouve a Palavra do líder, mas ela fica vulnerável em sua vida e qualquer outra situação poderá eliminá-la. Outro líder mais carismático que aparecer poderá atraí-la. São pessoas vulneráveis, que se deixam influenciar pela mídia ou por imagens ou discursos. São estes que mudam facilmente de religião. É o "maligno" roubando de seu coração a Palavra que foi semeada porque ela ficou exposta, sem ser cultivada. No entanto, o que precisa aparecer é a Palavra do pregador e não o pregador. O mesmo ocorre com os catequistas. Não são os catequistas que precisam aparecer, mas seus ensinamentos. Quando um catequista quer aparecer, a Palavra fica vulnerável em sua boca. Ela é semente à beira do caminho.

O segundo terreno é o coração daqueles que ficam eufóricos com a Palavra ouvida em encontros, retiros, "cerco de Jericó", missa de cura e libertação, encontros de certos movimentos, ou qualquer outra experiência de oração que mexe com a emoção. Naquele momento, imaginam que tudo está transformado em sua vida, mas, com o passar dos dias, perde-se a emoção, a euforia passa, não sobrando nada do que foi vivido, e há o desejo de voltar a viver outros momentos de intensidade emocional para se sentirem satisfeitos. A satisfação é momentânea, como a de um alucinógeno. São os terrenos pedregosos, diz Jesus, onde a Palavra não encontra raiz para se firmar e frutificar. É uma religiosidade baseada na emoção e não no compromisso. Basta que lhes sejam apresentados desafios para que desistam de viver a Palavra. Desafios não são emocionantes, mas, dolorosos. Neles se prova a fé como o ouro no crisol ou a prata no fogo. Catequese não precisa ser emocionante, precisa ser cativante, instigante e provocativa. Devem-se provocar a mudança e o compromisso com a Igreja. Caso contrário, ela não é transformadora e perde o sentido.

O terceiro tipo de terreno é aquele em que as pessoas manifestam o desejo de ouvir a Palavra, mas dão prioridade ao trabalho, ao lazer, às coisas pessoais, materiais, como, por exemplo, a busca do dinheiro, da fama, do poder. Essas coisas ocupam muito espaço em nossa vida e gera muita preocupação. Por isso Jesus disse "onde está seu tesouro, ali estará seu coração" (Mt 6,21). Quanto mais bens as pessoas possuem, mais preocupações elas têm em administrá-los; assim não sobra tempo para a Igreja e as demais coisas de Deus, como, por exemplo, socorrer o necessitado (Mt 25,31-46). Não é fácil administrar os bens deste mundo. Eles tomam todo o nosso tempo, não deixando espaço para a Palavra de Deus crescer, sufocando-a pelas preocupações. Essas pessoas são como terrenos cheios de espinhos, porque, quando veem seus problemas resolvidos, não voltam para agradecer (Lc 17,11-19).

Por fim, o quarto tipo de terreno, o da terra boa, é daqueles que ouvem, compreendem e se esforçam para viver e colocar em prática a Palavra de Deus. Os que têm compromisso com a vida de seu semelhante, com o planeta. Aqui a Palavra dá frutos, isto é, dá resultado, transforma como a chuva e a neve transformam o solo, dito pelo profeta Isaías (55,10-11).

Tudo isso nos leva a refletir: que tipo de terreno é nosso coração? Que tipo de terreno é o coração do catequista? Que tipo de terreno é o coração dos catequizandos? Sugiro que todo catequista faça esta pergunta: será que a Palavra de Deus está encontrando espaço para germinar e crescer em minha vida ou eu estou desperdiçando a Palavra, tornando--a vulnerável, sufocando-a, enfim, matando-a? Vale a pena refletir sobre isso e procurar cultivar o solo, que é seu coração, de outra maneira, para que a Palavra de Deus encontre sua morada. Tudo isso porque o mundo e a Igreja esperam dos catequistas atitudes que mudem essas realidades de injustiças e desamor. Como diz a carta aos Romanos, "toda a criação está gemendo como em dores de parto" (8,18-23). É preciso fazer algo que mude o mundo; isso só será possível se a Palavra de Deus encontrar em nosso coração, sobretudo no coração dos catequistas, uma terra boa e generosa. Algumas Campanhas da Fraternidade chamaram a atenção para essa realidade quando trouxeram para reflexão temas ecológicos ou de compromisso com a vida do semelhante. Quem sabe tenha ficado alguma semente dessas Campanhas no coração e ela possa produzir frutos. Não importa a quantidade, mas a qualidade desses frutos. Uns dão cem, outros sessenta e outros trinta. Assim também a Igreja espera dos catequistas: que semeiem, cultivem e façam produzir frutos e que esses permaneçam (Jo 15,16).

Portanto, a parábola do semeador trata de ensinamentos para os catequistas que são também semeadores. Jesus ensina as multidões de catequistas por meio de parábolas e pede a revisão de vida e da prática catequética. Pede-lhes para olhar seu coração e o coraçãozinho de cada catequizando e perceber como estão recebendo as sementes da Palavra. Dependendo do tipo de terreno será sua relação com Deus, com seus ensinamentos e com o próximo. É o próprio Jesus que nos ajuda a avaliar nossa relação com Deus e com o próximo. Sugiro que cada catequista retome a parábola do semeador, com suas explicações, releia atentamente, usando o método da Lectio divina, e busque fazer as seguintes perguntas: que tipo de terreno mais me tocou? Que imagens ele me trouxe? Que sentimentos mais me afetaram ao ler esse texto? Quais os impulsos ou apelos ele me trouxe? Que resistências eu senti diante dele? Como aprofundar esse texto com minha turma de catequese?

Com esses questionamentos vocês, catequistas, poderão extrair do texto algo que lhes ajude a melhor viver os ensinamentos de Deus, não desviando de seus caminhos e ajudando os catequizandos a perseverarem nesse caminho. Deus, esse Pai amoroso, acolhe-os, perdoa-lhes e fortalece vocês. Unidos a ele tudo se torna mais fácil, tudo é possível. Que a Palavra de Deus não seja "roubada" de seu coração como a semente que caiu à beira do caminho. Que as tribulações não os desanimem e não os deixem desistir da missão, para não serem como a semente que caiu em terreno pedregoso. Que as preocupações desta vida, sejam quais forem, e a ilusão das riquezas não os façam como a semente que caiu no meio dos espinhos. Que vocês, catequistas, sejam semente em terra boa, produzindo muitos frutos. Para tanto, precisam ouvir, entender e colocar em prática a Palavra de Deus. Fica aqui a dica para que se aprofundem mais na Palavra de Deus, pela leitura orante, como foi sugerido, ou por meio de cursos bíblicos e leitura de subsídios que os ajudem a entender e aprofundar-se na Palavra de Deus, por meio de formação para catequistas, da qual vocês não devem deixar de participar. Eis os propósitos da parábola do semeador.

4
A PARÁBOLA DO JOIO E DO TRIGO
(Mt 13,24-30)

Neste texto, a partir da parábola do joio e do trigo (Mt 13,24-30), tenho como proposta levar você, catequista, a refletir sobre sua responsabilidade de promover o reino de Deus, por meio de seus ensinamentos e exemplos, mostrando a clemência de Deus, sua fidelidade, seu amor, sua paciência e seu perdão, conforme canta o Salmo 85/86: "Ó Senhor, vós sois bom, sois clemente e fiel!" Vocês, catequistas, têm a árdua missão de mostrar o rosto deste Deus clemente, fiel e misericordioso, e não de um Deus carrasco e punitivo, que, em vez de despertar amor, desperta o medo.

Antigamente, a catequese focava mais no temor de Deus (no sentido de ter medo de Deus), do que em seu amor. Agora isso mudou (pelo menos é o que se espera), e a Igreja orienta que os catequistas estejam mais atentos ao amor de Deus e falem mais de misericórdia do que de castigo. Castigo, aliás, deveria ser palavra proibida na catequese, porque Deus não castiga, Deus corrige. Correção é algo bem distinto de punição. Se antes, na catequese, falava-se de um Deus que vigiava e punia, hoje se fala de um Deus que acompanha, protege e corrige quando alguém erra, buscando recuperá-lo e não castigá-lo. Se ainda existem catequistas que procuram passar a imagem de um Deus bravo e castigador, é hora de mudar e prepará-los para fazer primeiramente a experiência do amor de Deus e, depois, ajudá-los a passarem isso para seus catequizandos.

Assim, tendo como base a parábola do trigo e do joio (Mt 13,24-31), essa reflexão propõe fazer o encontro dos catequistas com esse Deus paciente e misericordioso, para que possibilitem a seus catequizandos vislumbrarem o reino dos céus. Assim, eles descobrirão o que é essencial para sua vida cristã, para sua vida de comunidade e para sua missão de discípulos e missionários de Jesus Cristo. Para isso, eles precisam ser iniciados na vida cristã, e a responsabilidade dos catequistas é fazer essa iniciação. Por essa razão, a Igreja no Brasil escolheu como uma de suas urgências (2015-2019) "Igreja, casa de iniciação à vida cristã".[1] É claro que essa é uma responsabilidade de toda a Igreja, mas vocês, catequistas, são os protagonistas nessa missão.

Desse modo, a temática central que costura os textos da reflexão sobre o trigo e o joio, mote da promoção do reino de Deus, leva-nos a pensar sobre a sensibilidade para identificar e separar o que é bom e o que é mal, o que é de Deus e o que não é de Deus. Para isso não basta esperteza, é preciso fé e uma vida de constante oração. Somente assim se pode discernir sobre o reino de Deus ou o reino dos céus. Nesse sentido, cabe questionar: o que é o reino dos céus? Como ele acontece em nosso meio? Que participação nós temos nele? Como ajudar a construí-lo? Essas e outras questões sobre o reino estão presentes nos textos propostos para essa reflexão, que ajudam a complementar o texto dessa parábola. Porém, antes de tratar da parábola do trigo e do joio, do evangelho de Mateus (Mt 13,24-43), é importante ver o texto coadjuvante, do livro da Sabedoria (Sb 12,13.16-19).

O livro da Sabedoria não fala diretamente do reino dos céus, mas do próprio Deus. Um Deus que nem sempre conseguimos enxergar, porque, por inúmeros fatores, por nossa formação ou desinformação, nós o vemos mais como um Deus vingativo, que pune nossas falhas, como nós gostaríamos de punir os outros. Um Deus impaciente, rancoroso, ou seja, um Deus a nossa imagem e semelhança. Tudo o que somos transferimos para Deus, e ele se torna assustador. Pior é quando essa imagem de Deus é passada para as crianças na família ou na catequese. Quando isso ocorre, elas crescem tendo medo de Deus e, muitas vezes, respeita-o por temor e não por amor. Muitos de nós o vemos ainda dessa maneira; fica difícil amar um Deus tão duro! Se o catequista tiver essa imagem de Deus, ele fará um estrago na catequese, pois disseminará, na cabeça das crianças, dos adolescentes e jovens, essa imagem que não representa o Deus verdadeiro.

Mas os textos bíblicos, aqui selecionados, revelam um Deus paciente, clemente, cheio de compaixão e amor por nós, sempre pronto a nos perdoar, a nos dar mais uma chance. Nós é que não sabemos aproveitar as oportunidades que ele nos dá. Os catequistas precisam mostrar isso para as crianças.

Assim, o livro da Sabedoria mostra que não há um Deus tão justo quanto o nosso. Vale lembrar que a justiça divina passa pelo perdão, pela

[1] Cf. CNBB. Diretrizes Gerais da Ação Evangelizadora da Igreja no Brasil – 2015-2019. Documentos da CNBB 102. Brasília/DF, Edições CNBB, 2015.

misericórdia, pela paciência conosco, como veremos no evangelho que traz a parábola do trigo e do joio. É difícil entender isso porque nosso desejo é, muitas vezes, de vingança, de querer fazer justiça com nossas próprias mãos, como os empregados que queriam arrancar o joio. Deus nos mostra outro lado, outra atitude, que é a mais correta e prudente. Ele não quer a morte do pecador, mas que se converta e viva.

É um Deus bondoso, porém bondade não é sinônimo de omissão ou de descaso com as vítimas das injustiças humanas. Desse modo, entendemos quando o livro da Sabedoria diz: "Mostras tua força a quem não crê na perfeição de teu poder; e, nos que te conhecem, castigas seu atrevimento". Castigar não tem aqui o sentido que damos à palavra, mas sim o sentido da justiça divina, que tem seu tempo certo para corrigir os que insistem no erro. É o que vemos no versículo seguinte: "Julgas com clemência e nos governas com grande consideração". Com esse procedimento clemente, ele nos ensina a sermos mais humanos, e, ao sermos mais humanos, tornamo-nos mais divinos, porque quem age conforme Deus ensina, com amor, clemência e compaixão, aproxima-se de Deus, e todo aquele que se aproxima de Deus recebe uma parcela de sua divindade. Assim procedendo, diz o texto, ensina seu povo que o justo deve ser humano. É nos dada, dessa maneira, a esperança confortadora de que há sempre uma chance, uma oportunidade para corrigir nossas falhas e retomar o caminho de Deus.

Quem teve a chance de reconhecer a misericórdia de Deus em sua vida entende o que esses textos bíblicos estão falando. Não existe nada mais gratificante do que receber o perdão quando erramos e nos arrependemos do erro cometido. Se receber o perdão de um irmão já é tão importante, quanto mais o perdão de Deus. É por essa razão que o salmista, no Salmo 85(86), leva-nos a cantar que Deus é bom, clemente e fiel, é amor paciência e perdão. Quiçá aprendamos com esse Deus tão misericordioso a sermos também misericordiosos com nossos semelhantes.

A carta aos Romanos (8,26-27) fala desse Deus clemente, amoroso e fiel, quando diz que "o Espírito vem em socorro de nossa fraqueza". Deus sabe de nossas fraquezas. Ele não vê em nós o pecador, mas, seu filho ou filha tomados pelo pecado. E é exatamente esse pecado que ele busca erradicar de nossa vida, para que viva em nós aquilo que temos de bom. Devido ao pecado, às atitudes erradas, que se apoderam de nós, nem sempre sabemos nos relacionar com Deus. Não sabemos o que pedir nem como pedir, diz a Carta aos Romanos. Pessoas que se afastam de Deus têm dificuldade de se relacionar com ele porque projetam nele aquilo que está nelas. Quantos problemas encontramos nas famílias de nossos catequizandos, justamente porque seus familiares se afastaram de Deus.

Nessas situações, diz a carta aos Romanos, o primeiro passo é confiar na ação do Espírito Santo, que intercede por nós com gemidos inefáveis. Precisamos deixar o Espírito Santo penetrar o íntimo de nosso coração, nossa vida e transformar tudo o que de mal há dentro de nós. Os catequistas precisam levar isso para os pais das crianças da catequese quando esses se encontram nessa situação ou nessa relação dificultosa com Deus. Deixar santificar-se por ele apesar de seus pecados. Com seu auxílio, todos poderão erradicar o joio que existe dentro de cada um e fazer com que cresça o trigo, que, às vezes, fica sufocado pelo joio, isto é, pelas maldades que se insiste em praticar, apesar da parcela de santidade. É o que ensina a parábola do trigo e do joio.

Jesus conta essa parábola para uma multidão de pessoas. Não é fácil falar para multidões. Exige que se tenha uma pedagogia que as faça entender. Na catequese, você não vai falar para uma multidão, mas para um pequeno grupo. Embora este possa ter dificuldades para compreender, a pedagogia das parábolas, isto é, das historinhas, pode funcionar muito bem. Veja, por exemplo, o sucesso dos pregadores mais famosos: eles prendem a atenção de uma grande plateia por meio de exemplos ilustrativos, histórias ou parábolas. O método de Jesus continua sendo eficaz.

De que tratam as parábolas de Jesus? Elas falam do reino dos céus. A parábola do joio e do trigo mostra que, aparentemente, as pessoas são semelhantes. Como diziam os mais antigos: "As pessoas não trazem estrela na testa", identificando-as se são boas ou más. Somente pelas obras, identifica-se quem é bom e quem não é. O joio é muito similar ao trigo em sua fase de crescimento. Somente na hora da colheita, é possível identificar um e outro e eliminar o que não é trigo.

Joio e trigo estão por toda parte, até dentro da comunidade paroquial. Ser radical, querendo eliminar todos os males, corre-se o risco de eliminar junto as coisas boas. Além disso, mesmo as pessoas que, em certos momentos, fizeram o mal, podem se converter e mudar de vida. É o que Deus nos ensina com sua paciência, clemência e misericórdia. O que fazer então?

Paciência. Por menor que seja o bem que fazemos, se formos pacientes e soubermos aguardar o tempo de Deus, eles podem se tornar grandiosos na vida das pessoas e no mundo quando somados a tantos outros gestos de bondade e solidariedade. Gestos pacientes e com amor são como o fermento na massa. Jesus nos mostra que a prática do bem, mesmo que invisível, se perseverante e paciente, tem o poder de transformar a realidade como o fermento transforma a massa, fazendo-a crescer.

Devemos ser como a semente de mostarda, vista em outra parábola, pequenos e humildes, porém grandiosos no resultado de nossas ações de amor, paciência e perdão. E fazer tudo em silêncio, transformando o mundo e as realidades de injustiças, sem aparecer, sem fazer propaganda de nossos atos, como faz o fermento na massa. Dessa maneira estaremos ajudando a construir o reino dos céus.

Como vimos, Jesus conta a parábola do joio e do trigo para a multidão, comparando o mundo a um campo de trigo. Quem já viu um campo de trigo sabe o quanto é belo, assim como o mundo. Além do mais, trigo é a matéria-prima do pão, que sustenta e fortalece a vida. Jesus se compara ao pão, ao Pão da vida, e revela que quem dele comer viverá eternamente (Jo 6,35). Vejamos: um campo de trigo nos leva a viajar em um universo teológico. Como essa metáfora é representativa! Comparar o mundo a um campo de trigo é algo muito significativo, pois campos de trigo não se formam sozinhos, sem que alguém semeie as sementes e as cultive. Desse modo, cada catequista pode e deve ser um semeador de trigo, das sementes do reino, neste mundo. Cada gesto ou palavra do catequista é uma semente que precisa ser cuidada para ser trigo e não joio. Assim, a catequese pode ser comparada a um campo de trigo, e os catequistas, a semeadores.

A parábola diz que, no meio do trigo, nasceu também o joio, uma erva daninha, que se parece muito com o trigo na fase de crescimento. É erva oportunista que cresce, no meio do trigo, exatamente para se disfarçar e, assim, usufruir das benesses do cultivo do trigo sem ser percebida. Ela causa dano ao trigo e ao agricultor, que pouco pode fazer para erradicá-la, mesmo quando é percebida, porque está tão entrelaçada, amalgamada no meio do trigo que arrancá-la seria também arrancar o trigo. Mas, na hora da colheita as diferenças se elucidam: trigo produz trigo, joio não o produz. Simples assim. Ou seja, são nossas ações que demostram quem nós somos e não nossa aparência. Nunca julgue as coisas ou pessoas pela aparência. As aparências enganam, diz um velho ditado. E enganam mesmo! O joio pode se passar por trigo em sua aparência, mas não em seus frutos.

Voltando à parábola, surge uma primeira dúvida: quem semeou o joio no meio do trigo? A parábola é clara, e diz que foi o inimigo. Então o inimigo também é semeador? Sim, só que semeador de discórdias. Não pensem vocês, catequistas, que na Igreja só tem gente santa, que semeia o bem. Há também os semeadores de discórdia, pessoas diabólicas, verdadeiras inimigas de Deus, que ficam à espreita aguardando o momento de entrar em ação e semear o mal. Agem com falsidade, apunhalam pelas costas. É triste ter de dizer isso, mas é preciso, porque esse tipo de pessoa existe também na Igreja e precisamos estar atentos. Há pessoas tão malignas que são capazes de acabar com a vida até de padres, inventando calúnias que são fatais para o ministério sacerdotal.

A parábola diz que o joio precisava crescer junto com o trigo até a colheita, para evitar que fosse arrancado o trigo. Ou seja, é preciso saber discernir as coisas, não agir precipitadamente. Muitas vezes, queremos resolver as coisas de imediato e não sabemos aguardar o momento certo; então cometemos erros que podem ser irreparáveis. É assim em toda parte, e não é diferente na catequese. Diante da incompreensão dos discípulos, Jesus explica o significado de cada elemento que aparece na parábola. "O que semeia a boa semente é o Filho do Homem. O campo é o mundo. A boa semente são os filhos do Reino. O joio são os filhos do Maligno. O inimigo que o semeou é o Diabo. A colheita é o fim do mundo. Os ceifadores são os anjos." Como podemos ver, Jesus e o Diabo são semeadores. Porém, Jesus semeia a boa semente, o trigo, isto é, o bem, enquanto o Diabo semeia o mal, simbolizado no joio. Em outras palavras, essa parábola nos mostra que podemos semear as duas coisas: o bem e o mal. Se você semear o bem, colherá o bem, mas, se praticar o mal, colherá o mal. A isso damos o nome de discernimento. Nessa parábola, Deus pede o discernimento. Um bom catequista tem discernimento. Vemos nessa parábola que Jesus não pediu que separasse o joio do trigo antes do tempo. Tudo tem seu tempo, até mesmo para separar o bem do mal.

O que se pede de cada cristão, sobretudo de pessoas como os catequistas, que assumiram semear com mais firmeza, é viver o discernimento. Quem consegue está preparado para uma boa colheita. Com essa parábola, Jesus alerta que se perceba que o Diabo também está semeando. Nós é que temos de discernir o bem do mal e optarmos pelo bem. A separação definitiva se dará no juízo final, mas, enquanto isso não acontecer, cabe a cada semear o bem, mesmo que o inimigo continue semeando o joio.

Catequistas, vocês já imaginaram se chegassem à igreja para a missa de domingo e encontrassem alguém à porta pedindo que revissem seus atos antes de vocês se aproximarem do altar? Alguém que dissesse: endireitem seus caminhos e sua maneira de agir; comecem a praticar a justiça com seu próximo; não oprimam as pessoas, não discriminem seus catequizandos etc. É assim que Jeremias (Jr 7,1-11) se posiciona na porta do templo, a pedido de Deus, para profetizar para aqueles que chegavam para prestar culto a ele. Eram pessoas, em sua maioria, incoerentes, que louvavam a Deus no templo e depois tinham comportamentos terríveis com seus semelhantes. O profeta diz palavras duras, mas necessárias, para as pessoas reverem seus comportamentos e serem coerentes com Deus. Por que estou a dizer isso a vocês? Porque de nada adianta a fé professada se ela não vier seguida de obras de amor. Todo cristão precisa ter obras de amor, pois é preciso coerência com a prática religiosa, senão escandalizam-se Deus e o próximo. Jeremias faz uma espécie de exortação para identificar o joio no meio do trigo, isto é, lobos com pele de cordeiro, que, aparentemente, são pessoas boas, piedosas. Ele não faz distinção ao profetizar, diz para todos, de modo que suas acusações sirvam para aqueles que as merecem. Supostamente, fica difícil identificar quem está na comunidade para somar, ajudar e promover o reino e quem está ali para tumultuar, atrapalhar ou prejudicar. O tempo é que vai mostrar quem são essas pessoas. No tempo da colheita dá para identificar o que é joio e o que é trigo, pois as ações revelam quem são.

Reafirmo o fato de Jesus contar a parábola do joio e do trigo para a multidão, difícil de se catequizar. Ter uma turma de dez ou vinte catequizandos não é tão desafiador quanto ter de catequizar uma multidão. Porém, independentemente do número de pessoas, seu objetivo é explicar como é o processo de construção do reino dos céus. Esse dado não pode escapar aos ensinamentos, isto é, à catequese. O reino é constituído de pessoas boas, que fazem o bem ou se converteram e mudaram de vida, a fim de seguir o bom caminho. São os semeadores de trigo. O campo é o mesmo para todos, ou seja, as oportunidades para construir o reino são oferecidas igualmente a todos. Os que semeiam o trigo são os que se preocupam com a defesa da vida, com o bem, a justiça, o amor ao próximo. Os que semeiam o joio são o que pecam ou levam outros a pecar. Nem sempre é fácil identificar. Aparentemente todos são iguais. Já foi dito antes, mas vale reforçar que a parábola lembra que o joio, na fase de crescimento, é muito parecido com o trigo. O agricultor pode até perceber que há joio e trigo crescendo juntos, no mesmo terreno, mas eles estão tão misturados que é de difícil erradicação. Além disso, querer eliminá-lo pode ocorrer de eliminar também o trigo, ou seja, podemos cometer erros e injustiças. É bom esperar o tempo certo, a hora da colheita. O dono da plantação não permite que os empregados arranquem o joio antes da hora. Ele pede para esperar a colheita. É nessa hora que eles serão arrancados e separados, tendo destinos distintos. É na hora da colheita que se identifica o que é trigo e o que é joio. Assim acontece conosco. É por meio de nossas obras que revelamos quem somos. Desse modo, o catequista não deve fazer julgamentos precipitados, nem querer resolver as coisas a seu modo, sem a ajuda de Deus.

Por isso peço, catequistas, que seu compromisso com Deus os conduza sempre para a prática de boas ações. Assim, serão fiéis à aliança que Deus fez com vocês e com todos e serão trigos na seara do Senhor. Que o compromisso de vocês seja o de arrancar tudo o que for joio de sua vida e configurá-la conforme a vontade de Deus.

Assim, essa parábola lhes pede procedimentos fundamentais: fazer uma profunda revisão de vida; refletir se não estão sendo incoerentes com suas práticas religiosas; ajudar outros, sobretudo os catequizandos a discernirem seus procedimentos, sem julgá-los ou apontar suas fraquezas e falhas; dar tempo ao tempo; agir, sabendo esperar a ação de Deus. São procedimentos que ajudam a melhorar a vida cristã, a prática religiosa e, sobretudo, a missão de ser catequista.

Tudo isso porque a maldade e a bondade existem dentro de todo ser humano. Ninguém é pura maldade ou bondade. Porém, sobressai aquilo que damos mais vazão em nossa vida. As influências externas favorecem para que uma dessas partes se manifeste com mais evidência. Por exemplo, se nós andamos em boas companhias, se levamos uma vida de oração, colocando em prática os ensinamentos de Deus, a bondade se manifesta em nós, e Deus se revela em nossos atos. Porém, se desobedecemos a Deus e vamos por outros caminhos, com más companhias, isso manifesta em nós aquela parte que não é boa, como vemos na parábola do joio e do trigo. Ambos crescem juntos, no mesmo campo, e são até confundidos. Entretanto, é preciso cuidar para que o joio não sufoque o trigo. Nós, catequistas, somos os agricultores, isto é, os cultivadores das sementes que há em nós e em nossos catequizandos. Sementes de Deus e sementes do maligno. Qual delas vamos deixar que cresça e produza frutos? Judá e Jerusalém, em certo momento de sua vida, deixaram que as sementes do maligno crescessem (cf. Jr 14,17-22). Sofreram as consequências disso, como vemos nessa leitura do profeta Jeremias.

Nela, encontramos os resultados do alerta dado por Deus por meio do profeta. O povo de Judá e Jerusalém (Sião) sofrem as consequências de suas más ações. Nesse caso, o joio sobressai ao trigo, e as consequências são desastrosas. Eles não ouvem o profeta Jeremias e têm procedimentos contrários à vontade de Deus. Estão como cintos apodrecidos, clamando a Deus que os recupere. Esse texto nos ajuda a iluminar nossas ações e perceber se estamos dando mais vazão ao trigo ou ao joio que habita em nós. Cabe refletir sobre isso e procurar reparar as falhas que constatarmos. Somente assim demonstraremos fidelidade a Deus, pois a infidelidade rompe a aliança que ele tem conosco, trazendo dor e sofrimento; sem Deus nada somos.

Sabemos que, ao logo da história de Israel e do cristianismo, o povo não foi fiel a Deus. Muitos ainda não o são. Brinca-se com a misericórdia de Deus, abusa-se de seu perdão e há quem aja como se Deus não existisse, cometendo as piores barbaridades, tornando-se uma espécie de joio no meio do trigo. Deus tudo vê e dá oportunidades iguais a todos, para os justos e os injustos, os bons e os maus. Muitos não entendem por que Deus age assim. Não seria melhor erradicar logo os maus do meio dos bons, para que os bons não sejam prejudicados pelos maus? Essa é uma visão simplista da realidade, e é o que a parábola do joio tenta explicar. O dono da plantação de trigo não permite que seus empregados arranquem o joio. Não que ele esteja protegendo o joio, mas essa atitude tem dois significados importantes. O primeiro é a chance dada para os maus, os injustos, os oportunistas de se convertam e mudarem de vida. Deus tem dado essa chance para nós, mas até quando?

O outro, que não exclui o primeiro, é a preocupação de cometer injustiças ao arrancar o joio do meio do trigo. Ao arrancar o joio, pode ser que seja também arrancado o trigo; quantos inocentes pagarão pelos pecados dos culpados? Nos sistemas prisionais, vez por outra, descobrem-se casos em que pessoas inocentes foram presas por engano, ou negligência, ou descuido das autoridades. Nesse caso, na tentativa de arrancar o joio, arrancou-se o trigo.

Por fim, o fato de se esperar o tempo da colheita, para separar o joio do trigo, mostra que é pelos frutos que se reconhecem os bons e os maus. As aparências enganam, diz um ditado popular. Os lobos, às vezes, estão disfarçados de cordeiros e fica difícil identificá-los.

Isso é o que nos mostra a parábola do joio e do trigo e que aqui é trazida como luz para iluminar a vida e a missão dos catequistas. Jesus revela seu rosto de catequista por excelência. A explicação dada mostra quem é o semeador; o que significa o campo; o que é a boa semente; quem é joio e quem é trigo. Além disso, mostra quando se dá a colheita e quem serão os ceifadores. Tudo converge para o ensinamento de agir corretamente, conforme a vontade de Deus.

5
A PARÁBOLA DO TESOURO ESCONDIDO
(Mt 13,44)

Tesouro é algo de grande valor ou de valor supremo. Algo pelo qual estamos dispostos a abrir mão de tudo, ou de quase tudo, para proteger ou conquistar aquilo que tem grande valor. Um filho, por exemplo, é um tesouro para seus pais. Um pai ou mãe são capazes de qualquer coisa para proteger seus tesouros. Vocês já imaginaram, catequistas, por quantos tesouros vocês são responsáveis? Uma criança na catequese pode ser vista pelo catequista como mais uma criança, mas para seus pais ela é um tesouro único, valioso, ou melhor, sem preço. Tesouros não têm preço, têm valor. Essa é a diferença fundamental entre um tesouro e qualquer outra coisa. Mas não é desse tesouro que proponho refletir com os catequistas neste texto. Falo de outro tesouro, mais importante ainda que qualquer outro. Trouxe de antemão o exemplo dos catequizandos como tesouros, para mostrar que, apesar de seu valor incomparável, há um tesouro maior, que é Deus, e que todo catequista tem como missão ensinar esses pequeninos a buscarem, desde cedo, esse valor supremo.

Assim, proponho aqui, mediante a parábola do tesouro escondido no campo (Mt 13,44), refletir sobre os valores que temos na vida e qual nosso procedimento diante deles. Essa parábola nos ajuda na revisão de vida e, sobretudo, em nossa mudança de comportamento diante das propostas do reino dos céus. Ajuda-nos a sermos catequistas melhores, mais comprometidos. Afinal, quando se fala de tesouro, todo empenho e compromisso podem significar pouco.

Temos, em um conjunto de três parábolas (o tesouro escondido, o comprador de pérolas e a rede lançada ao mar = Mt 13,44-48), o núcleo do evangelho de Mateus, que trata do reino dos céus. Essas parábolas falam de valores, da oportunidade que Deus dá a todos, indistintamente, de descobrir esse tesouro. Porém, o que difere é a atitude de cada um diante desse tesouro. Nesse sentido, caberia aos catequistas refletirem, e levarem seus catequizandos a refletirem, sobre o reino dos céus, o reino de Deus. Proponho, então, alguns questionamentos que ajudam a pensar esse Reino:

- O que eu entendo por reino dos céus?
- Reino dos céus e o reino de Deus são a mesma coisa?
- Se são a mesma coisa, onde imagino que ele está? Neste mundo, em outra dimensão, em outro mundo ou em ambos os lugares?
- O reino de Deus é um lugar?
- Se é um lugar, como eu o imagino?
- Como eu imagino serem as pessoas desse lugar?
- Como devo me comportar nesse lugar ou como devo agir para fazer parte dele?
- O Reino dos céus, ou reino de Deus, está pronto ou eu ajudo a construí-lo?

Durante toda a nossa vida, lutamos em busca de coisas que nós consideramos valiosas, importantes. Algumas delas acabam por tomar boa parte de nosso tempo. São aquelas coisas de que precisamos para sobreviver (saúde, educação, moradia, alimentação, vestuário etc.). Ligadas a estas surgem tantas outras. Boa parte delas é necessidade criada, para satisfazer nosso ego consumista ou por consequências de situações que vivemos no dia a dia. As necessidades determinam os valores, e os valores determinam nossa vida, nosso comportamento, nossa maneira de ser e de agir em relação a eles e às pessoas. Todo esse conjunto de situações ajuda a formar nossa vida e, às vezes, fica difícil distinguir o que é de fato valor e o que é um falso valor. Exige de nós sabedoria para discernir entre o bem e o mal, entre o que é bom e o que não é bom. Nem sempre temos condições para isso, seja por nossa pouca fé e pouco envolvimento religioso ou por nosso envolvimento em demasia com os problemas e as situações que nos afetam no dia a dia, tornando nosso coração insensível para fazer tal distinção. Para compreender melhor isso, recordo um texto do primeiro livro dos Reis (1Rs 3,5.7-12) que trata exatamente disto: sabedoria para fazer escolhas.

Salomão foi tido como um dos reis mais sábios que a história de Israel produziu. No início de sua atividade, ainda adolescente, sentia-se impotente diante do grande desafio que lhe foi apresentado. Esse texto traz uma das mais belas orações de Salomão, que deveria servir de exemplo para toda pessoa pública, para todo aquele que tem a missão de governar e também para os catequistas, cuja missão é guiar crianças, adolescentes, jovens e adultos no caminho de Deus. Diz o referido texto que o Senhor lhe apareceu em sonho e lhe disse para pedir o que desejasse.

Coloquemo-nos no lugar de Salomão e imaginemos Deus nos dando a oportunidade de pedir o que quisermos. Isso faz lembrar aquelas histórias em quadrinhos, ou desenhos animados, em que um gênio aparece e pede para que a pessoa faça três pedidos. Qual seriam os pedidos que iríamos fazer a Deus se ele aparecesse diante de nós com a proposta que fez a Salomão? Vale lembrar que, nessa ocasião, Salomão era bem jovem, cujos desejos comumente diferem dos desejos dos adultos, pois, à medida que vamos ficando mais velhos, mudamos nossos desejos e nossas ambições.

Mesmo sendo tão jovem e cheio de sonhos, Salomão não pediu nada supérfluo, nem os valores clássicos: riquezas, poder, saúde, vida longa ou então a morte de seus inimigos. Ele pediu sabedoria para praticar a justiça, um coração que pudesse discernir entre o bem e o mal, o essencial; algo nobre. O pedido de Salomão agradou tanto a Deus que ele o concedeu um coração sábio e inteligente, como nunca houve outro igual antes dele nem depois. Porém, Salomão não fez jus ao que Deus lhe concedeu. O poder e a riqueza lhe corromperam, e ele governou de modo que oprimiu o povo.

Nesse texto, o que importa é o ensinamento: sabedoria para pedir e pedir a Deus aquilo que realmente tem valor. Quando agimos assim, tudo contribui para o bem das pessoas, daqueles que amam a Deus (Rm 8,28-30). Essa parábola, similar a outras, tem como objetivo falar do reino dos céus. Ela é uma forma simples e eficaz de dizer o indizível, a partir de elementos e situações do cotidiano. Fala do valor desse reino, quem o descobriu, faz mudanças radicais em seu comportamento, desfazendo de supostos valores, considerados antes importantes. Tudo passa a ser relativo em sua vida, e suas ações se voltam para esse valor supremo. É semelhante ao caso do homem que vendeu todos os seus bens para comprar o campo, no qual havia um tesouro oculto. A mesma coisa ocorre com o comprador de pérolas de outra parábola. Quando ele encontrou uma de grande valor, vendeu todas as demais e investiu tudo naquela de valor supremo. O reino de Deus é esse tesouro escondido no campo, é essa pérola de valor indescritível. Quem o encontrou faz de tudo para possuí-lo.

Para isso é preciso discernimento e sabedoria. Que em nossas orações possamos, a exemplo de Salomão, pedir que Deus nos dê o discernimento entre o bem e o mal, entre o que tem ou não verdadeiramente valor.

Deus nos concede, todos os dias, a oportunidade de encontrarmos tesouros ocultos em nossa vida, mas nem sempre percebemos. Cada um de seu jeito, com sua maneira de ser, segue fazendo escolhas e elegendo seus valores, seus supostos tesouros. Podemos conseguir isso, amando sua lei, sua Palavra, como reza o Salmo (118/119). Assim saberemos distinguir as situações de acordo com seus verdadeiros valores.

Quando descobrimos o quanto Deus é bom e tudo o que ele faz por nós, nossa vida muda de sentido; tudo se transforma. Ao encontrarmos com esse Deus grandioso, que nos socorre em nossas aflições, que está sempre do nosso lado e nos ajuda a superar os momentos difíceis da vida, nós encontramos um verdadeiro tesouro e nossa vida muda de rumo, de direção. A essa mudança damos o nome de conversão. Quem encontrou esse tesouro se converte de fato. Muitos de nós ainda precisa se converter e encontrar esse tesouro. Catequista que não o encontrou não será bom. Faltar-lhe-á o essencial em sua missão, e isso vai refletir nos resultados de seu trabalho. A missão do catequista consiste, entre outras coisas, encontrar esse tesouro escondido e ensinar a seus catequizandos a procurá-lo. O gosto pela catequese se dá nessa busca. Quando o tesouro é encontrado pelos catequizandos, eles nunca mais abandonam a Igreja. Assim, um bom catequista é aquele que desperta em seus catequizandos o desejo de procurar o tesouro escondido. Ele não mostra onde está, mas indica o caminho.

Temos nessa parábola algumas curtas e diretas pistas para as pessoas descobrirem esse tesouro escondido. Precisamos, portanto, fazer de tudo para adquirir esse campo, isto é, para aprender essas pistas, esses caminhos que levam onde o tesouro está. Para isso, precisamos desapegar de muita coisa. Se o homem da parábola vendeu tudo o que tinha para comprar o campo, isso indica que temos de nos desfazer de muita coisa para conquistar esse tesouro. Antes, porém, precisamos vê-lo como valor supremo, senão não vamos conseguir desapegar, desafazer das coisas que nos prendem e nos impedem de irmos buscar esse tesouro. Assim, essa parábola nos leva a refletir sobre as mudanças que Deus provoca em nossa vida quando encontramos com ele. Quem não faz mudanças em sua vida mostra que ainda não encontrou com Deus.

O homem da parábola vendeu todos os seus bens, desfez-se de tudo, que até então ele considerava ter valor, para comprar o campo, onde encontrava o tesouro escondido. Essa é atitude daqueles que encontram com Deus. Quando se faz esse encontro, tudo o que até então tinha valor, perde o sentido, fica irrelevante.

O mesmo deve ocorrer com os catequistas, para que ele seja um buscador de tesouro. A catequese é essa busca constante de tesouro. Se você, catequista, ainda não consegue vê-la como meio para encontrar o tesouro, você não entendeu o que é ser catequista nem qual a finalidade da catequese. O homem da parábola tinha muitos outros valores, mas, ao saber qual era o de valor supremo, não titubeou e se desfaz dos demais. Ele viu que os campos que tinha não passavam de terras áridas, que nada produziam a não ser cansaço. Elas tinham pouco valor. Assim sendo, ele as vendeu e comprou o campo que escondia o tesouro. Parece roteiro do filme de Harry Potter, mas é algo sagrado e, portanto, valioso.

A parábola do tesouro escondido pede exatamente isto: que desfaçamos de muita coisa em nossa vida para poder investir naquilo que realmente tem valor, o reino dos céus. Porém, somente quem faz essa descoberta, que só será possível se houver procura e motivação, é capaz de tal procedimento. O catequista deve ser, portanto, um motivador. Se nós nos acomodarmos na mesmice de uma religião, ou de uma catequese, centrada apenas em rituais, vazia de compromisso, não encontraremos esse tesouro nem teremos motivação para procurá-lo. Precisamos romper com o comodismo para podermos encontrar o caminho que nos leva aos tesouros escondidos dentro de nós, a nossa volta e na comunidade de que participamos. Quem não se lança nessa busca, dificilmente encontra tesouros. São desafios que essa parábola nos propõe. Sejamos catequistas que ensinam os catequizandos a buscarem o tesouro que nossa religião guarda em vasos de barro, em campos inimagináveis ou em qualquer outro lugar que, muitas vezes, nem nos damos conta de que o tesouro está ali.

Os santos são exemplos daqueles que encontram, em Deus e em seu reino, o verdadeiro tesouro e deixam tudo por causa dele. As parábolas do tesouro escondido e a do comprador de pérolas ilustram bem como deve ser a vida daqueles que buscam a santidade: desapegar-se de todos os seus bens materiais na terra por causa de um bem supremo, o reino dos céus.

Que todos os catequistas possam ter diante de si a vida dos santos, que souberam descobrir o verdadeiro tesouro e buscá-lo com afinco. Assim poderão aperfeiçoar em seus processos de santidade, pois todo catequista deve se esforçar para ser santo. Os santos são pessoas que conseguiram encontrar o verdadeiro tesouro do qual nos falam as parábolas. Eles nos dão provas concretas de que é possível desfazer-se de tudo o que é considerado com valor neste mundo, para investir em um valor maior. Essas parábolas tratam do valor do Reino do Céu. O campo é este mundo. Há muitos tesouros nele escondidos, porém nem sempre os encontramos. Às vezes, confundimos esses valores e gastamos nossa vida investindo em coisas que são falsos valores. Há também muitas coisas que nos impedem de descobrirmos tais valores.

O que nos impede de encontrar esse tesouro?

São muitas coisas e podemos apontar aqui algumas delas: a ganância pelo dinheiro, poder, status e por tantas outras coisas efêmeras e vãs comparadas ao Reino do Céu; o orgulho, a vaidade, a arrogância, o egoísmo, o medo ou covardia, a falta de solidariedade e tantas outras situações e procedimentos. Para encontrar o verdadeiro tesouro, nós precisamos varrer de nossa vida muita coisa, sobretudo, as injustiças. Somente assim vamos encontrar o caminho que nos conduz ao verdadeiro tesouro. Para isso devemos ter, diante de nós, o exemplo dos santos. Eles apontam caminhos, ensinam-nos como proceder para alcançarmos a santidade ou o Reino do Céu. Quando descobrimos esse caminho, ou quando encontramos o campo onde está escondido esse tesouro, nossa vida muda completamente. Sentimos uma paz e uma alegria inenarráveis, próprias de quem se encontrou verdadeiramente com Deus. Portanto, o Reino é esse tesouro escondido no campo deste mundo, é essa pérola preciosa que todos devemos buscar em primeiro lugar. Quando os encontramos, todas os demais se tornam irrelevantes.

Se ainda estamos apegados às muitas coisas e pessoas, é sinal de que ainda não encontramos esse tesouro e essa pérola de grande valor. Porém, não podemos desistir. O mais importante é que busquemos sempre esse tesouro, sem nos esmorecermos, pois quem procura encontra, para quem bate a porta se abrirá, diz Jesus. Os santos foram pessoas que perseveraram nessa busca incansável do grande tesouro do Reino do Céu. Por isso, tê-los como modelo, ou arquétipo, é uma boa referência para nossa fé e nosso viver cristão. Que eles intercedam junto a Deus por todos os catequistas, para que não desanimem de buscar, na catequese, o bem maior: o reino do Céu.

6
A PARÁBOLA DA REDE LANÇADA AO MAR
(Mt 13,47-50)

A parábola da rede lançada ao mar (Mt 13,47-50), embora seja bem curta, quase uma máxima, ela nos convida a refletir sobre os valores que temos e as escolhas que fazemos na vida e nos leva a pensar qual nosso procedimento diante dessas escolhas e daquilo que consideramos valores. No contexto dessa parábola (Mt 13,44-52), aparecem outras duas antecedentes (a do "tesouro escondido no campo" e a do "comprador de pérolas preciosas"), já refletidas neste livro. Elas são similares e ajudam os catequistas na revisão de sua vida e missão na Igreja e no mundo e, sobretudo, na conversão pessoal e pastoral, como tem pedido a Igreja nos últimos anos.

Podemos dizer que essa parábola consiste no núcleo do evangelho de Mateus, que reúne, junto a essa, outras duas parábolas, as últimas, que tratam do reino dos céus, de valores e mostram que Deus dá oportunidades iguais a todos, indistintamente. Vemos nessa parábola que a rede lançada ao mar apanha todo tipo de peixe, isto é, não faz distinção. No mundo, é a mesma coisa: para Deus, bons e maus recebem as mesmas oportunidades. O processo seletivo se dá em um segundo momento, quando a rede é arrastada para a praia e os pescadores vão separar os peixes que servem dos que não servem. A rede de Deus está lançada nesse imenso mar, que é o mundo, e nela pode entrar quem quiser. No entanto, haverá um momento em que seremos avaliados e classificados de acordo com aquilo que escolhemos ser. Nesse sentido, a pedagogia de Jesus não é excludente, ao contrário, ela envolve outras instâncias que vão selecionar de acordo com aquilo que somos. Ou seja, o mundo mesmo se encarrega de avaliar e selecionar a cada um de acordo com suas escolhas na vida. Quem não se encaixar, não comungar ou compactuar com o projeto de Jesus, com os seus ensinamentos ficará de fora. Na verdade, a escolha é de cada um.

Durante toda a nossa vida, lutamos em busca de coisas que nós consideramos valiosas, importantes. Vimos em outra parábola que o joio e o trigo crescem juntos e somente são separados na hora da colheita. Essa parábola é similar à da rede lançada ao mar, pois mostra que a oportunidade é dada para bons e maus. Entretanto distinguir o bom do ruim é nossa missão neste mundo. Isso nem sempre é fácil, porque envolve uma série de situações e condições. É preciso envolvimento na causa de Jesus, formação intelectual e pastoral, capacitação, sabedoria para discernir entre o bem e o mal; entre o que é bom e o que não é.

É preciso, catequistas, destacar os catequizandos entre os demais, como os peixes bons que são colocados nos cestos. Vale ressaltar que essa parábola não pede para fazer distinção entre os catequizandos, mas saber avaliar e acompanhar cada um de acordo com suas necessidades e particularidades. Propõe ensinar a eles que Deus lhes dá chances iguais, mas vai depender de cada um ser colocado no "cesto" de Jesus ou não. Uma reflexão nessa linha, sobre essa parábola, ajuda os catequizandos a terem mais responsabilidades, percebendo que, apesar da bondade e misericórdia de Deus, eles têm uma participação importante no processo de salvação.

Para isso, porém, é preciso discernimento e sabedoria. Deus nos concede todos os dias essa oportunidade, mas nem sempre a percebemos. É o que mostra a parábola do pescador que lança a rede ao mar e apanha todo tipo de peixes. O mar é o mundo, as redes são as oportunidades que Deus nos dá, e os peixes somos nós. Cada um de seu jeito, com sua maneira de ser. Deus acolhe a todos. Todos nós estamos na mesma rede, porém, na beira da praia se fará uma triagem. Qual será nosso destino? O cesto do pescador ou seremos jogados fora? Deus não quer que nenhum de seus filhos seja lançado fora. Ele quer que todos nós estejamos junto dele. Para isso é preciso colocar em prática seus ensinamentos. O mesmo acontece na catequese: não queremos que nenhum catequizando seja excluído, fique de fora. A missão do catequista consiste em fazer esse discernimento e, ao contrário da parábola da rede lançada ao mar, não descartar os catequizandos problemáticos, os que têm mais dificuldade, mas acolhê-los e inseri-los na comunidade, acompanhando-os de um modo muito especial, sobretudo, acompanhando sua família, sua realidade fora da catequese. Assim, em suas orações, rezem para que Deus lhes dê sabedoria para descobrir e viver esse discernimento na catequese e na vida. Vocês podem conseguir isso amando e ensinando os mandamentos de Deus, a Palavra de Deus, como reza o Salmo (118/119). Assim, poderão distinguir corretamente as situações de acordo com os valores de Deus e não seus valores particulares.

Na missão catequética de vocês nunca se esqueçam da presença de Deus, que caminha com vocês, e das oportunidades de selecionar, separar, distinguir, optar ou fazer escolhas, que lhes são dadas nesse caminhar. Essas oportunidades exigem sabedoria, pois vocês são os responsáveis por construir ou destruir santuários na vida das pessoas, sobretudo dos pequenos que lhes foram confiados. No livro do Êxodo (40,16-21.34-38), vemos que Moisés constrói um santuário para o Senhor e coloca nele a arca da aliança. E esta é sua missão: construir santuários na vida de seus catequizandos e colocar nela a Arca da Aliança, isto é, Deus, que se manifesta e aponta a direção a ser seguida. No texto, se o povo obedecesse a Deus, seguiria em seu caminho e chegaria à terra prometida. O que não quer dizer que o povo não enfrentou dificuldades. Isso precisa ficar bem claro para os catequizandos para que eles não se revoltem com Deus quando as coisas não derem certo, quando suas vontades não forem satisfeitas; quando seus pedidos não forem atendidos no tempo que eles desejam: ter Deus presente em nossa vida não significa que estaremos isentos de sofrimentos, dificuldades e obstáculos a serem superados. Mostre a eles que Deus está sempre conosco, sobretudo nos momentos de dificuldades. A diferença está no fato de conseguirmos superá-los. Sem ele, tudo se torna mais difícil e podemos nos sucumbir.

Além disso, o que mais esse texto tem a dizer aos catequistas e catequizandos?

Mostra que nossa Igreja deve ser um sinal da presença de Deus entre nós, como no santuário construído por Moisés. Ela deve ser o espaço onde encontramos com ele para descobrirmos o caminho a seguir, a missão a cumprir. Portanto, a cada um cabe fazer de nossas igrejas e de nossa vida verdadeiros santuários da manifestação de Deus. Para isso, é preciso que vivamos seus mandamentos, que os catequistas deem uma atenção especial a eles. Que nossa catequese e nossas comunidades sejam lugares de amor fraterno, de respeito, de solidariedade, de missão e de compromisso com a vida. O texto lança luzes para a ação catequética, mostra que a catequese e a Igreja não devem ser algo estático, apenas hierárquico, mas um constante caminhar rumo à terra prometida, ao reino dos céus. Um reino que os catequistas ajudam a construir a partir de seu compromisso cristão, oferecendo uma boa catequese. Todos são chamados a participar desse reino, não importa quem nós somos, quem são os catequistas e os catequizandos, mas é preciso empenho. Ele chama a todos indistintamente, trata-nos com igualdade, porém a diferença está na resposta que cada um dá a ele e a seu chamado. Em nosso peregrinar, em nossas ações na catequese, são nos dadas muitas chances. São as redes lançadas ao mar da vida. Mas irá chegar um momento em que essa rede será arrastada para a beira da praia e lá serão selecionados os peixes bons e colocados no cesto do Senhor, e os peixes que não servirem serão jogados fora. Não podemos interpretar esse texto apenas na visão escatológica do fim dos tempos, mas na dinâmica de nossa história, aqui mesmo neste mundo, porque o reino dos céus começa a acontecer aqui, entre nós.

Ele nos ensina a sermos discípulos e missionários de Jesus Cristo, do reino dos céus e a fazermos discernimentos, escolhas acertadas, selecionando o que é bom e o que não é; o que é de Deus e o que não é; distinguir o bem e o mal. Devemos fazer sempre uma varredura, uma revisão de vida. Enfim, devemos nos desfazer das coisas que não ajudam nosso crescimento nem a construção do reino.

Que as lições trazidas por essa parábola ensinem os catequistas a agirem melhor, tendo o discernimento para perceber a presença de Deus, que caminha com eles e, assim, fazerem escolhas acertadas e acolhimentos com caridade pastoral, tanto na catequese como em sua vida particular.

7
A PARÁBOLA DO PERDÃO SEM LIMITES
(Mt 18,21-35)

Neste texto, quero refletir sobre a parábola do perdão sem limites (Mt 18,21-35; Lc 7,40-43). Não é bem assim que essa parábola é conhecida, mas eu ousei atribuir-lhe esse título porque é disso que a parábola trata. Porém, como venho fazendo com outras parábolas, quero refleti-la no contexto da catequese e da vida e missão do catequista.

Desse modo, essa reflexão versará sobre um dos temas mais caros do cristianismo: o perdão. Mas não é qualquer perdão. Não é o perdão pela metade, se é que isso existe, mas sim o perdão total, completo e infinito, não importando a quantidade de vezes que nossos irmãos nos tiver ofendido. Algo que não é nada fácil. Diria que é um dos maiores desafios do cristão.

Por essa razão, ser cristão não é fácil. É preciso passar antes por um processo de conversão. Somente uma pessoa plenamente convertida é capaz de perdoar até setenta vezes sete e não apenas sete vezes, como vemos nessa parábola. E vocês, catequistas, são capazes de perdoar sempre? Não se assustem, pois eu sei que, assim como eu ou qualquer outro ser humano, têm dificuldades de perdoar. Perdoar algumas vezes até podemos, mas perdoar sempre dá a impressão de que não temos sensibilidade. Mas é o contrário disso. Somente quem tem estrema sensibilidade é capaz de perdoar sempre, porque somente o perdão é capaz de pôr fim a mágoas, dores e, consequentemente, sofrimentos.

Por que perdoar sempre?

Porque o perdão é o único caminho para obter e construir a paz. Quem não consegue perdoar conserva dentro de si sentimentos detestáveis, como o rancor e a raiva, afirma a leitura do livro do Eclesiástico (27,33-28,9). O rancor e a raiva são sentimentos que nos corroem por dentro, destrói-nos e vai nos matando aos poucos. Quando se instalam dentro de nós, fazem a vida perder qualidade. Quem traz dentro de si esses sentimentos é triste, mal-humorado, de mal com a vida, enfim, profundamente infeliz. Tudo é canalizado para o desejo de vingança. Enquanto não se vinga, não vê a punição ou o castigo daquela pessoa que o ofendeu, não sossega. Assim, a pessoa não tem mais tempo para fazer o bem, para amar e ser amada. Vive amargurada e infeliz. Já pensou no estrago que faz, na Igreja e na vida dos catequizandos, um catequista com esse sentimento nocivo no coração?

Esse trecho revela que quem se vingar encontrará a vingança do Senhor. Ou seja, nosso relacionamento com Deus é pautado pelo relacionamento com nosso semelhante. Se amarmos nossos irmãos e perdoarmos suas fraquezas, Deus também perdoará nossas fraquezas, por maior que elas sejam. É isso que propomos quando rezamos a oração do Pai-nosso: "Perdoai as nossas ofensas assim como nós perdoamos a quem nos tem ofendido". Nós colocamos uma condição para Deus. Vale perguntar: estamos perdoando a nossos irmãos verdadeiramente? Será que, se Deus nos perdoasse à medida que perdoamos a nossos irmãos, receberíamos, de fato, seu perdão? Podem ter certeza que não. Se Deus levasse em conta esse nosso pedido, estaríamos perdidos. Mas ele tem compaixão de nós e nos perdoa sempre que a ele recorremos, porque é infinitamente misericordioso. Ele tem compaixão do pecador arrependido, como vemos em Mateus 18,21-35, mas deseja ardentemente que façamos o mesmo com nossos semelhantes. Se assim agíssemos, teríamos um mundo onde reinaria a paz e o amor, pois o perdão gera a paz, e o ódio o desejo de vingança e a violência. Quem perdoa coloca um fim ao ciclo da violência. Mas não é bem isso que acontece; nem sempre os catequistas conseguem ensinar isso na catequese. Esse é lugar de ensinar o perdão sem limites. Se um catequista conseguir transmitir esse ensinamento de Jesus a seus catequizandos, poderá se sentir ainda mais vitorioso na missão, porque o perdão é a essência do ser cristão. Porém, mesmo recebendo infinitas graças de Deus, nem sempre somos capazes de perdoar e ensinar o perdão como mostra a parábola do perdão sem limites (Mateus 18,23-35).

Essa parábola é uma profunda catequese de Jesus para seus discípulos e para cada um de nós, seus catequistas, discípulos e missionários. Ele ensina a perdoar sempre, pois o perdão é a essência de sua catequese. Pedro pergunta para Jesus se deveria perdoar até sete vezes se o irmão pecasse contra ele. Jesus percebe que Pedro não tinha entendido a simbologia do número sete e busca ampliar largamente a quantidade de vezes que se deve perdoar, porque se ele perdoasse setenta vezes sete já seria algo importante.

O número sete e seus derivados têm na Bíblia um significado simbólico: plenitude, totalidade, isto é, sempre, infinitamente. Assim, a resposta de Jesus é que devemos perdoar sempre. O perdão não se mede por quantidade de vezes que se perdoa, mas pela profundidade, sinceridade com que se perdoa.

O rei que resolveu acertar as contas com seus empregados é Deus. Aquele que lhe devia uma enorme fortuna pode ser qualquer um de nós. Todos nós temos dívidas impagáveis com Deus, e ele deseja que nós acertemos as contas. Não podemos abusar de sua misericórdia e não medir as consequências do pecado. Ele quer nossa conversão. Mas, quando nossa dívida é impagável, isto é, quando lhe devemos uma enorme fortuna, ao implorarmos o perdão, ele se compadece de nós, perdoa-nos e espera que façamos o mesmo com nossos semelhantes. Mas o que ocorre muitas vezes é que, mesmo recebendo o perdão de Deus por tão grande dívida, não temos um coração suficientemente generoso para perdoar a nosso próximo, mesmo que ele tenha feito algo irrelevante para nós. É o que ocorre com o empregado perverso. Ele recebe o perdão, mas, ao sair, não perdoa a seu companheiro que lhe devia apenas cem moedas.

Será que isso não vem ocorrendo conosco? Quantos são os que acabam de sair do confessionário, aliviados pelo perdão de Deus, mas não estão dispostos a perdoar! Quantos catequistas falam de perdão a seus catequizandos, sem conseguirem perdoar! Essa atitude agride a comunidade e a bondade de Deus. É uma provocação a Deus e ao próximo, pois revela nossa incoerência entre aquilo que queremos para nós e o que queremos para os outros. Esquecemos que o mandamento de Deus é amar o próximo como a nós mesmos. Se o amássemos como a nós mesmos, daríamos o perdão porque o queremos de Deus.

Tudo o que nós fazemos não é para nós, mas para Deus, diz Paulo, apóstolo, na carta aos Romanos (14,7-9). Quando fazemos o bem para o próximo, é para Deus que o fazemos. Quando amamos nosso próximo, damos provas de que amamos verdadeiramente a Deus. Porém, se não amamos nosso semelhante e não lhe perdoamos, também não amamos a Deus e bloqueamos nossa relação com ele.

Por essa razão o perdão é algo essencial. Quando perdoamos as injustiças cometidas pelo nosso próximo, Deus também nos perdoa. Quando guardamos raiva de nosso irmão, não tendo compaixão dele, não devemos pedir que Deus também a tenha de nós. São pontuações que nos fazem o livro do Eclesiástico (27,33-28,9) e que nos ajudam a refletir não apenas sobre a missão do catequista, mas sobre a de toda comunidade cristã.

Precisamos, portanto, exercitar a dimensão do perdão em nossa vida, e uma das formas é pensarmos que ela é muito breve para ser desperdiçada com a raiva e o rancor, ensina-nos o livro do Eclesiástico: "Lembra-te de teu fim e deixa de odiar; pensa na destruição e na morte e persevera nos mandamentos". Se pensássemos mais sobre isso, talvez pudéssemos perdoar mais e não desperdiçaríamos tanto tempo com o desejo de vingança.

Ajuda-nos, nesse processo de conversão, pensar sobre isso e ver que Deus nos ama infinitamente, como mostra o Salmo 102(103). Ele é bondoso, compassivo e carinhoso. Vamos também ser mais bondosos, compassivos e carinhos com nossos irmãos, principalmente com aqueles que nos magoaram, ofenderam-nos. Lembremos que, quando confessamos nossos pecados e somos perdoados, Deus não fica repetindo nossas faltas, queixando-se contra nós, como muitas vezes fazemos com nossos irmãos. Muitas vezes, dizemos: eu perdoo, mas não quero mais conversa com aquela pessoa. Isso não é perdão. Deus não guarda eternamente seu rancor contra nós, diz o referido Salmo, então por que vamos guardar eternamente rancor daqueles que nos magoaram?

Para querer uma vida livre, e de paz, precisamos aprender a perdoar. Somente os que aprendem isso são felizes verdadeiramente e levam uma vida conforme os ensinamentos de Deus. Então, vamos exercitar isso dentro de nós para nos tornarmos cada dia melhores e assim aplicarmos isso na missão da catequese. À medida que nos tornamos pessoas melhores, seremos catequistas melhores, e tudo a nossa volta melhora porque melhoramos nossos relacionamentos. O mundo se torna melhor porque nós melhoramos.

Deus sempre quer nosso bem e se desdobra em exemplos e ensinamentos para que percebamos seu amor por nós e os caminhos que ele nos indica; mas nem sempre percebemos essas coisas de Deus em nossa vida. Somos, muitas vezes, insensíveis aos sinais de Deus. Além de termos dificuldade de perceber seus sinais e ensinamentos, temos dificuldades de perdoar, tornando-nos pessoas de coração duro. Tudo isso leva-nos a situações de sofrimento, como nos mostra o profeta Ezequiel (12,1-12), quando trata do exílio, lugar de sofrimento, de falta de liberdade e de sujeição. O profeta Ezequiel alerta o povo de Israel que se tornou rebelde. Deus pede que o profeta proceda como um exilado, à vista dele, para ver se o povo percebe que pode ocorrer o mesmo se não se converter de sua rebeldia. Porém, o povo não entende o que o profeta faz nem o que diz e continua em sua rebeldia. Assim, com tal procedimento, decreta a condição de exilado. Deus o alerta, mas não lhe obedece. Assim também pode ocorrer conosco quando não sabemos ler os sinais de Deus e não ouvimos o que os profetas de nossos tempos têm a nos dizer. A rebeldia de um povo resulta em consequências para ele mesmo. Mas, Deus, por amar tanto, sempre busca ajudar, orientar, proteger, apontar caminhos e procedimentos, que nem sempre percebemos. Para deixar de lado a rebeldia, temos de perdoar e pedir perdão. É o que nos mostra o Evangelho de Mateus (18,21-19,1) ao tratar da parábola do perdão sem limites, sobre a qual refletimos aqui.

Ensinar sobre o valor do sacramento da reconciliação, sobre a confissão não ser mera obrigação, mas ato de profundo arrependimento e momento ímpar de conhecer a misericórdia de Deus, é missão do catequista. Quando isso fica bem claro e assimilado, os catequizandos vão para a confissão sem medo, confiantes no amor e na misericórdia de Deus e não ficam repetindo atos mecânicos, como vemos em tantas confissões de crianças e adolescentes que não aprenderam o significado da confissão.

O perdão cristão é ilimitado. Para elucidar essa situação, Jesus conta a parábola do homem que devia para o rei uma enorme fortuna e não tinha como pagá-la. Depois de haver suplicado o perdão dessa enorme dívida, ele é perdoado. Porém, mesmo recebendo o perdão de tamanha dívida, não perdoou ao companheiro que lhe devia tão pouco.

Esse é o retrato de nosso procedimento, de nossos relacionamentos com Deus e com o próximo. Deus nos perdoa dívidas enormes, mas não somos complacentes e misericordiosos com aqueles que nos magoaram, com os que têm alguma dívida conosco. Usamos dois pesos e duas medidas para julgar e ser julgado. Queremos o perdão de Deus, mas não nos convertemos para oferecer o perdão ao próximo.

Vamos fazer um exame de consciência e pensar um pouco sobre isso. Nossos relacionamentos seriam muito melhores se usássemos os critérios de Jesus para perdoar. Ou seja, perdoar sempre, sem limites, mesmo que o pecado contra nós tenha sido de extrema gravidade. Se o outro pedir perdão, não podemos negar a ele esse perdão, senão estamos agindo como esse empregado perverso e cruel e não merecendo o perdão de Deus.

Que possamos exercitar o perdão em nossa vida e em nossa missão, como catequista ou em qualquer outra missão na Igreja e na sociedade; isso só será possível se percebermos a presença de Deus, que caminha conosco, e se, enquanto comunidade cristã, sermos para nossos irmãos um reflexo da presença divina. Isso só se dará se houver perdão em nossas relações. Quando existe o perdão entre as pessoas, as rebeldias têm um fim e, assim, evitamos muitas formas de contendas e exílios.

Não é só na Quaresma que devemos exercitar o perdão. Todo tempo é tempo de perdoar. Deus, em sua infinita misericórdia, está sempre pronto a perdoar quando um filho seu que desvia do caminho e resolve voltar e pedir que perdoe suas faltas, suas dívidas. Porém, não basta pedir perdão, precisamos também aprender a perdoar. É o que a profecia de Daniel também nos leva a refletir.

O profeta Daniel (3,25.34-43) apresenta Azarias suplicando a Deus em um momento de dificuldade. Esse texto é conhecido como "a oração de Azarias na fornalha", que representa os grandes desafios da vida. Nesses momentos, testamos nossa fé e confiança no Deus da vida. Azarias nos dá uma grande lição de coragem, perseverança e fé, elementos essenciais para o perdão. Sua oração, em pé no meio do fogo, recorda que não podemos esmorecer diante das situações difíceis. Deus está também ali e nos libertará de todas as dificuldades, basta confiarmos. A oração de Azarias é humilde, de reconhecimento das falhas e fraquezas e de muita confiança. Mostra-nos, assim, que precisamos permanecer em pé diante das provações. Deus sempre nos ouve quando a ele recorremos, por maiores que sejam nossos pecados. Se fosse por nossos merecimentos, jamais seríamos perdoados. Mas Deus, que é amor e misericórdia, perdoa nossas dívidas, mesmo que elas representem uma enorme fortuna. Basta que nos coloquemos diante dele como Azarias. Mas, infelizmente, o perdão incondicional de Deus não nos tem sido suficiente para aprendermos a perdoar. Às vezes, coisas pequenas, sem nenhuma importância, são motivos para ficarmos magoados com nosso próximo e carregar essa mágoa pela vida toda. Não são poucos os catequistas que se afastam da catequese e até da Igreja por causa de mágoas que não conseguiram resolver por falta de perdão. Mágoas que são motivos para brigas e desentendimentos. Eles esquecem, ou não sabem que recebem todos os dias, o perdão de Deus de faltas graves e não conseguem perdoar àqueles que os ofenderam em pequenas atitudes. Vale lembrar mais uma vez, para reforçar, que, quando rezamos a oração do Pai-nosso, dizemos: "Perdoai as nossas ofensas, assim como nós perdoamos a quem nos tem ofendido". Eu disse antes, e volto a afirmar, que, se Deus fosse atender a esse nosso pedido de perdoar conforme perdoamos, muitos de nós estaríamos perdidos, porque a medida com que medimos nossos irmãos é incomparável com a que Deus nos mede. Talvez isso seja necessário para percebermos o quanto somos injustos.

É bom pensarmos sobre isso e procurar perdoar mais e ter menos desejo de vingança. Amar mais e odiar menos. Ajudar mais que criticar. Tirar toda mágoa e rancor do coração. Esses sentimentos não fazem bem a ninguém. A pessoa que não perdoa é a primeira a ser prejudicada pela falta de perdão. Quem não consegue perdoar é uma pessoa amarga, infeliz, com pouca qualidade de vida. Quem perdoa é livre, feliz, sente-se leve e anda de cabeça erguida. Deus nos ensina a perdoar para que nossa vida ganhe qualidade e sejamos mais felizes.

Ensinem, portanto, a seus catequizandos o valor do perdão e o valor do sacramento da reconciliação. Não deixem que eles tenham uma ideia deturpada da confissão. Mostrem a beleza desse sacramento, de modo que eles possam ir para a confissão, antes de receberem outros sacramentos, cientes do quão importante ela é para o corpo e a alma. Para o corpo porque quem perdoa evita muitas doenças causadas pelo rancor e pelas mágoas, e para a alma porque a confissão verdadeira, sincera purifica a alma e nos coloca de volta no caminho de Deus.

8
A PARÁBOLA DOS TRABALHADORES DA ÚLTIMA HORA
(Mt 20,1-16)

A parábola dos trabalhadores de última hora (Mt 20,1-16), ou dos trabalhadores da vinha, convoca-nos a rever nossas atitudes em relação a Deus e ao próximo e perceber se estamos respondendo ou não aos apelos que Deus nos faz. Ele nos chama a qualquer hora, em qualquer momento de nossa vida e nos trata de acordo com sua justiça. Faz-nos refletir também sobre a comunidade eclesial, na qual somos convidados a servir, e a missão de ser catequista.

Você, catequista, já pensou na hora em que Deus lhe chamou para atuar em sua comunidade? Com qual dos trabalhadores você se identifica? Com os que chegaram pela manhã, ao meio-dia ou no final do dia? Nesta vinha do Senhor, que é a catequese, que tipo de pagamento você recebe por seus trabalhos em prol da vida de crianças, adolescentes, jovens e adultos? Quanto você recebe e como recebe? Pense nisso e avalie seu relacionamento com aquele que o convocou.

Essa parábola (Mt 20,1-16a) e as demais leituras complementares (Is 55,6-9; Sl 144[145]; Fl 1,20c-24.27a) nos dão as respostas, porém alertam-nos que nossos procedimentos, nossa maneira de pensar e de ver o mundo não são as mesmas de Deus, que age diferentemente de nós. Seu conceito de justiça não é o mesmo que temos. É isso que lembra o profeta Isaías (Is 55,6-9). Deus não pensa como nós e não julga como nós. A justiça humana é muito injusta perto da justiça divina. A justiça divina prima pelos que mais necessitam sem menosprezar os outros, trata a todos com igualdade e não leva em conta a quantidade de coisas que se faz, mas a qualidade e a necessidade de quem a faz. Para entender a lógica de Deus, é preciso de duas coisas fundamentais: converter-se e ver as coisas divinamente.

Isaías começa falando de conversão ao dizer que devemos buscar o Senhor enquanto puder ser achado e invocá-lo enquanto ele estiver perto. Temos de aproveitar os momentos em que ele passa na "praça" de nossa vida e nos chama para sua vinha. Se aproveitarmos essas oportunidades, conseguiremos transformar nossa vida e a daqueles que buscamos catequizar; e a recompensa, o pagamento serão justos e generosos, sem importar a hora em que se é chamado.

Também não importa quantos catequizandos você tenha em sua turma, mas sim como você os trata e apresenta Deus para eles. Por isso Isaías afirma, ao se referir ao jeito de ser do Senhor: "Meus pensamentos não são os vossos pensamentos, e vossos caminhos não são como os meus caminhos". O caminho de Deus, isto é, seu procedimento, está acima de nossos caminhos, pensamentos e procedimentos, por isso, às vezes, fica difícil de entender a parábola dos trabalhadores de última hora, que mostra um patrão que paga igualmente o trabalhador que trabalhou o dia inteiro, suportando o cansaço e o calor, e o trabalhador que trabalhou apenas uma hora. Ao olhar humano, parece uma tremenda injustiça, porém não é bem assim. Ele havia combinado com os primeiros uma moeda de prata por dia. Esse valor era um valor justo, superior ao que se pagava para os trabalhadores na época; era algo suficiente. E agiu com bondade ao querer dar a mesma coisa para o outro que trabalhou apenas uma hora. Todos estavam desempregados, todos necessitavam. Perante a justiça humana, que não enxerga o ser humano e suas necessidades e age de acordo com uma lógica matemática, o que trabalhou menos teria de receber muito menos. Mas Deus surpreende! Os trabalhadores de última hora ficaram radiantes e agradecidos por tamanha generosidade do patrão, porém os primeiros, movidos pela inveja, sentiram que foram injustiçados.

Essa parábola, no contexto das comunidades de Mateus, é uma forte crítica aos que se achavam melhores que os outros e com mais direitos só por serem da raça do povo eleito. Nessa ótica, os cristãos vindos do paganismo, os pecadores convertidos não mereciam receber o mesmo tratamento que era dado aos que eram de origem judaica. Mas Jesus tratava a todos igualmente, independentemente de quem fosse e do tempo que estava junto dele; isso provocava o descontentamento daqueles que não tinham entendido a misericórdia e a compaixão com que Jesus agia.

Às vezes, demora-se a entender porque, muitas vezes, o pároco da paróquia permite que faça a primeira comunhão uma pessoa que não cumpriu toda a etapa da catequese. Diz-se: "Eu fiz dois anos de preparação para receber a eucaristia, e agora chega essa pessoa, a menos de dois meses, que vai receber também a eucaristia junto comigo". Eu já ouvi pessoas falando assim, e catequista fazendo essa comparação, sem olhar a realidade e a generosidade de quem permitiu que uma pessoa, que chegou ao final do tempo de preparação, recebesse a comunhão da mesma forma que aqueles que chegaram ao início da etapa. Trouxe esse exemplo para pensarmos em nosso comportamento na catequese ou em qualquer outra realidade, quando julgamos sem conhecer outros dados ou elementos que justificam a ação igualitária.

Essa parábola serve também para todos nós cristãos, catequistas ou não, entendermos nossa vida de comunidade, nossas relações fraternas e outras nem tão fraternas assim, as relações que acontecem dentro de nossas igrejas. Às vezes, é comum que aquele que está há mais tempo se ache dono e com mais direitos do que aquele que está chegando ou que está há menos tempo na comunidade. Essa maneira de agir faz com que se formem "panelinhas" na igreja. Assim ninguém consegue entrar em determinados grupos, movimentos e pastorais. Além disso, gera conflitos e contendas, e a comunidade se empobrece. Quando entendemos o que Jesus quer dizer com essa parábola, em que o patrão paga igualmente a todos, começando pelos últimos, entendemos que devemos acolher e dar prioridade aos que estão chegando à comunidade. Os demais já estão firmes e seguros, mas os novos precisam mais da atenção para poder perseverar. Quando agimos assim, nossa comunidade cresce conforme os ensinamentos e procedimentos divinos. Mas, para que isso ocorra, é preciso conversão. Conversão como pede a leitura do profeta Isaías (55,6-9) e a a carta aos Filipenses (1,20c-24.27a).

Nessa carta, Paulo fala de si, como alguém que chegou à comunidade cristã, depois de muitos outros, e foi recebido por Cristo com um amor extremo, o que lhe fez converter e mudar radicalmente de vida. Fala de sua vontade de ir depressa para junto dele e também que precisa continuar ainda na comunidade porque esta precisa dele. Revela que, enquanto ele estiver neste mundo, fará de tudo para se dedicar integralmente ao próximo, assumindo suas dores, como Cristo assumiu suas fraquezas e as da humanidade. Paulo mostra-nos, assim, que a meta de nossa vida deve ser Cristo, que devemos fazer tudo por ele e para ele. Isso só será possível fazendo algo para nossos irmãos, principalmente para os que mais necessitam.

Que bela lição Paulo traz aos catequistas nessa carta! Ele ensina como ser catequista da primeira ou última hora, que se importa apenas com a profunda dedicação à contratação, isto é, a missão. Os últimos empregados contratados, embora tivessem trabalhado apenas uma hora, dedicaram-se tão bem à missão quanto os primeiros contratados.

Que essa parábola nos abra o coração e nos faça perceber que Deus passa constantemente em nossa vida e nos chama para sua vinha. Na vida de uns, ele passa bem cedo, quando ainda se é criança, na madrugada da vida; na vida de outros, passa na adolescência e juventude (às nove horas da manhã); na de outros, talvez passe na idade adulta, quando já se está estabilizado (meio-dia e três da tarde); já há os que recebem sua visita, seu chamado, no ocaso da vida, quando já se está com uma idade avançada (às cinco da tarde). Porém, independentemente da idade (da hora), ele trata a todos com igualdade. Ninguém é melhor do que ninguém diante de Deus. Os que mais necessitam dele, os últimos, os mais marginalizados, terão prioridade no atendimento e receberão o mesmo que recebem os que foram chamados bem cedo. É o amor de Deus em nossa vida. Somente vai percebê-lo e agradecê-lo quem foi chamado na última hora e quem se converteu verdadeiramente. Que nosso coração se converta para entendermos e agirmos conforme o agir divino e que o sintamos perto de nós em nossas invocações, como reza o Salmo 144(145).

Vemos assim que a dinâmica do reino, em que os últimos serão os primeiros, e os primeiros serão os últimos, é o mote que ilumina essa parábola. Estamos acostumados a ver a busca desenfreada dos primeiros lugares, em competições em que nem sempre prima pela ética e pelo respeito ao próximo. Neste mundo, fica em primeiro lugar quem consegue visibilidade, fama, prestígios, tem algum tipo de poder e posses, destaca-se por algum feito ou por ter vencido competições das mais variadas categorias. Porém, Jesus, nessa parábola, apresenta outra dinâmica para o reino dos céus. Nela, os primeiros são os que aqui estão nos últimos lugares: os pobres, os oprimidos, os aleijados, os que se enquadram nas mais diversas categorias de excluídos e os que a estes defendem.

No livro dos Juízes (9,6-15), encontramos uma parábola em que todas as árvores tidas como boas foram convidadas para reinar sobre as demais, mas nenhuma delas aceitou, pois tinham algo mais importante para fazer. A oliveira não quis renunciar a seu azeite para se dedicar às outras árvores, pois ele lhe dava prestígio, honrava deuses e homens. A figueira não aceitou porque lhe era mais conveniente continuar a oferecer a doçura de seus frutos que balançar (governar) sobre as demais. A mesma coisa ocorreu com a videira, que negou o pedido das demais porque seu vinho alegrava deuses e homens; isso lhe dava visibilidade e credibilidade entre as demais. Por fim, sobrou para o espinheiro, que não produzia nada, ser escolhido rei. Assim, a última das árvores a ser convidada tornou-se a primeira entre todas as escolhidas e governou sobre as demais. Algo parecido acontece na sociedade e em nossas comunidades. Quantos querem alguma responsabilidade? Poucos. Alguns querem algo para poder aparecer e oprimir, mas não para servir. Ainda temos falta de catequistas em muitas paróquias, pois não há quem queira ser ou que se ache capaz. Quando isso acontece, sobra para os "espinheiros" serem catequistas, isto é, pessoas quem nem sempre seriam as mais indicadas ou preparadas para essa missão. Podemos também olhar pelo viés da parábola dos trabalhadores da última hora e enxergar nesses abnegados catequistas a missão de ser o primeiro porque foram os últimos. Ou seja, a pedra rejeitada pode se tornar a pedra principal, mostra o Salmo 118/117, em seu versículo 22, retomada por Jesus, no evangelho de Mateus 22,42, depois pelo apóstolo Pedro, no livro dos Atos dos Apóstolos 4,11 e na carta aos Efésios 2,20, em que Cristo, apesar de rejeitado, aparece como pedra principal dessa construção.

Há outras interpretações da parábola do espinheiro, que revela que cada povo tem o governo que merece, aludindo às péssimas escolhas que se faz de seus governos, mas a interpretação que mais se adapta ao contexto da parábola é a de que os últimos serão os primeiros. Os que todos desprezam, ou não lhes dão credibilidade, podem se revelar verdadeiros líderes e prestar uma importante contribuição. Deus eleva os pequenos e esquecidos e os concede um lugar de destaque, tratando-os com igualdade.

Vimos nessa parábola que todos foram chamados para trabalhar na vinha do senhor, porém em horários distintos. O senhor pagou a todos o que havia combinado, mas os que foram contratados primeiro sentiram-se injustiçados ao verem os últimos recebendo primeiro e em igual valor. Um sentimento tipicamente humano, que classifica as pessoas usando outros critérios e não o da justiça e do amor. Todos eram desempregados. Todos necessitavam do dinheiro, tanto os que trabalharam o dia todo quanto os que trabalharam apenas as últimas horas do dia. Quem os contratou quis ser bom com todos, pagando justamente, mas foi incompreendido.

A justiça, a bondade e a misericórdia de Deus nem sempre são compreendidas. Os que defendem os marginalizados são malvistos e tachados de comunistas e defensores de vagabundos e bandidos. Os que assim vêm o mundo estão se colocando nos primeiros lugares, porém serão colocados entre os últimos no reino dos céus. Os pequenos, esquecidos ou injustiçados receberão um tratamento igualmente digno diante de Deus e começarão a recebê-lo aqui. É nosso dever de cristão promover esse tratamento igualitário e justo.

Assim, os textos prestam para nos ensinar a rever nossos conceitos e dissipar preconceitos de nosso coração, valorizando a todos, principalmente àqueles que ninguém valoriza: os pequenos e fracos, os marginalizados ou excluídos. Assim sendo, não vamos julgar os outros usando critérios econômicos, sociais ou culturais para não sermos injustos. Precisamos usar critérios teológicos para avaliar, empenharmo-nos para que todos tenham oportunidades iguais.

Portanto, catequista, seja misericordioso com seus catequizandos e não discrimine os que chegaram na última hora. Acolha todos com carinho e amor, dedicando-se integralmente.

9
A PARÁBOLA DOS DOIS FILHOS
(Mt 21,28-32)

Quando olhamos para os catequistas de nossa igreja, não temos dúvidas de que Deus continua a chamar seus filhos para trabalhar em sua vinha, como vimos em outra parábola, e que não há idade ou um tempo específico para isso. Na dos dois filhos (Mt 21,28-32), vemos acentuado mais uma vez seu chamado, convidando-nos, diretamente, a trabalhar em sua vinha ou messe. Qual está sendo nossa resposta? Será que estamos ouvindo seu chamado? Se o estamos ouvindo, que tipo de resposta nós estamos dando a ele? Será que dizemos sim, mas depois recuamos e não vamos, ou dizemos não, mas depois resolvemos ir? A parábola dos dois filhos nos ajuda a termos clareza de nossas respostas e a tomarmos uma decisão.

Jesus conta a parábola para os sumos sacerdotes e anciãos do povo, isto é, para os que tinham, de alguma forma, dito sim a Deus, pela missão que lhes foi confiada. Porém, tudo indica que esse sim não estava sendo cumprido. Podemos também dizer que ele conta essa parábola para os catequistas de ontem e de hoje e espera que cada um, à luz dessa parábola, faça uma profunda revisão de vida de sua missão e de seu chamado.

É a parábola do pai que tinha dois filhos e convidou ambos para irem trabalhar em sua vinha. Um disse que não ia, mas depois foi. O outro disse que ia, mas depois não foi. A pergunta é: "Qual dos dois fez a vontade do pai?" Quem você acha que fez a vontade do pai? Os sumos sacerdotes responderam que foi o primeiro e acertaram. Embora aquele tenha dito, no início, um não ao pai, pensou bem e mudou de ideia. O pai ficou feliz com isso. Esse filho é representado pelos cobradores de impostos e as prostitutas. Eles haviam dito não a Deus pelos inúmeros pecados cometidos. Porém, quando Jesus os chamou, aceitaram o chamado e mudaram de vida. É o caso do próprio Mateus, único evangelista a narrar essa parábola. Ele era um cobrador de impostos que se converteu e se tornou apóstolo e evangelista. Outros cobradores de impostos que se assentaram à mesa com Jesus também mudaram de vida depois que receberam o chamado. Todos eles, em um primeiro momento, por sua postura, tinham dito não a Deus, mas depois se converteram e mudaram de vida, fazendo o que Deus lhe havia pedido. Há festa no céu quando um pecador se converte (Lc 15,7). Há muita alegria no coração de um pai quando um filho, que antes lhe tinha dito não, agora lhe diz sim.

O segundo filho está representado nos sumos sacerdotes e anciãos do povo. Eles tinham dito sim a Deus e receberam grandes responsabilidades. Porém, achavam-se santos e perfeitos, mais dignos que outros, a ponto de se sentirem no direito de apontar o dedo contra os que não pensavam e agiam como eles, vivendo assim uma religião excludente, que legitimava a marginalização dos pecadores e não lhes dava chance de conversão e mudança de vida. Jesus vem para mudar essa ordem injusta e mostrar que os pecadores são os preferidos dele, não por causa de seus pecados ou porque aprovasse o pecado, mas pela necessidade de conversão e salvação que estes têm. Em outra passagem, ele deixa clara essa opção ao dizer que quem tem saúde não precisa de médicos, mas sim quem está doente (Lc 5,31).

Essa parábola leva-nos a questionar qual das duas categorias de filhos nós estamos sendo; isso só é possível saber a partir da resposta que damos a seu chamado. E aqui eu provoco você, catequista, a pensar com qual dos dois filhos você se parece mais.

Pelo batismo todos nós dissemos sim a Deus. Pelo batismo ele nos chamou a trabalhar em sua vinha. Desse modo, todos nós somos semelhantes ao segundo filho. Dissemos sim, mas não são todos que assumem a missão de batizados. Não basta ir à missa todos os domingos, comungar e cumprir os preceitos religiosos para confirmar o sim. Isso é muito importante, mas não basta. Se não nos comprometermos com a causa de Jesus, que é a de defesa da vida, de amor e solidariedade para com os que sofrem, seremos como o segundo filho que diz, em um primeiro momento sim, mas depois não confirma esse sim.

Por outro lado, temos também dentro de nós a parcela do filho que diz não, em um primeiro momento, e que está representado em nossos pecados, em nossas fraquezas, nos medos que temos de assumir ou no comodismo de uma religião sem compromisso. Mas, quando nos convertemos e assumimos uma nova maneira de agir, de acordo com os ensinamentos de Deus, damos uma resposta positiva, vamos ao trabalho em sua vinha e agradamos a Deus. Assim sendo, para Deus mais vale um pecador que se converteu do que um santo que se corrompeu, uma ovelha que estava perdida e foi encontrada do que as noventa e nove seguras no redil.

Somente vamos entender isso quando entendermos o amor de Deus por nós, como mostra Paulo na carta aos Filipenses (2,1-11). Ele nos questiona: se cremos que há consolação na vida em Cristo, se cremos que existe alento no mútuo amor, comunhão no Espírito, ternura e compaixão, precisamos dar provas disso em nossa prática diária e não penas em discursos vazios. Precisamos aspirar a tudo isso e vivermos unidos no amor, vivermos na harmonia. Não devemos fazer as coisas por competição ou vanglória, mas, com humildade, reconhecer sempre a grandeza de nossos semelhantes e não os julgar a partir de suas falhas e fraquezas. Temos o exemplo máximo em Cristo "que, existindo em condição divina, não fez do ser igual a Deus uma usurpação, mas esvaziou-se a si mesmo, assumindo a condição de servo". Jesus diz sim ao Pai e é coerente até o fim. Indica-nos com isso que podemos pertencer a uma terceira categoria de filho: aquele que diz sim a Deus e se esforça para ser coerente até o fim.

Ao viver dessa forma, não julgamos a ação de nossos semelhantes e muito menos a ação de Deus, como vemos na profecia de Ezequiel (18,25-28). Muitas vezes, achamos errada a conduta da Igreja que perdoa aos pecadores, defende-os e esquecemos que é exatamente isso que Deus pede de nós. Chegamos mesmo a achar que a atitude de Deus não é correta porque ele perdoa aos pecadores. Esquecemos que ele nos perdoa sempre e é por sua misericórdia que vivemos. É nossa atitude que é incorreta e não a de Deus, afirma o profeta. Quando um ímpio se arrepende do mal que praticou e observa o direito e a justiça, conserva a própria vida. É isso que Deus espera de nós: que sejamos pessoas convertidas. Que possamos dizer sim a seu chamado, mesmo que já tenhamos lhe dito muitos nãos. É esse o apelo dessa parábola para os catequistas e para todos os cristãos.

Desse modo, essa parábola vem nos falar de conversão, de mudança de atitude e de procedimentos, para retomarmos os caminhos de Deus, mesmo que tenhamos tido tropeços em nossa vida. Deus sempre dá uma oportunidade de conversão. Se o procurarmos, encontrá-lo-emos sempre, de braços abertos, pronto a perdoar nossas faltas e acolher-nos com amor.

O profeta Sofonias (3,1-2.9-13) dá um exemplo claro dessa condição quando fala da cidade rebelde, desonrada e desumana, que não prestou ouvidos aos apelos de Deus e não aceitou correção, preferindo continuar no caminho errado. Podemos nos colocar no lugar dessa cidade. Quantas vezes Deus nos tem dado oportunidade de mudarmos de vida, de agirmos diferente, conforme sua vontade, mas não damos ouvido e preferimos continuar ignorando seus apelos. Estamos vivendo um tempo de profundo apelo à mudança de vida, à conversão, mas parece que estamos surdos a isso. Deus, conhecendo nossa ignorância, continua nos concedendo outras chances e oportunidades, como concedeu à cidade profetizada por Sofonias.

Devemos perguntar: o que Deus quer de nós? Sofonias dá a resposta: quer que sejamos pessoas de lábios purificados, que prestemos cultos a ele, que levemos uma vida íntegra, de oração e que vivamos bem na família, na comunidade e na sociedade. Quando agimos assim, não nos envergonhamos de nossos atos e andamos sempre de cabeça erguida. Quando fazemos nossa parte, esforçando-nos para andar no bom caminho, Deus faz a parte dele e afasta de nós aquilo que pode influenciar-nos negativamente, tanto pessoas como situações. Devemos colocar sempre nossa confiança em Deus, em primeiro lugar, e assim não vamos cometer iniquidades, nem falar tantas mentiras, nem enganarmos mais nosso próximo. Sentiremos o amparo de Deus e sua infinita misericórdia.

Assim, a conversão é elemento central dessa parábola. Como já foi dito, quando ao primeiro filho dessa parábola foi pedido para fazer algo, prontamente disse não; porém depois se arrependeu e foi. Já o segundo, disse sim, mas não foi. O primeiro representa aqueles que, embora pecadores, um dia tomam consciência de seus erros e buscam os caminhos de Deus, buscam fazer a vontade do Pai, mesmo que em um primeiro momento o tenha negado. Representa aqueles catequistas que foram convidados para ajudar na catequese e disseram não, mas pensaram melhor e resolveram assumir a missão. Deus lhe perdoa e o acolhe, como perdoou àqueles que antes tinham dito não e depois fizeram o que o pai havia pedido e acolheu-os. Com o primeiro filho se assemelham os publicanos e as prostitutas que se converteram. O segundo representa aqueles que agem somente por aparência. Fingem que fazem a vontade de Deus, mas, no fundo, suas ações não passam de teatro. Não são poucos os que agem assim. A Igreja está repleta de pessoas que louvam a Deus com os lábios, mas suas ações são hipócritas. Ao contar essa parábola para os chefes dos sacerdotes e os anciãos do povo, autoridades, Jesus questiona profundamente a postura religiosa deles e propõem-lhes mudança de vida.

Enfim, essa parábola também faz a cada um de nós a mesma proposta: avaliação de nossas atitudes, conversão, mudança de vida. Somente assim seremos autênticos discípulos missionários de Jesus Cristo, catequistas fiéis em sua messe. Vamos, portanto, aproveitar a oportunidade de reflexão que essa parábola nos traz e fazer uma boa revisão de vida. Podem ter certeza de que todos vocês serão catequistas ainda melhores, pois deixarão essa Palavra tocar o coração e provocar mudanças, isto é, conversão.

10
A PARÁBOLA DOS VINHATEIROS HOMICIDAS
(Mt 21,33-43)

A parábola da vinha do Senhor (Mt 21,33-43 e Mc 12,1-9), ou dos vinhateiros homicidas, enfatiza o convite que Jesus faz para a missão e a colaboração na construção do Reino de Deus, porém com a diferença de que, nessa parábola, a ênfase recai sobre os frutos que estamos produzindo nesta vinha, ou então, sobre como estamos fazendo para que essa vinha produza bons frutos. De antemão, faço uma pergunta básica aos catequistas: como andam os frutos de sua missão na catequese? Vale recordar que Ele lhes chamou e lhes enviou para sua vinha, confiando a cada um de vocês responsabilidades para cuidar dela. Assim sendo, ele espera que vocês respondam conforme o que ele lhes confiou: que produzam frutos de amor e de justiça. Ampliando essa parábola para além do campo da catequese, devemos perguntar: será que é isso mesmo que a humanidade está produzindo? Ou será que se está produzindo frutos que desagradam a Deus?

As leituras complementares que usarei na reflexão dessa parábola (Is 5,1-7; Gn 37,3-4.12-13a.17b-28; Sl 79(80); Fl 4,6-9) propõem a ajudar a refletir sobre ela, assim, tornarmo-nos bons vinhateiros na vinha do Senhor, isto é, bons catequistas na Igreja. Vamos aqui comparar a catequese com a vinha e ampliar essa vinha para toda missão da Igreja que se desdobra para além da catequese, no mundo e na sociedade.

A leitura do profeta Isaías (Is 5,1-7) usa outra parábola, para falar de nossas responsabilidades, de nossa missão neste mundo, inclusive da missão de ser catequista. É a parábola do amigo que possuía uma vinha, na qual plantou e da qual cuidou com muito carinho. Esse cuidado se revela na seleção de mudas, na escolha da terra fértil para plantá-las, no limpar, ao tirar-lhe as pedras, e na edificação de uma torre para vigiá-la, protegê-la, para ninguém a maltratar. Enfim, o proprietário tinha tanta esperança nessa vinha que construiu até um lagar para pisar as uvas que fossem produzidas.

A parábola da vinha se aplica ao povo de Israel, povo eleito, povo escolhido e selecionado; a terra fértil, onde esse povo foi colocado, é a de onde manam leite e mel, a terra prometida; o cuidado com o povo se revela no processo de libertação do Egito, tirando-lhe as pedras do caminho na travessia do deserto e conduzindo-o, por meio de líderes, até a terra prometida, onde seriam produzidos os frutos que Deus esperava desse povo. Porém, o povo foi infiel a Deus, causando-lhe tristezas e aborrecimentos, o que lhe custou a extradição e o exílio.

Essa parábola recorda aquele pai e aquela mãe de família que cuidam de seus filhos, desde o ventre materno, cercando-os de carinho e proteção, oferecendo tudo o que eles necessitam para crescerem com dignidade, serem íntegros, honestos, pessoas de bem. Mas, quando crescidos, desviam-se do caminho, não colocam em prática os ensinamentos recebidos e se enveredam pelos caminhos das drogas, dos crimes, da violência. Como fica o coração desse pai, dessa mãe nessa situação? Eles se perguntam: onde foi que errei na educação de meu filho ou minha filha?

Aplicamos também essa parábola aos catequizandos que recebem todo carinho e empenho dos catequistas, mas, depois de receberem os sacramentos, não voltam mais para a Igreja e até mudam de religião ou não praticam nenhuma. Alguns chegam mesmo a ir por caminhos que não são nada bons. Como você vê essa realidade na catequese de sua paróquia? Qual o índice de perseverança de seus catequizandos na Igreja? Quantos deles se tornam agentes de pastoral? Quantos continuam a frequentar as Missas depois de receberem os sacramentos? E quantos não voltam mais? Faça uma avaliação, com os demais catequistas e a coordenação da catequese, veja como anda essa vinha do Senhor, onde se está errando e onde se está acertando na catequese.

Essa parábola se aplica também a todos os cristãos. Depois de recebermos todo amor, carinho e cuidado de Deus, produzimos "uvas azedas", frutos que não servem para o consumo, isto é, respondemos com descaso e desamor aos cuidados de Deus e a seus ensinamentos. Quando não aprendemos a respeitar nosso semelhante nem o meio em que vivemos, produzimos frutos que não servem para a vida. Quando agimos assim, somos videiras que produzem uvas selvagens e não merecemos mais os cuidados do Senhor.

Não são poucos os catequistas que deixam a catequese porque não conseguem ver os frutos de seu trabalho ou só colhem frutas azedas e se desmotivam por isso. Quais são as "uvas azedas" da catequese? Há padres que deixam o ministério sacerdotal porque não conseguem ver bons frutos na missão, ou porque também só colhem uvas azedas, isto é, ingratidão, incompreensão, entre outros procedimentos que os desmotivam no trabalho pastoral à frente de uma comunidade paroquial.

Essa parábola do profeta Isaías (Is 5,1-7) é retomada na parábola da vinha do Senhor (Mt 21,33-43) e adaptada, servindo para diversas realidades. Com outros elementos, ela completa a reflexão sobre nossas responsabilidades missionárias, nosso agir na catequese, na sociedade e no mundo. Jesus conta a parábola da vinha do Senhor para distingui-la de outras parábolas sobre a vinha. Ele a conta aos sumos sacerdotes e aos anciãos do povo, para as autoridades, enfim, para os que têm responsabilidades com a sociedade, com o povo e com o mundo. Mas ele a conta também para cada um de nós que, mesmo em parcela menor, também temos responsabilidades com o mundo em que vivemos: responsabilidade com o meio ambiente, com a justiça, o amor ao próximo, enfim, com a vida. Aqui podemos muito bem aplicá-la aos catequistas, porque eles têm uma grande responsabilidade na Igreja. Vamos então à parábola (Mt 21,33-43) e o que ela tem a nos ensinar.

Jesus fala de certo proprietário que plantou uma vinha com muito carinho e cuidado, como vimos na leitura do profeta Isaías (5,1-7), e viajou para o estrangeiro, confiando a vinhateiros os cuidados dessa vinha. Eles se responsabilizaram de cuidar e partilhar os frutos que ela produzisse em sua ausência. Porém, quando chegou o tempo da colheita, eles não quiseram partilhar os frutos, espancando e até matando aqueles que o proprietário enviou para recebê-los. Até mesmo o filho do dono da vinha eles mataram, revelando uma violência extrema.

Esse proprietário é Deus. A vinha que ele plantou e cuidou com tanto carinho é este mundo maravilhoso, onde vivemos, com tantas coisas belas, com tudo de que necessitamos para viver bem e em paz; os vinhateiros somos todos nós, chamados para uma missão: cuidar desta vinha, deste planeta e de todos os seres que nele vivem; os empregados são os profetas, os mártires, os discípulos e missionários de Jesus Cristo, os catequistas, os que assumem a missão de denunciar as injustiças, enfim, aqueles que têm responsabilidade de buscar os frutos da vinha para o Senhor. A reação violenta dos vinhateiros é a reação daqueles que não cuidam deste mundo e, pela ganância, pelo lucro desenfreado, agem com violência e matam aqueles que querem a paz, a justiça e um mundo melhor. O filho do proprietário é o próprio Jesus.

Cabe refletirmos: que tipo de vinhateiro somos nesta vinha do Senhor? Que tipo de catequista somos em nossa paróquia? Preocupamo-nos com a catequese ou apenas cumprimos uma função? Participimpamos das reuniões de catequistas, de formações, de outras atividades na paróquia, ou simplesmente reduzimos nossas ações aos encontros de catequese? Respeitamos os limites dos catequizandos, os de sua família e somos complacentes com as dificuldades de cada um, ou simplesmente cumprimos normas?

Quando é que matamos o filho do dono da vinha (Jesus)?

Matamos o filho do dono da vinha todas as vezes que não cumprimos seus mandamentos; quando não respeitamos nosso próximo nem o meio onde vivemos; quando praticamos injustiças; quando temos atos de violência; quando na catequese nos preocupamos mais com as aparências do que com a essência; quando não levamos em consideração as dificuldades dos catequizandos; quando somos intransigentes e não dialogamos com as famílias etc. Aqui podemos fazer uma revisão e acrescentar uma lista de outras situações que representam desrespeito, violência e morte de Jesus por causa de nossos atos.

Cabe-nos perguntar: o que o dono da vinha fará com esses vinhateiros? O que Deus fará conosco diante de atos bárbaros de desrespeito à vida? O que Deus fará com catequistas irresponsáveis?

A resposta que encontramos no evangelho, dada pelos próprios sumos sacerdotes e anciãos do povo, serve também para nós: ele punirá os responsáveis pela violência e arrendará a vinha a quem possa produzir frutos de amor e de justiça.

A punição não significa que Deus irá nos castigar por agirmos assim, mas sim que teremos as consequências de nossos atos imprudentes e irresponsáveis. A natureza encarrega-se de vingar da violência que sofre, a curto, médio ou longo prazo. As sementes, que são semeadas hoje, serão colhidas amanhã e sempre em quantidade bem maior do que se semeou.

Como semear boa semente? A carta aos Filipenses (4,6-9) traz algumas sugestões: ocupar-se com tudo o que é verdadeiro, respeitável, justo, puro, amável, honroso; tudo o que é virtude ou de qualquer modo mereça louvor. Agindo conforme os ensinamentos de Deus e dos profetas de ontem e de hoje, estaremos semeando a boa semente e colhendo bons frutos. Na catequese não é diferente. Devemos seguir os conselhos da carta aos Filipenses e seremos bons catequistas, vinhateiros responsáveis nesta vinha do Senhor.

Reflitamos sobre isso e seremos verdadeiros discípulos e missionários de Jesus Cristo, bons vinhateiros, que devolvem os frutos da videira. Seremos também videiras verdadeiras, que produzem uvas de boa qualidade. É isso que Deus espera de nós, por isso ele nos trata com tanto carinho e cuidado. Façamos o mesmo para nosso próximo e para o mundo. Façamos isso na catequese e colheremos bons frutos.

Assim, essas leituras nos expõem situações que relatam a frieza e a crueldade de alguns procedimentos, tanto no Antigo quanto no Novo Testamento, com o objetivo de conduzir-nos à reflexão sobre nossos atos e, assim, melhorar nossa conduta, conformando-a de acordo com os ensinamentos de Deus.

Para concluir, trago a leitura do livro do Gênesis (37,3-4.12-13a.17b-28), que narra a crueldade dos filhos de Jacó, praticada contra o irmão caçula, por ciúmes. A dureza do coração deles leva-nos a refletir sobre as tantas vezes que humilhamos, maltratamos, roubamos, violentamos e vendemos nossos irmãos por pensamentos, atos e omissões. É um bom material para nosso exame de consciência, em qualquer época do ano e qualquer trabalho pastoral; aqui eu recomendo aos catequistas que têm uma árdua missão nesta vinha do Senhor.

José, o filho mais novo de Jacó, a pedido do pai, foi ao encontro dos irmãos, que pastoreavam o rebanho. Os irmãos tinham inveja dele porque era o preferido do pai. Movidos pela inveja, atentaram contra a vida do rapaz, jogando-o em um poço e depois o vendendo aos ismaelitas por vinte moedas de prata. Jesus, o filho amado do Pai, foi vendido por Judas por trinta moedas. Na parábola da vinha do Senhor, o filho do proprietário da vinha foi morto pelos vinhateiros porque estes queriam tomar posse dela. São três episódios, que, com certa similaridade, nos conduzem à reflexão sobre aquilo que é essencial na missão de cuidar dessa vinha: rever quais as atitudes que a humanidade tem, hoje, que se assemelham a essas que os textos bíblicos apresentam. Quais são nossas atitudes que ferem e matam nossos irmãos e magoam profundamente a Deus? Quais são nossas atitudes "homicidas" na catequese?

Vimos na parábola um Pai amoroso, que plantou uma vinha, cuidou dela com muito carinho e a confiou a arrendatários para que dessem continuidade a esses cuidados e a fizessem produzir frutos. Essa vinha é o mundo, a catequese, "a menina dos olhos" da Igreja. Deus confiou este mundo a nossos cuidados, e o pároco confiou a catequese a seus cuidados. Porém, devido à ganância humana e à inveja que invade o coração, não respeitamos os enviados de Deus, nem nossos irmãos; não respeitamos o mundo e, às vezes, nem nossa própria vida. É importante lembrar que essa parábola não serve apenas para os dirigentes de nosso país ou àqueles que detêm alguma forma de poder, mas a cada um de nós, que, de alguma forma, somos responsáveis por este mundo e pelo próximo.

Ao longo da história da humanidade, foram enviados inúmeros profetas. A maioria deles foi incompreendida. Mesmo assim, Deus não desistiu de nós e de sua vinha. Enviou seu próprio filho. Mas, infelizmente, ele continua sendo crucificado por nossas atitudes de descaso com a vida e com o planeta. Ele morre um pouco a cada dia quando maltratamos nossos irmãos e o mundo criado por ele. Morre um pouco em cada criança que é maltratada ou, até mesmo, violentada por dirigentes religiosos, catequistas ou não. Deus é maltratado e violentado a cada caso de pedofilia que, infelizmente, ainda ocorre na Igreja, em alguma parte do mundo.

Que possamos nos converter sempre para o caminho de Deus e mudar atitudes que representam desrespeito à vida e ao amor que Deus tem por nós. Que aproveitemos esta reflexão e façamos um profundo exame de consciência com o propósito de mudança de vida.

Catequistas, sejam bons vinhateiros na vinha do Senhor. Cuidem com carinho e amor de cada criança, adolescente, jovem ou adulto que lhes foram confiados. Vocês podem fazer a diferença na Igreja e no mundo.

11
A PARÁBOLA DO BANQUETE NUPCIAL
(Mt 22,2-14)

Essa parábola pode ter vários títulos. Opto por intitulá-la de "a parábola do banquete do rei" (Mt 22,2-14; Lc 14,15-24), em uma referência direta ao banquete do reino dos céus, banquete nupcial do cordeiro, àquele em que nós somos felizes por sermos convidados a dele fazer parte. Porém não basta ser convidado, é preciso aceitar o convite; e essa aceitação vai depender de cada um. A resposta é pessoal, individual, embora o banquete seja coletivo. Nesse sentido, ao refletir sobre essa parábola, convido você, catequista, a refletir nas várias vezes em que Jesus passou em sua vida e lhe fez o convite. Você já o ouviu? Se você o ouviu, como foi ou como está sendo sua resposta? Se não o ouviu ainda, o que lhe está faltando para o ouvir? Uma coisa é certa: ele não deixa ninguém sem ser convidado!

A parábola do banquete do rei (Mt 22,1-14) e os textos complementares que usarei nesta reflexão (Is 25,6-10a; Fl 4,12-14.19-20; Jz 11,29-39a) acentuam o compromisso missionário, o compromisso com a construção do reino de Deus, por meio da construção de um mundo mais justo e fraterno. A justiça é, portanto, o tema central desta reflexão e é o traje adequado para dele participar. O reino de Deus nos é apresentado como um banquete da justiça, e somos convidados a fazer parte dele. Vale lembrar que a justiça é um tema caro no evangelho de Mateus.

Na sequência de parábolas do evangelho de Mateus, encontramos características similares do chamado à missão. Esse bloco de parábolas, em que se encontra a parábola do banquete do rei, tem aspectos vocacionais, como na parábola dos trabalhadores da vinha, em que Jesus passa por nossa vida, em vários momentos, e nos convoca para missão. Mostra que, independentemente do horário em que fomos chamados, ele paga igualmente a todos; é a justiça do reino. Em outra parábola, ele convida os dois filhos para trabalhar na vinha, isto é, para a missão. O primeiro diz não, mas depois vai, e o segundo diz sim, mas não vai. Nesse caso, o primeiro faz a vontade do Pai, pois, apesar de ter negado, reflete, muda de ideia e agrada ao Pai. Já o outro é incoerente e engana o Pai. Nessa parábola, somos questionados sobre nossa coerência no compromisso assumido e o tipo de resposta que estamos dando a Deus. Em outra parábola, ele nos mostra a responsabilidade de cuidar da vinha que ele nos confia, a missão de cuidar deste mundo e oferecer a Deus os frutos deste trabalho missionário. Nela somos questionados sobre nossa responsabilidade.

A festa é o sinônimo de alegria e de vida plena. É o que Deus quer para seus filhos. Quando se trata de festa de casamento, ela se recobre de outros significados. É também pacto, aliança, compromisso. É, portanto, a festa da aliança que Deus faz com a humanidade. Deus faz sua parte: prepara a festa e nos convida por meio de seus profetas. Qual está sendo nossa resposta?

Por meio de parábolas e com linguagem metafórica, o texto mostra em detalhes essa aliança e nos conduz a refletir, com profundos questionamentos, sobre nosso compromisso cristão de construir um mundo mais justo e fraterno. Esse compromisso está implícito na missão do catequista, convocado a participar dessa festa. Descubra por sua resposta e por seu compromisso se você foi o primeiro a ser chamado, ou está entre os que estavam nas encruzilhadas. Assim, vale pensar e questionar: quem são os primeiros convocados para esse banquete da justiça? Os primeiros convidados são as autoridades. Não porque essas pessoas sejam mais importantes, mas porque têm mais poder para transformar o mundo e fazer a justiça acontecer. Nesse caso, os sumos sacerdotes, que representavam o poder político e religioso, e os anciãos do povo, que representavam o poder econômico. Trazendo para nossa realidade, os primeiros a serem chamados a fazer justiça são os que detêm algum tipo de poder, principalmente os que foram citados. Em seguida, todos são chamados, pois a justiça é compromisso de todos. Se trouxermos essa parábola para o contexto da paróquia, entre os agentes de pastoral, poderemos concluir categoricamente que os primeiros a serem chamados são os catequistas, tamanha é a responsabilidade de quem atua nessa área pastoral. Nesse e em outros casos, o mais importante não é a ordem do chamado, mas a resposta dada.

Qual foi a resposta dos primeiros? Não aceitaram o convite e deram desculpas esfarrapadas. Eles tinham outras "preocupações", suas posses, seus bens: "Um foi para seu campo, outro para seus negócios, outros agarraram os empregados, bateram neles e os mataram". Essas foram as desculpas e os procedimentos diante do convite. Quais são as respostas e os procedimentos, hoje, quando somos convidados para participar do "banquete da justiça"? Uns dizem que não têm tempo porque trabalham demais; outros têm outras preocupações: família, negócios, estudos etc. Alguns chegam a ser violentos com os que insistem no convite, como é o caso daqueles que mandam matar os que prejudicam seus negócios, de acordo com o que vemos nos noticiários, como, por exemplo, os que cometem crimes bárbaros pela posse de terra, pelo tráfico de drogas, pela prostituição e por outros interesses escusos que são ameaçados pelas denúncias proféticas. Assim, vamos entendendo o que Jesus quer dizer para nós com essa parábola de hoje.

Será que Deus desiste de seu projeto de amor diante dessas respostas? Jamais! Ele envia outros empregados (profetas) e pede para estender o convite para todos, nas encruzilhadas da vida, pois ninguém pode ficar de fora dessa festa da vida. Porém só um critério é colocado para participar desse banquete: vestir-se com o traje da festa. E qual é o traje da festa? É o traje da justiça. Quem não se revestir com as vestes da justiça não participará do banquete, da aliança e será tirado da sala, como foi feito com aquele que entrou sem estar de acordo com o critério colocado pelo dono da festa.

A oportunidade é dada a todos, mas os que não quiserem aderir à proposta do reino ficarão fora dele. Entendemos assim o que Jesus quer nos dizer: "muitos são chamados, e poucos são os escolhidos". Não é ele que exclui, mas somos nós que negamos seu convite, quando recusamos nos comprometer com ele.

Se ele passasse aqui hoje, fisicamente, quantos ele encontraria vestindo os trajes da festa? Seriam muitos ou poucos? Podem ter certeza de que o número dos que estão sem o traje é surpreendente. São os que praticam uma religião de interesses. Os que só buscam a Igreja quando têm algum interesse particular, mas quando lhe é pedido algum compromisso, tiram o corpo fora com desculpas esfarrapadas. Há os que pensam que os que ajudam em alguma pastoral, ou trabalho na comunidade, como, por exemplo, os catequistas, são pessoas desocupadas. Engana-se quem pensa assim. A maioria de nossos agentes de pastoral, nossos catequistas, são pessoas com muitas outras responsabilidades fora da comunidade, com família e outros compromissos, mas, mesmo assim, aceitam o convite de Deus para o banquete da Eucaristia ou para ajudar a preparar o banquete da primeira eucaristia de tantas crianças. O profeta Isaías também fala desse banquete 25,6-10a), mas trata de outra forma, com outra linguagem e em outro contexto; mas o banquete é o mesmo: o reino dos céus. O banquete relatado por Isaías representa a vida que Deus quer para seus filhos.

Porém, para isso, é preciso aprender a viver como ensina Paulo, apóstolo (Fl 4,12-14.19-20): "Eu aprendi o segredo de viver em toda e qualquer situação, estando farto ou passando fome, tendo de sobra ou sofrendo necessidade". O bom discípulo e missionário não é aquele que busca a Deus apenas em algumas situações de sua vida, mas em todas responde afirmativamente, com empenho e dedicação. "Tudo posso naquele que me fortalece", diz Paulo, apóstolo. Quando cremos, não há porque recusar o convite. Ele nos capacita para a missão e nos dá poder.

Que com essa reflexão proposta pela parábola do banquete do rei e seus complementos, cada catequista possa fortalecer seu compromisso missionário, o sim a Deus e, assim, participar do banquete da justiça, porque o chamado de Deus continua todos os dias e nos impulsiona a refletir sobre nossa vocação, e nos leva a pensar como estamos nos relacionando com Deus e com nossos irmãos. É um convite para avaliar nossa prática religiosa, devocional, espiritual e de compromisso (ou não) com Deus e com o próximo. Por falar em próximo, veja que história intrigada narra o livro dos Juízes.

O livro dos Juízes (11,29-39a) traz Jefté, que faz uma promessa a Deus: oferecer em sacrifício a primeira pessoa que sair da porta de sua casa para ir a seu encontro, se ele voltar vencedor do combate contra os amonitas. Primeiro alerta: devemos tomar muito cuidado com o que prometemos a Deus. Às vezes, em nome de Deus se faz muita promessa absurda, que não se tem como cumprir; esta não é do agrado de Deus. Jefté vence o combate não porque Deus tenha feito uma troca com ele, mas porque acredita e confia em Deus. Porém, quando chega a sua casa, quem vai a seu encontro é sua filha única, seu bem mais precioso. Seu coração se enche de dor porque fez com Deus um pacto de oferecê-la em holocausto e não podia volta atrás.

A atitude de Jefté serve para iluminar nosso relacionamento com Deus. Será que nossa fé não nos leva a fazer barganhas com ele? Será que as promessas e penitências que fazemos agradam mesmo a Deus ou não passam de atos que revelam nossa ignorância religiosa por achar que Deus se satisfaz com sacrifícios e atos penitenciais? Será que o amor e a misericórdia não seriam muito mais agradáveis a Deus do que promessas que em nada transformam o mundo e a vida das pessoas? Será que na catequese não se está ensinando as crianças a terem esse tipo de relacionamento com Deus, de barganha ou troca? É bom pensar sobre isso e outras interrogantes que esse trágico texto do livro dos Juízes nos apresenta. Pense tendo como referência ou base o texto de Mateus 9,11-13: "Eu quero a misericórdia e não sacrifícios". O texto do livro dos Juízes e este último citado servem para balizar nosso relacionamento com Deus e aprender que ele quer misericórdia e não sacrifícios, que rasguemos nosso coração e não nossas vestes, como pede o profeta Joel (2,13). Rasgar o coração significa conversão, enquanto que rasgar as vestes significa apenas atos externos, que em nada transformam a vida. Quem age desta forma demonstra que não entendeu o chamado de Deus, por isso não o corresponde ou responde de modo inadequado, como alguém que vai a um banquete, mas não veste os trajes da festa, isto é, não adere definitivamente a ela. A festa é o banquete da vida, e o traje que se pede é o da justiça. Quem dele não se reveste não pode participar deste banquete.

Como já foi dito, a parábola é contada aos que têm algum cargo importante de direção da sociedade: os sumos sacerdotes e os anciãos do povo. Todos são chamados a participar desse banquete, porém nem todos têm condições de participar. Uns porque não querem. Preferem se banquetear com as riquezas deste mundo, com o poder e o prestígio; outros não querem, porque estão preocupados com outras coisas, seus afazeres, seus bens, suas preocupações diárias. Sempre arranjam uma desculpa para não participar. E outros porque não vestem o traje da festa.

Em qual dessas categorias você se enquadra? Ou está entre os que foram chamados a responderem com solicitude a ele? Uma coisa é certa: todos vocês estão, de alguma forma, nesse banquete, que é a vida. Porém, como você está se comportando nessa festa da vida. Essa festa exige que seus participantes se vistam com um determinado traje: o traje do amor e da justiça, que garante a salvação, como diz Isaías, "Exulto de alegria no Senhor, minha alma rejubila em meu Deus, que me revestiu com as vestes da salvação e me envolveu em um manto de justiça" (Is 61,10). Quem não estiver vestido com esse traje será tirado da festa, diz o Senhor.

Assim, essa parábola e os demais textos bíblicos citados nos convocam a refletir sobre o chamado e a resposta (ou as desculpas) que estamos dando a Deus em nome de nossa fé e de nosso relacionamento com ele. Essa Palavra serve também para fazer uma profunda avaliação da vocação de catequista, da vida como um todo e procurar se revestir com as vestes apropriadas para participar verdadeiramente do banquete que ele lhe preparou.

12
A PARÁBOLA DAS DEZ VIRGENS

(Mt 25,1-13)

Neste texto, que tem como mote a parábola das dez virgens (Mt 25,1-13), busco fazer uma reflexão sobre um tema existencial: o sentido da vida balizado pela morte. Talvez você logo vá dizer ou pensar: como tratar de um tema escatológico com crianças e adolescentes? Já lhe respondo de imediato. Você não precisa tratar diretamente desse tema com seus catequizandos, mas pode e deve pensar sobre essa temática e extrair dela lições para sua vida e missão de catequista.

A vida é um processo, uma passagem, um tempo de preparação, o qual deve ser vivido com sabedoria e prudência. Ah, a sabedoria e a prudência, como elas são importantes para que se tenha uma vida com qualidade e uma morte tranquila! A sabedoria consiste em ter atitudes prudentes, buscando fazer escolhas acertadas e ter procedimentos corretos. Quem assim agir participará da grande festa final, do banquete do reino de Deus, comparado a uma festa de casamento, conforme vemos no evangelho de Mateus (25,1-13).

Já que estamos tratando da sabedoria, para entender o sentido da vida, nada mais justo que trazer como complemento um texto do livro da Sabedoria (6,12-16). Este, de acordo com o próprio título, fala diretamente da sabedoria, embora o autor não tenha a preocupação de definir o que ela seja, dando pistas de como agir para adquiri-la. Ele faz parte do bloco de livros da Bíblia, chamado livros sapienciais. Neles, foram reunidas as experiências vividas pelo povo em diferentes épocas, as quais trazem sentenças e recomendações que ajudam a viver melhor. Podemos dizer que é o bloco de livros de "autoajuda" da Bíblia. O trecho que proponho traz indicações importantes para todos os tempos e para todos os catequistas, independentemente do local onde se atue nessa missão.

O primeiro critério para obter sabedoria é querê-la, ou, mais que isso, amá-la. A todos os que a amam ela se revela e se deixa encontrar por aqueles que a buscam. Assim sendo, o texto recomenda que cada catequista se empenhe e procure agir com prudência, pois a maior parte dos erros e fracassos na catequese e na vida resulta de atitudes que foram feitas sem a devida sabedoria. Os grandes sábios da história da humanidade e os grandes catequistas a desejaram, por isso a obtiveram. Desejar significa ter empenho, esforçar-se para obter algo. Diz o autor que "quem por ela madrugar não terá grande trabalho, pois a encontrará sentada junto à porta de sua casa". Madrugar significa se empenhar nessa busca. Como diz o ditado popular "Deus ajuda quem cedo madruga". É sinal de esforço nas buscas da vida, e tais esforços não passam despercebidos por Deus, que o compensará concedendo-lhe a sabedoria almejada, prêmio de valor incalculável, pois da sabedoria emanam as outras ações e se obtêm outras conquistas. Esta exige de nós procedimentos que nem sempre estamos acostumados a fazê-los, como a reflexão e a cautela. Um dado que aparece também na parábola das dez virgens, no contraponto entre dois grupos de virgens, é que cinco delas eram previdentes e cinco, imprevidentes. As previdentes são as que agiram com sabedoria, e as imprevidentes as que não se preocuparam em buscá-la.

Faço de antemão um questionamento: você se considera um catequista prudente? Por quê? Interrompa um pouco a leitura deste texto e pense sobre isso.

Essa parábola quer nos mostrar que devemos nos preparar sempre, empenharmo-nos no aperfeiçoamento de nossa vida, por meio de práticas responsáveis e prudentes, tendo como base fundamental e combustível para nossas ações a justiça, que é o parâmetro das ações sábias. É ela que nos capacita para entrarmos no reino dos céus, comparado aqui com a festa de casamento, na qual o noivo (Jesus) nos receberá com alegria. Assim sendo, o óleo que mantém acesas as chamas da lâmpada de nossas ações é a justiça. Quem não o tem verá suas lâmpadas apagadas na hora de que mais precisar. Já os que são previdentes manterão acesa essa chama e participarão da festa. Além disso, sem esse "combustível" não seremos reconhecidos por Deus. De nada adianta termos tido práticas supostamente religiosas, termos sido catequista atuante, se nosso proceder foi injusto e prejudicou o irmão. A prática da injustiça invalida nossas práticas religiosas, por mais que elas tenham sido executadas ao longo de nossa vida. Por isso é incoerente comungar e trapacear o semelhante, explorá-lo, não lhe pagar salários dignos, não lhe conceder seus direitos trabalhistas.

Um dia todos nós iremos prestar contas a Deus de nossas ações. Nessa hora, conta aqueles que agiram com justiça e foram previdentes, abastecendo suas lâmpadas, isto é, suas ações, com o azeite da justiça. Por essa razão, a primeira carta aos Tessalonicenses (4,13-18) traz a preocupação da comunidade Tessalônica com os que já morreram. Será que eles participarão do banquete final, com os que estão vivos? Essa era a pergunta que intrigava aquela comunidade, que vivia a se preparar para a vinda definitiva do reino dos céus. Paulo procura tranquilizá-la mostrando que tanto os vivos quanto os que já morreram participarão dessa festa, desde que mantenham acesas as chamas de sua fé, de seu amor ao próximo e da prática da justiça, isto é, deste que tenham mantida abastecida, com o óleo da justiça, a lâmpada da vida.

Que a vida dos catequistas, e de todos, seja um constante empenho na busca da sabedoria, na prudência e no cuidado com as coisas de Deus. Somente assim poderemos ter nossas lâmpadas sempre acesas, sem esmorecermos nessa espera e construindo aqui o reino dos céus.

Enfim, encontramos nessa parábola conselhos valiosos, com destaque para a prudência ou a previdência. São recomendações importantes para participarmos do grande banquete do reino dos céus, que, como já dito, assemelha-se a uma alegre festa de casamento. Somente os que fizerem a vontade de Deus e estiverem preparados poderão participar. Em várias outras passagens bíblicas, o reino de Deus é comparado a uma festa, como vimos nas Bodas de Caná, na passagem do homem que preparou a festa de casamento do filho e mandou chamar os convidados, que o recusaram ou ainda na resposta de Jesus aos fariseus sobre as pessoas não deverem fazer jejum enquanto o noivo estiver com eles, e em tantas outras.

O apóstolo Paulo (1Ts 4,1-8) trata de aconselhar a comunidade a viver conforme os ensinamentos de Deus, fazendo sua vontade, isto é, que sejam vigilantes, prudentes e previdentes. Ele sabe que a referida comunidade está no caminho certo, pois havia aprendido com ele como viver para agradar a Deus; mas quer que a comunidade não pare por aí, que se esforce cada vez mais e, assim, obter conquistas maiores ainda. A Igreja também deseja que seus catequistas se esforcem, sejam prudentes e previdentes, ensinem isso a seus catequizandos e vivam na santidade, fazendo a vontade de Deus, pois a obediência a Deus e a busca da santidade são condições elementares para se participar do baquete do reino.

Fazer a vontade de Deus consiste em viver na santidade, afastando-se das impurezas, de tudo aquilo que é mal, que prejudica o próximo ou a si mesmo, diz o apóstolo Paulo. Essa prática deve começar em casa, no tratamento santo entre os parceiros conjugais. Um casal que se respeita dá exemplo para seus filhos e, assim, forma-se uma sociedade de respeito, porque quem não consegue respeitar um membro de sua família, dificilmente respeitará alguém que não pertence a ela. Quando vemos tantos atos de desrespeito à vida do próximo, logo imaginamos que quem age assim não aprendeu aquilo que Paulo pede nessa carta: o respeito começa dentro de casa.

Recomenda, portanto, que não podemos nos deixar levar pelas emoções, pelas paixões, mas pelo amor e pelo equilíbrio de nossos atos. Desse modo, não enganaremos nem prejudicaremos nosso irmão, pois seremos pessoas, cuja vida está pautada nos ensinamentos do Pai. Paulo lembra que Deus não nos chamou à impureza, mas à santidade, e quem despreza esse chamado à santidade, não se esforçando para ser íntegro, honesto, santo, está desprezando o próprio Deus. Por outro lado, quem se esforça para viver na santidade e se prepara a cada dia é uma pessoa previdente e poderá participar do banquete celeste, como vemos neste trecho no evangelho de Mateus (25,1-13).

Vimos na parábola das dez virgens que cinco eram previdentes e cinco imprevidentes. Essa parábola foi contada para os discípulos, e aqui a retomo para os catequistas, para que se esforcem para melhorarem a cada dia, isto é, serem cuidadosos e preverem que a qualquer momento seriam chamados e deveriam estar prontos para responder a esse chamado do Mestre. Essa parábola serve para todos nós, discípulos e missionários de Jesus Cristo.

Se metade das virgens eram imprevidentes, significa que metade da humanidade ainda não está preparada para participar do banquete celeste. Em qual dos lados nós estamos? Do lado das previdentes ou das imprevidentes? Estaremos juntos às previdentes se estivermos fazendo a vontade do Pai, se tivermos abastecido a chama de nossa lâmpada (a fé e a esperança) com o óleo da justiça, do amor, da vida santa. Somente os que se esforçam para levar uma vida de santidade estão com suas lâmpadas abastecidas do óleo capaz de manter a chama acesa. Se nossa prática for de maldade, de desamor ou de descuido com tudo isso, omitindo-nos ou ignorando os apelos de Deus, nosso combustível poderá não ser suficiente para manter acesa a chama que nos conduzirá ao banquete nupcial que Deus nos preparou.

É importante refletir sobre tudo isso e avaliar como anda nossa relação com Deus e com o próximo, se não corremos o risco de bater na porta do Senhor e não sermos reconhecidos por ele, pois somente quem faz o bem e anda no caminho da justiça traz consigo o sinal que o identificará diante de Deus.

Catequistas, sejam previdentes, prudentes, cuidem com carinho e amor das crianças, dos adolescentes e jovens que lhe são confiados. Ensinem, sobretudo, por meio de seu exemplo de prudência e amor. Vocês são muito valiosos para a Igreja e para Deus. Não deixem perecer o rebanho que lhes foi confiado. A Igreja acredita que a chama de suas lamparinas estão abastecidas com o óleo sagrado da doutrina da Igreja, da justiça e do amor a Deus e ao próximo.

13
A PARÁBOLA DOS TALENTOS
(Mt 25,14-30)

Como boa parte do comércio, que no fim de ano fecha as portas para balanço, pesando os lucros e prejuízos, os prós e os contras dos empreendimentos, nós também deveríamos, em algum momento de nossa vida ou ao fim de cada ano, fazer um balanço e ver o que foi bom e o que poderia ter sido melhor na missão que estamos desenvolvendo; nesse caso específico, na missão de ser catequista, para a qual nos foram confiados talentos, isto é, vidas, para serem administradas. Nesse balanço, o catequista deveria avaliar o que deu certo e o que não deu. O que deu certo nós continuaríamos a fazer, e o que não deu não repetiríamos. É o que propõe a parábola dos talentos (Mt 25,14-30 ou 14-15.19-21) e os textos complementares (Pr 31,10-13.19-20.30-31; Sl 127(128); 1Ts 5,1-6) que aqui usei para comentar essa parábola aplicada à vida e missão dos catequistas. Proponho, à luz da parábola dos talentos, avaliar como estamos administrando os talentos que Deus nos confiou. Isso serve não somente para a catequese, mas também para a vida e missão de qualquer cristão.

Há os que pensam que não é preciso fazer balanço porque acham que está tudo bem; outros porque se acomodam e deixam as coisas como estão para ver como é que ficam; outros ainda não agem porque imaginam que têm pouco ou que não têm talentos para administrar. Mero engano quem pensa dessa maneira. Todos nós temos algum dom ou talento, se assim não fosse, não estaríamos aqui neste mundo. Se aqui estamos, é porque Deus confiou algo a nós para que geríssemos. A uns ele deu mais, a outros deu menos, mas a todos ele confiou algo. A diferença está na maneira como cada um administra o que recebeu. Há os que se empenham de tal maneira, que duplicam ou triplicam seus talentos. Vejo catequistas que não medem esforços na catequese e fazem dela uma verdadeira missão. Outros, porém, enterram seus talentos, não acrescentando a ele nada. Atuam na catequese meramente por obrigação, reproduzindo um modelo escolar piorado, no qual nem ele nem seus catequizandos sentem prazer naquilo que fazem. Quem faz isso perde até o que tem, ou seja, perde tempo, porque vê seus catequizandos desaparecerem da Igreja tão logo recebem os sacramentos. Usando uma comparação do mundo financeiro, quem não investe seu dinheiro acaba por perdê-lo, porque dinheiro parado desvaloriza. Assim acontece com nossos dons, talentos e com a missão a nós confiada. Quem coloca seus dons a serviço multiplica-o. Vejamos o exemplo do professor, que muito se aproxima ao do catequista: ele tem o dom de ensinar e, ao ensinar o que sabe a outro, multiplica seu conhecimento e, assim, seu conhecimento vai gerando outros conhecimentos. A mesma coisa acontece na catequese, com os trabalhos na comunidade paroquial. Quando partilhamos nossos dons, os catequizandos e toda a comunidade são beneficiados; assim, eles se multiplicam. É muito bom ver um catequizando nosso, depois de receber os sacramentos da iniciação cristã, na Igreja, assumindo trabalhos pastorais, tanto na catequese como em outro serviço da paróquia. Não existe gratificação maior, porque é um talento que está sendo multiplicado. Por outro lado, é decepcionante ver a evasão de nossos catequizandos, antes ou depois de receberem os sacramentos. Dessa maneira, vamos entendendo a dinâmica da parábola dos talentos que Jesus contou a seus discípulos e a nós, que somos também seus discípulos e missionários. Vamos então entender melhor essa parábola e aplicá-la em nossa vida e missão de catequista.

O homem que viaja para o estrangeiro é Deus. As pessoas que ele chamou para administrar seus bens somos nós. Talvez vocês já tenham tido oportunidade de ver esse tema do chamado e refletir sobre ele, com mais ênfase no mês de agosto, mês vocacional, dedicado ao chamado de Deus e à missão de ser catequista, celebrada no último fim de semana do mês vocacional. Como mostra essa parábola (Mt 25,14-30 ou 14-15.19-21), Ele nos chamou e nos confiou talentos, que são nossas capacidades, nossos bens, as coisas materiais ou simbólicas que ele nos concedeu, a turma de catequese assumida, entre outros bens e talentos. Cabe a cada um fazer uma revisão dessas coisas, porque muitos pensam que não as têm. Já ouvi catequista dizer: "Estou aqui porque não tem ninguém para assumir a catequese, gostaria mesmo é de fazer outra coisa".

Jesus deixa claro que nem todos recebem as mesmas coisas nem a mesma quantia. Cada um recebe de acordo com suas capacidades. Uma coisa é certa: todos recebem algo para administrar. Mesmo que seja pouco, ou seja, algo com que você não se identifica, é preciso administrá-lo da melhor maneira, porque "quem é fiel nas pequenas coisas também é fiel nas grandes, e quem é injusto nas pequenas também é injusto nas grandes" (Lc 16,10). Retomo essa expressão, extraída do evangelho de Lucas, e aplico na figura daquele que recebeu um talento e não soube ser fiel no pouco que recebeu, enterrando-o por preguiça de administrá-lo. Ou na figura daquele catequista que assume a catequese, mas não faz bem feito seu trabalho, não se dedica como deveria. Quando isso ocorre, ele está enterrando seu talento. E quanto prejuízo ele causa com esse procedimento.

Os que receberam cinco e dois talentos se esforçaram e conseguiram dobrar o valor dos talentos recebidos. Esses são os catequistas, que, apesar das dificuldades e não obstante a quantia recebida de talentos, colocam-nos em comum, partilham, fazem algo pelo próximo, comprometem-se. Administrar talentos não é tarefa fácil, exige de nós muito empenho e dedicação, muita fé, perseverança e vigilância, pois o mercado dos bens simbólicos oscila tanto quanto o mercado financeiro. Quem não está atento toma prejuízo em seus investimentos. É o que mostra Paulo, na primeira carta aos Tessalonicenses (5,1-6). É preciso vigilância para não ser surpreendido como um ladrão. Muito forte essa expressão, pois quem causa prejuízo, seja ele qual for e de que natureza, é como um ladrão, porque todo ladrão causa prejuízo. Deus nos livre de lhe causar prejuízos como administradores de seus talentos.

No caso da parábola, quando o senhor voltou, elogiou os que souberam administrar seus bens, chamando-os de servo bom e fiel. A recompensa foi confiar-lhes muito mais, porque, ao terem sido fiéis na administração de tão pouco, demonstraram que seriam também fiéis na administração das grandes coisas. Além disso, deu-lhes a maior recompensa que alguém possa receber: foram convidados a participarem de sua alegria. Quando administramos bem e com empenho os bens que Deus nos confiou, agindo com integridade e honestidade, partilhando o que temos e o que somos, participamos com ele de seu banquete, comungamos de fato com ele, isto é, entramos em sua glória, em sua alegria. Todo catequista que desempenha bem sua missão é um bom administrador dos talentos que Deus lhe confiou, mesmo que não receba elogios do padre, ou da coordenação da catequese, e de nenhuma outra pessoa da comunidade. Deus vê seu empenho e lhe dará a recompensa. Porém os que, por medo ou comodismo, preguiça, covardia ou mau-caratismo, não administram bem seus bens não são bons catequistas, são repreendidos porque mostram não comungar com ele, por isso não participarão de sua alegria.

Mesmo que aquilo que lhe foi confiado seja pouco, administre bem, multiplique o pouco que recebeu. Mas não foi isso o que ocorreu com aquele que recebeu um talento. Ele tinha medo de seu senhor, por isso enterrou o talento. Às vezes, não administramos nossos talentos por medo de Deus, enxergando-o como um "patrão" severo, que castiga. Não fazemos e ainda criticamos a Deus e os que fazem. Já disse isso em outro texto e volto a repetir: uma das piores atitudes que temos como cristão é a de ter medo de Deus. Catequista que tem medo de Deus vai passar isso para seus catequizandos, que, por sua vez, reproduzirão essa atitude que macula a imagem de Deus.

E enterramos nossos talentos quando temos medo de Deus; quando nos acomodamos em nosso mundo particular; quando ignoramos o sofrimento alheio; quando não nos comprometemos com a catequese e com a comunidade, vivendo uma religião intimista e individualista; quando dizemos que não fazemos o mal, mas também não praticamos o bem; quando omitimos, porque a omissão é pecado, pois todo omisso permite que a maldade continue acontecendo; quando criticamos os que fazem e não fazemos nada para melhorar; enfim, há uma série de situações e comportamentos que simbolizam talentos que estão sendo enterrados.

Quando Deus vier pedir contas dos bens que ele nos confiou, o que será que vai dizer a nós? Será que dirá "muito bem, servo bom é fiel! Como foste fiel na administração de tão pouco, eu te confiarei muito mais. Vem participar da minha alegria!", ou dirá: "Servo mau e preguiçoso! [...] devia ter depositado meu dinheiro no banco, para que, ao voltar, eu recebesse com juros o que me pertence". Esforcemo-nos para ouvir o que ouviu os dois primeiros, pois, se ouvirmos o que ouviu o terceiro, estaremos perdidos.

Desse modo, como administrar bem os bens que ele nos confiou? O texto do livro dos Provérbios (31,10-13.19-20.30-31) e a primeira carta aos Tessalonicenses (5,1-6) nos dão importantes ensinamentos. O primeiro traz o exemplo da mulher que sabe administrar as coisas da família, do lar, os bens da casa. Assim sendo, é classificada como uma mulher forte, que vale muito mais do que as joias. Saber administrar o lar é um dom, um talento valioso. Essa mulher é modelo de administradora fiel porque se empenha, ganhando a confiança do esposo e dos filhos. Ela provê as necessidades da casa e a conduz com mão poderosa. Suas obras são louvadas porque ela sabe gerir os bens que lhe são confiados. Mas isso não é simples. É preciso dedicação e empenho, perseverança e vigilância. Quantas catequistas, mães de família, estão à frente de nossas catequeses nas paróquias espalhadas pelo mundo. As mulheres são maioria na catequese e fazem a diferença na Igreja. Estão com turmas de catequese, na coordenação e nas diversas pastorais e movimentos, sendo protagonistas naquilo que fazem, administrando muito bem seus talentos. Essas merecem ouvir o que ouviram os dois primeiros administradores da parábola.

Por essa razão, a carta aos Tessalonicenses (1Ts 5,1-6) enfatiza a necessidade de vigilância constante. Se não estivermos atentos, perderemos até o pouco que temos. É o que ocorre, como já foi dito, com aqueles que enterram seus talentos. Quantas pessoas na comunidade continuam com seu talento enterrado. Há tanto por fazer e tão reduzido o número dos que se dispõem a fazer algo pelo próximo ou pela comunidade. Vemos isso em nossas pastorais e na catequese. Poucos com muito trabalho e muitos apenas "assistindo" às missas, sem se envolverem com a comunidade. Famílias que têm a coragem de deixarem seus filhos na porta da igreja ou na porta da sala de catequese, sem entrarem para a missa ou para saber como seu filho está na catequese.

É hora de fazer esse balanço e gerir melhor os dons, os talentos, a catequese, porque ela é "a menina dos olhos da Igreja". Se não fizermos isso, correremos o risco de perder até o pouco que temos. Como vimos na parábola do semeador, uma semente que não é semeada é só uma semente, mas, se for semeada, ela se multiplicará. Assim acontece com nossos talentos. Quando os partilhamos, eles se multiplicam. Sejamos, portanto, bons catequistas e administradores dos dons que temos, pois, assim, participaremos das alegrias de Deus.

Se uma pessoa, catequista ou não, disser que não tem dons ou talentos, está equivocada, pois todos nós, de uma forma ou de outra, temos dons ou talentos. O que pode ocorrer é não descobrirmos nossos talentos ou não administrá-los como deveríamos. Até mesmo aquelas pessoas mais simples, com pouca ou nenhuma escolaridade, têm dons e talentos, que, quando colocados a serviço, se multiplicam e enriquecem a comunidade. Conheço catequistas semianalfabetos que têm o dom de ensinar o pouco que conhecem das coisas de Deus. Desse modo, a parábola dos talentos convida-nos a refletir sobre nossos talentos e avaliar como estamos administrando-os.

O apóstolo Paulo (1Cor 1,26-31) mostra para a comunidade de Corinto que, apesar de ser simples, sem muitos intelectuais, nem muitos poderosos e pessoas da alta sociedade, era rica em talentos e que Deus a havia escolhido por causa da simplicidade das pessoas. Foi escolhida para confundir os sábios e os fortes. O exemplo dessa comunidade deve servir de alento para todos nós. Não precisamos ter dons extraordinários para servir a Deus, bastam os dons naturais que ele nos deu, que estão, muitas vezes, ocultos e precisam ser trabalhados, lapidados e colocados a serviço. Em nossas comunidades, há tantos talentos, tantos dons, mas infelizmente nem todos são colocados em comum. Alguns colocam seus dons a serviço, e eles se tornam ainda maiores porque tudo o que é dividido cresce e se multiplica. Outros os colocam timidamente, sem muito empenho. Há ainda os que escondem seus talentos, achando que não os têm, simplesmente por medo ou egoísmo, como vimos antes. Estes em nada contribuem para a vida da comunidade. É bom pensarmos um pouco sobre isso e ter como iluminação para a reflexão a parábola dos talentos, do evangelho de Mateus (25,14-30). Lembrando sempre do exemplo da comunidade de Corinto (1Cor 1,26-31), que, apesar de simples, soube viver seus dons e talentos, confundindo os que se achavam maiorais.

Administrar bem os talentos que Deus nos confiou, eis o apelo dessa parábola. Como disse no início, e volto a insistir, não existe pessoa desprovida de dons, de capacidades. Uns têm mais, outros menos, mas todos nós, indistintamente, recebemos de Deus talentos. A diferença consiste na maneira como cada um administra estes talentos recebidos.

Uma pessoa talentosa é aquela que sabe administrar bem seus talentos, multiplicar seus dons, que significa não guardá-los para si, mas colocá-los em comum, para que outros possam se beneficiar deles. Para isso que Deus nos deu dons, para multiplicá-los. Se assim não fosse, não teria sentido ter talentos. Os talentos não são para nós mesmos, mas para os outros. Como você, catequista, está gerindo seus talentos?

Esta expressão "esconder os talentos" é para as pessoas que não fazem nada para seu próximo; que sempre arranjam uma desculpa; que ficam comparando seus talentos com os dos demais; que acham que o que têm é pouco, por isso preferem não partilhar, não colocá-los em comum; que se fecham em seu mundo, em suas coisas, em seu individualismo, esperando que Deus lhes dê mais para depois partilhar; que acham que não precisam partilhar o pouco; ou que pensam que Deus e os outros não precisam dele.

A parábola dos talentos mostra que Deus pede contas de tudo o que ele nos confiou para administrar. Não porque ele seja um "patrão capitalista", que quer lucro (severo, que colhe onde não planta e ceifa onde não semeou), mas porque tudo o que temos não nos pertence. Tudo vem de Deus e a Deus pertence. Cabe a nós apenas a administração desses dons, talentos divinos que ele nos concedeu. Assim estaremos sendo servos bons, fiéis, servos merecedores de participar do banquete celeste, da administração de muito mais, isto é, de sua alegria. Porém, se formos servos maus e preguiçosos, não mereceremos nem esse pouco a nós confiado.

Cabe aqui perguntar novamente: será que conhecemos nossos talentos? Estamos os administrando bem, colocando-os a serviço, ou enterrando-os como fez o terceiro homem da parábola?

Sabemos que possuímos algum tipo de talento, mas há muitos outros que ainda estão ocultos, escondidos, esperando para serem administrados. Uma revisão de vida, um bom retiro podem ser caminhos para descobrirmos e administrá-los da melhor maneira, pois ainda há tempo. Não vamos esperar que Deus nos cobre sobre a administração de nossos talentos para assim percebermos que eles estão parados, sem cumprir sua função ou missão. É hora de começarmos a agir. Amanhã nosso talento pode não servir para mais nada. Pensemos nisso e poderemos ser melhores do que já somos e multiplicar ainda mais nossos talentos.

14

A PARÁBOLA DAS OVELHAS E DOS CABRITOS

(Mt 25,31-46)

A parábola das ovelhas e dos cabritos (Mt 25,31-46) enfatiza a dimensão do serviço, na figura do pastor, que cuida de suas ovelhas e dá atenção especial àquelas que mais necessitam. Desse modo, somos convocados ao serviço aos irmãos, sobretudo aos mais necessitados. Creio que essa é uma das primeiras lições que todo catequista deve aprender e colocar em prática em sua ação missionária na catequese. Sem essa dimensão fica muito difícil uma pessoa ser boa catequista.

Assim, com essa parábola, convido você, catequista, a refletir, entre outras coisas, sobre o conceito de rei, uma vez que essa parábola é lida no dia de Cristo Rei do Universo, 34º domingo do tempo comum, do ano A da liturgia, dedicado aos leigos, agentes de pastoral e, sobretudo, ao dia do catequista. Quando falamos em rei ou em reino, talvez venha a nossa memória a imagem de rei dos sistemas monárquicos deste mundo ou dos reis do Antigo Testamento. Jesus vem nos mostrar um conceito de rei diferente, invertendo a ordem tradicional, afinal ele é um rei que serve seus súditos: "Meu reino não é deste mundo". Os reinos deste mundo são de poderes, riquezas, visibilidades. O reino que Jesus vem inaugurar é de servir humildemente, colocando-se como servo de todos. Desse reinado assumimos participar pelo batismo. Isso ele nos ensina durante sua vida pública, que temos a oportunidade de conhecer quando aprendemos mais sobre o Jesus histórico e sua missão.

Como complemento desta reflexão, temos a ajuda do profeta Ezequiel (34,11-12.15-17), que mostra o Senhor como pastor que vai procurar as ovelhas e toma conta delas e resgata-as de todos os lugares em que estão dispersas. É o pastor que arrebanha, une e quer que todos sejam um. Ele se faz presente principalmente nos momentos em que nuvens escuras dispersam suas ovelhas. Essa imagem de Deus passa segurança, tranquilidade, confiança. Ele dissipa os momentos de medo e de inseguranças, as ameaças e os obstáculos e cuida para que ninguém se perca. Ele apascenta e as faz repousarem na tranquilidade. Procura aquela que se perdeu, reconduz a extraviada, enfaixa a perna daquela que se machucou, fortalece a doente e vigia, isto é, cuida daquelas que estão bem. Que bela imagem de Deus nos passa o profeta. Quem consegue encontrar em Deus essa segurança não teme as adversidades da vida e se sente forte, pois sabe que tem um protetor. O catequista deve se esforçar para passar essa imagem de pastor para seus catequizandos, para que eles tenham segurança.

Essa imagem do pastor está presente na parábola como aquele que sabe distinguir as ovelhas dos cabritos, isto é, daqueles que são dóceis ao Senhor e escutam sua voz, daqueles que são rebeldes e não seguem seus ensinamentos. O contexto da parábola (Mt 25,31-46) é de característica escatológica, no sentido de avaliação, para ajudarmos a fazer um balanço de nossa vida. A proposta é revermos nossas ações, percebendo se estamos agindo conforme a ovelha que obedece à voz de seu pastor ou conforme aquela que ignora seu chamado.

Vimos, em muitas outras parábolas, que ouvir a voz de Deus é colocar em prática sua Palavra. Somente assim seremos reconhecidos por ele quando o Filho do homem voltar. Nesse dia, os sinais que nos identificará como ovelha de seu rebanho serão o bem e as ações que fizemos em prol dos que mais necessitam, de nosso próximo. Quem passar por essa vida sem fazer nada de bom para o semelhante não será reconhecido.

Somos reconhecidos por Deus quando saciamos a fome e a sede dos que estão famintos e sedentos; quando acolhemos o estrangeiro; ajudamos a vestir os que estão nus; cuidamos dos doentes e sofredores, como o pastor cuida da ovelha que se feriu; quando visitamos os encarcerados, enfim, quando fazemos algo para diminuir o sofrimento de nosso próximo em suas mais variadas situações. São atos dessa natureza, de compromisso com a vida, que nos fazem ser reconhecidos por Deus. Não basta cumprirmos os preceitos religiosos para sermos reconhecidos por Deus. Mesmo que tenhamos ido à missa todos os domingos, contribuído fielmente com o dízimo, não faltado aos encontros de catequese e feito nossas orações pessoais e comunitárias, se não tivermos tido atos de caridade, não seremos reconhecidos. Jesus se revela no irmão que sofre e isso está bem claro nessa parábola. Se não conseguirmos reconhecê-lo, ele também não nos reconhecerá. Ele deu a vida por nós, diz a carta de Paulo, apóstolo, aos Coríntios (1Cor 15,20-26.28), e quer que façamos o mesmo por nossos irmãos que sofrem. Você tem feito isso para seus catequizandos?

Que cada catequista possa encontrar, nessa parábola, a força necessária para continuar sua missão de pastorear na catequese, compromisso que Deus lhe confiou. Que o Cristo, Rei do universo, que nos mostra o caminho de seu reino, ajude-o a participar de sua missão profética, de seu sacerdócio e de seu reinado: o serviço. Ele é um rei que serve na humildade, que se faz um de nós para podermos ter acesso a ele. Que tenhamos aprendido essa sublime lição e estejamos sempre prontos a servir. Dessa maneira, seremos conduzidos pelo pastor, que não nos deixará faltar coisa alguma, como diz o Salmo (22/23). Que também não permitamos que falte coisa alguma a nossos irmãos, para que todos tenham uma vida digna.

Enfim, a parábola das ovelhas e dos cabritos (Mt 25,31-46) traz também a reflexão para a prática da justiça e a busca da santidade como temas que se complementam e nos ajudam em nossa caminhada missionária como catequistas, discípulos missionários. Quem busca a justiça está no caminho da santidade. Ser justo é o critério fundamental para ser reconhecido por Deus e entrar em seu reino. Quem é justo procura agir com perfeição, diz o livro do Levítico (19,1-2.11-18). Os justos são os benditos de Deus, diz essa parábola. São benditos de Deus porque conseguem ver nos pequeninos e necessitados o rosto de Deus, que sofre e se solidariza com eles.

O livro do Levítico (19,1-2.11-18) dá dicas preciosas para agirmos com justiça, para sermos bons e buscarmos a santidade, tendo como modelo o próprio Deus, que nos criou a sua imagem para sermos santos como ele é santo. Quem exercita a santidade em sua vida não furta; não fala mentiras; não engana os outros; não jura falso, profanando seu nome; não explora seu próximo; não pratica extorsão nem retém o que pertence a outros; não dificulta a vida das pessoas com deficiência (surdos, cegos, aleijados etc.); não comete injustiças e não favorece um em detrimento de outros; age sempre com justiça; não maldiz as pessoas; não faz conspirações ou calunia o próximo; não cultiva no coração ódio contra o irmão; não compactua com o pecado alheio; não deseja vingança; não guarda rancor; enfim, teme a Deus e ama ao próximo como a ti mesmo. São recomendações preciosas para nosso processo de conversão. Cabe a cada um aproveitar essas dicas e avaliar como anda sua vida e seu processo de santidade.

Assim, a parábola das ovelhas e dos cabritos continua a nos ensinar a prática da justiça e a bondade. Para sermos reconhecidos por Deus, precisamos, antes, reconhecê-lo em nosso próximo, principalmente nos que sofrem. A parábola indica algumas categorias de sofredores com as quais nos deparamos todos os dias. Quem é justo consegue enxergar

Cristo sendo crucificado nos que passam fome e têm sede, nos migrantes e imigrantes, nos peregrinos e retirantes, nos que não têm com o que se vestir, nos que estão enfermos ou na prisão etc. Ao vê-los, temos de ter compaixão e nos compadecermos, esforçando-nos para solucionar seu problema ou para ajudá-los a diminuirem sua dor. Esses podem estar entre seus catequizandos.

Quem age assim está no caminho da santidade, da conversão, da justiça, propostas no livro do Levítico (19,1-2.11-18), isto é, no caminho de Deus. Porém quem ignora essa realidade e só pensa em si, fechado em seu egoísmo, sem se compadecer do sofrimento alheio, não será reconhecido por Deus, mesmo que tenha tido uma vida religiosa aparentemente exemplar. Quem ignora esses e outros sofredores está sendo injusto, está longe da santidade; não está no caminho de Deus e, portanto, não poderá reconhecê-lo nem ser reconhecido por ele. São os malditos de Deus. Colocando em prática esses ensinamentos, nós vamos aperfeiçoando mais nosso processo de conversão e, assim, chegaremos mais santos e perfeitos diante de Deus.

15
A PARÁBOLA DA SEMENTE QUE GERMINA POR SI SÓ
(Mc 4,26-29)

A parábola da semente que germina por si só (Mc 4,26-29) é exclusiva do evangelho de Marcos. Apesar de ser uma parábola curta, ela possui um significado muito profundo, similar ao da semente, que, embora pequena, traz em si uma potência, podendo se transformar em uma grande árvore. Porém, nessa parábola, não é essa potência que está em evidência, mas sim a potência de ela germinar por si, sem precisar da ajuda humana. Vemos aqui um dos primeiros e mais profundos ensinamentos dessa parábola que serve para nossa vida e para a catequese. Aplicada à vida dos catequistas, essa parábola mostra o quanto Deus os ajuda na missão de desenvolver seu potencial, apesar das limitações e dificuldades que cada um traz dentro de si. Somos como as sementes, basta semear e cuidar que, no tempo certo, germinamos e damos frutos. Não são poucos os catequistas que nos surpreendem em sua missão, desenvolvendo ações inimagináveis.

O evangelista Marcos revela que Jesus contou essa parábola para uma grande multidão. Provavelmente essa era uma daquelas situações em que Jesus ensinava as multidões falando de um barco, ou de locais onde ele pudesse ver e, ao mesmo tempo, ser visto. Esse dado é importante porque mostra que é uma catequese geral e não particular, para um grupo restrito. Quando ele fala às multidões, fala a todos, indistintamente. Portanto, sendo um catequista ou não, esse ensinamento também é para você, que é parte dessa multidão de cristãos de tantas denominações religiosas.

Recordo que, nesse mesmo capítulo do evangelho de Marcos, encontramos outras parábolas, também tratadas, neste livro, como parábolas para catequistas. A parábola do semeador, por exemplo, possui uma relação muito estreita com a parábola da semente que germina por si só.

Ainda que tenhamos refletido sobre a parábola do semeador da versão do evangelista Mateus (13,3-9), vale a pena compará-la com a versão do evangelista Marcos (4,3-9) e estudá-las com os catequizandos, pois elas têm conotações iguais e propósitos também idênticos. Podemos dizer que ambas as parábolas ensinam o mesmo princípio, porém de ângulos ou olhares diferentes. A parábola do semeador destaca, entre outras coisas, a responsabilidade humana, enquanto a parábola da semente que germina por si só enfatiza o poder de Deus em nossa vida, que tudo conduz a seu tempo. Nesse sentido, vale lembrar que o tempo de Deus é diferente do nosso. Nosso tempo é marcado pelo relógio, e o tempo de Deus não. Assim, essa parábola mostra que Deus tem um poder de regenerar nossa vida e tudo o que está sob seu comando, mesmo quando achamos que podemos fazer as coisas sem Ele.

Na parábola da semente (Mc 4,26-29), vemos Jesus descrever sobre o Reino de Deus. Na do semeador (Mc 4,3-9), Ele compara o crescimento do Reino com um agricultor que espalha as sementes sobre a terra, que germinam de acordo com o solo e os cuidados que recebe. Nessa parábola da semente, a ênfase recai sobre sua germinação misteriosa, sem a ajuda humana. Com isso Jesus enfatiza que o agricultor não sabe explicar como esse crescimento ocorre. Naquele tempo, as tecnologias agrícolas e as ciências não eram tão avançadas. Hoje, é possível descrever, documentar cientificamente, conhecer as etapas do processo de germinação e até antecipar a germinação de uma semente ou modificá-la geneticamente, mas entender completamente esse processo ninguém consegue, pois é o mistério da vida, e a chave desse mistério ainda não foi revela. O ser humano tenta imitar artificialmente, mas não consegue, de fato, reproduzir a vida. Esse mistério cabe a Deus, e o ser humano deve se curvar ante o mistério da vida. Nesse sentido, a parábola ressalta que tudo o que o agricultor deve fazer é semear e confiar. Ele sabe que a semente germinará, crescerá, amadurecerá e, por fim, chegará o momento certo da colheita. O agricultor faz a parte dele no cultivo e no cuidado com a semente, e Deus faz a parte que lhe cabe, a mais misteriosa. Nesse sentido, um dos apelos dessa parábola é o da confiança em Deus. Catequista que não confia em Deus, querendo fazer tudo por si só, pode errar feio em sua ação pastoral. Ele deve agir, mas também deve deixar espaço para Deus agir. Isso serve para tudo na vida, inclusive para a catequese.

Assim, esse mesmo princípio do reino de Deus dessa parábola pode ser aplicado à vida. Não escolhemos vir a este mundo. Nossa semente foi escolhida e germinou por Deus, e hoje estamos aqui, cumprindo nossa missão. Se não sabemos explicar a razão de estarmos neste mundo, também nem sempre sabemos como explicar a germinação, o crescimento e a frutificação dos ensinamentos da Palavra de Deus no coração de nossos catequizandos. O importante é semear e deixar Deus fazer a parte dele, e ele fará; é só aguardar o tempo de Deus como o agricultor aguarda o tempo de a semente germinar. Esse desenvolvimento pertence somente a Deus, tanto o tempo da semente quanto o de nossos ensinamentos. Sabemos apenas que ele ocorre de maneira perfeita, preparando o ser humano para o "dia da colheita". Desse modo, podemos tirar algumas lições valiosas dessa parábola. Em primeiro lugar, essa parábola ensina que Deus é poderoso e somente ele tem o controle de tudo. É ele quem dá o crescimento, e isso é uma obra divina exclusiva. Embora, como catequistas, cremos que podemos contribuir com Deus no processo de salvação, tudo depende dele. Nós somos meros semeadores, e nossa parte é semear e cultivar, mas germinar, crescer e produzir aquilo que semeamos cabe somente a Deus. Nisso consiste a expressão "porque a terra por si mesma frutifica". Essa declaração, no original, literalmente se traduz como "automaticamente", isto é, ela ocorre sem nenhuma influência externa, apenas com a interferência divina. Como catequistas, somos, portanto, instrumentos de Deus em sua Seara.

Além disso, essa parábola ensina também que Deus dá o crescimento e sabe o tempo da colheita. De nada adianta nós querermos ver os frutos de nossas ações imediatamente. Há quem desanime por não ver muito resultado de seu trabalho, sem saber esperar o tempo de Deus. Quando menos esperamos, Deus nos surpreende. Além disso, é importante estarmos atentos. O agricultor precisa saber a hora da colheita e para isso precisa acompanhar a semente que germinou. Assim, quando uma semente é plantada, se ela não for colhida no tempo certo, acaba por se perder. Esse princípio também traz uma lição importante sobre nosso agir em sintonia com o agir de Deus. É Ele quem dá o crescimento, e também é Ele quem sabe o momento da colheita, mas somos nós que devemos semear a semente, cultivá-la e colhê-la. A catequese é também esse processo, e compreender isso ajuda muito na missão do catequista.

Outro ensinamento dessa parábola para os catequistas é que a colheita é o momento da vitória. E não imagine essa vitória como sendo apenas o dia da primeira comunhão ou da crisma, mas, sobretudo, como o comprometimento que esses catequizados terão depois com a comunidade eclesial e seu testemunho na sociedade. A colheita terá hora certa para acontecer, mas, se ela, por alguma razão, não acontecer, é sinal do fracasso do semeador. Na missão de catequistas, temos também fracassos. São aquelas sementes que, por alguma razão, não germinaram, ou que germinaram, mas depois não cresceram, não vingaram, ficaram raquíticas. Vale lembrar que a colheita tem o tempo certo. Ela não ocorrerá nenhum minuto antes e nenhum depois daquele que Deus determinou. A eficácia do catequista também consiste em compreender isso para ser paciente e perseverante. Devemos aguardar ativa e ansiosamente esse dia, confiando que Deus está no comando e que apenas ele sabe quando será.

Destaco também que a parábola da semente que germina por si só mostra e ensina que o crescimento do reino de Deus no coração dos catequizandos, e de qualquer pessoa cristã, é um mistério. Como diz o presidente da celebração na Missa, "eis o mistério da fé", assim também podemos dizer da semente da Palavra e dos ensinamentos que repassamos na catequese. As pessoas, sobretudo os catequistas, muitas vezes, tentam explicar a forma com que a Palavra impacta a vida de alguém, mas isso não é possível. Somente Deus conhece esse mistério e o coração daqueles no qual a Palavra foi semeada.

Os métodos que utilizamos na catequese ajudam e são necessários, mas a tarefa final é de Deus. Nossa missão é, entre outros procedimentos, regar, cuidar, cavar em volta e colocar adubo, como o personagem da parábola da figueira estéril (Lc 13,6-9), mas os resultados pertencem a Deus.

Alguns catequistas se julgam estrategicamente importantes, como se sua capacidade de catequizar alguém fosse realmente determinante em sua conversão e salvação. Seu trabalho é importante, mas não determinante. Quem determina é Deus. Os catequistas são apenas servos a serviço de seu Senhor. Com essa consciência e esse comportamento agiremos com mais humildade e mansidão, não ficando tão magoados quando o padre chama atenção ou quando faz alguma mudança na catequese, nos trabalhos dos catequistas ou da coordenação da catequese. Estejam abertos às mudanças e aos contratempos da missão, como o agricultor está para as intempéries que podem interferir na germinação e no desenvolvimento da semente que foi semeada. Enfim, a parábola ensina também que os catequistas devem ser pacientes como um agricultor. Para quem é catequista, a perseverança e a paciência são essenciais. Quando semeamos a Palavra, não devemos desanimar e, quando não vemos resultados imediatos, devemos aguardar e continuar a semear.

A parábola mostra que o agricultor dorme e acorda, dia após dia, até que, de repente, de maneira surpreendente, a semente germina na terra. Assim como a semente germina no tempo certo, assim também o fruto do trabalho do catequista aparecerá. Como foi dito, apesar de a parábola da semente que germina por si só ser uma das mais curtas que Jesus ensinou, seu significado e suas lições são fundamentais para todos os verdadeiros discípulos missionários, inclusive para os catequistas.

Desse modo, vemos que há uma rica variedade de parábolas que tratam do Reino de Deus e mostram como nós podemos fazer para colaborarmos com sua construção ou consolidação. Uma característica comum em quase todas as parábolas de Jesus é a realidade agrária, própria de seu tempo. O bom catequista sabe atualizar o conteúdo da Palavra de Deus para sua realidade, tornando-o assim mais compreensível. Essa era a dinâmica e a didática de Jesus. A agricultura de seu tempo lhe proporcionou muitas ilustrações para suas doutrinas e seus ensinamentos. Ele usou essa temática porque era muito familiar a seus ouvintes. A multidão para a qual ele contou essa parábola era, em sua maioria, composta de gente do campo. Por essa razão ele compara o reino de Deus à semente germinando e crescendo no campo por si só. Essa comparação é aplicável à edificação da Igreja, no processo de evangelização dado por meio da catequese e de outras formas de pregação. Portanto, existe uma semelhança entre a semente no campo e a graça no coração de cada pessoa, de cada catequizando que ouve a Palavra de Deus e as explicações dadas pelo catequista.

Vimos que, na parábola do semeador, o propósito é alcançar aquelas pessoas que não recebem a palavra corretamente; por isso a descrição dos tipos de terrenos. Nessa parábola, Jesus se limita àqueles que são verdadeiramente retos, ou seja, ela cabe muito bem quando aplicada a catequistas e catequizandos. O crescimento da graça e o entendimento da Palavra no coração deles se assemelham a da semente na terra, isto é, algo espontâneo. A semente, quando semeada ou quando cai na terra, é deixada inteiramente a si. Diz a parábola que o agricultor prossegue sua vida, seus trabalhos, sem tentar ajudar a semente no trabalho de germinação, e, por qualquer desejo de fazê-lo, ele se abstém disso por saber que tal esforço seria infrutífero. "A terra deve produzir o fruto de si mesma". Nisso consiste confiar plenamente na graça e na providência de Deus. Há um princípio de vida na semente que faz com que ela germine. Assim se dá com a graça divina, quando semeada no coração dos catequizandos.

Por fim, destaco na reflexão dessa parábola que a vida cristã é dinâmica e não estática. Quando a semente é colocada no coração dos catequizandos, inicia-se um processo de crescimento espiritual contínuo. Porém poderá haver também aquelas situações em que se instaura um raquitismo no desenvolvimento dessa semente. Por exemplo, embora alguns catequistas estejam dando catequese há vários anos, eles permaneceram crianças em seu entendimento do que seja a Igreja e as propostas de Cristo. São sementes mirradas, que, apesar de germinarem, continuam raquíticas em seu desenvolvimento. Isso vale também para os catequizandos, que, após terminarem as etapas de catequese, estacionam-se em seus conhecimentos e entendimentos da doutrina da Igreja e da Palavra de Deus, como planta que não se desenvolve. Portanto, o tempo de catequese não significa tempo de crescimento espiritual, pois este é um processo que pode levar algum tempo e exige dedicação e empenho. Por essa razão, além da catequese, é preciso que o catequista participe de formações, seja autodidata e procure ampliar seus conhecimentos lendo livros que o ajude a aprofundá-los e ampliá-los. Outra coisa que é importante os catequistas saberem é que Jesus não prometeu a germinação da semente imediatamente após plantação nem o fruto depois de a semente germinar. Há um tempo para tudo, como diz o livro do Eclesiastes (3,1-2): "Tudo tem seu tempo determinado, e há tempo para todo o propósito debaixo do céu. Há tempo de nascer, e tempo de morrer; tempo de plantar, e tempo de arrancar o que se plantou". Há etapas a serem cumpridas. O primeiro estágio é a germinação da semente e o surgimento da planta. Depois vêm os ramos e seu crescimento e sua consolidação; depois vêm os botões, as flores e, por fim, os frutos, ou como diz o texto: "Por último, o grão cheio na espiga". Trazendo para a catequese é o mesmo processo. O catequista ensina e deve exercitar sobre a necessidade de se ter paciência para respeitar cada etapa do crescimento espiritual de seus catequizandos. É também preciso exercitar a paciência consigo mesmo, bem como com os outros. Assim a semente vai sendo semeada na catequese. O catequista faz sua parte, e Deus faz a dele. Em um dado momento, os frutos aparecem. Portanto, catequistas, semeiem e exercitem a paciência e a perseverança. Os frutos virão a seu tempo.

16
A PARÁBOLA DA SEMENTE DE MOSTARDA E DO FERMENTO NA MASSA

(Mc 4,30-34)

Nesse texto, o pano de fundo são duas parábolas: a parábola da semente de mostrada e a parábola do fermento na massa (Mc 4,30-34; Mt 13,31-33). Por serem duas curtas parábolas e terem o mesmo significado, coloco-as em uma única reflexão.

Já foi dito que as parábolas são recursos de linguagem que tornam uma mensagem eterna e, ao mesmo tempo, atual. Esse recurso pode muito bem ser usado na catequese, pois os catequizandos irão assimilar melhor o conteúdo da mensagem, além de exercitar o pensamento criativo em relação ao tema tratado. Jesus usava muito esse recurso em seus ensinamentos catequéticos. Por essa razão, encontramos na Bíblia muitas parábolas. Aliás, a Bíblia é uma grande parábola, por isso é um livro eterno e tão atual, do qual extraímos constantes ensinamentos. Um livro que não pode faltar na catequese, porque ele é básico. Uma catequese que não utiliza a Bíblia não pode ser considerada catequese.

Por que Jesus usava desse recurso de linguagem? Porque as parábolas enriquecem a mensagem, tornando-a adaptável a qualquer realidade ou situação, servindo para qualquer idade; cada um pode tirar dela um ensinamento que corresponda a sua vida. Por detrás das parábolas há grandes ensinamentos. As parábolas bíblicas são um poço de sabedoria, tanto no Antigo como no Novo Testamento, porém no Novo Testamento ela ganha contornos mais característicos de parábolas.

Por exemplo, no Antigo Testamento, o profeta Ezequiel traz um texto (Ez 17,22-24) que fala do poder de Deus, usando a parábola, ou linguagem comparativa, do cedro exuberante, do qual será extraído um broto de sua copa. Esse broto, plantado no topo da montanha, transformar-se-á em uma árvore gigantesca, mais exuberante ainda do que o cedro do qual esse ramo foi retirado. Seus ramos produzirão frutos, diz o profeta, e atrairão pássaros vindos de longe, os quais encontrarão ali abrigo, fazendo seus ninhos nesses ramos. Ao final, o profeta revela o poder de Deus, mostrando que ele rebaixa a árvore alta e eleva a árvore baixa. Que pode fazer secar a que está verde e faz brotar a árvore seca. Um Deus que fala e faz.

O que tudo isso tem a nos ensinar?

Encontramos aqui um paralelismo com a parábola da semente de mostarda (Mc 4,26-34) e com o texto do *Magnificat* (Lc 1,52), atribuído a Maria, em que Deus derruba de seus tronos os poderosos e eleva os humildes. Ambos os textos mostram a força de Deus agindo nos pequenos, nos insignificantes, naqueles aos quais ninguém dá nada. Os invisíveis do mundo se tornam visíveis diante de Deus. Portanto, não se preocupe se seu trabalho na catequese não é reconhecido por seu pároco ou pelas pessoas da comunidade. Ele é visto e reconhecido por Deus.

A semente de mostarda é considerada a menor de todas as sementes, porém, depois que germina, torna-se uma grande árvore, maior que todas as hortaliças e abriga em seus ramos pássaros. Seu trabalho na catequese pode não ser visto ou reconhecido, mas ele está transformando vidas. Lembre-se de que o Papa teve um dia um catequista, que jamais imaginou que seu catequizando se tornaria a figura mais importante da Igreja; mas estava lá a sementinha de mostrada da catequese que se tornou uma gigantesca árvore, sinal do reino de Deus.

Voltando ao trecho da profecia de Ezequiel (Ez 17,22-24), encontramos aqui uma mensagem clara de esperança para um povo humilhado pelo exílio e que busca reconstruir sua vida. A árvore exuberante, da qual foi tirado um broto de sua copa, é Jerusalém ou o povo hebreu, que foi retirado de sua terra, mas ressurgiu como um povo forte, reconstruindo sua vida, melhor que antes. É, portanto, a imagem de um Deus que faz ressurgir das cinzas aqueles que parecem ter sido aniquilados. Um Deus capaz de transformar situações aparentemente irreversíveis. Um Deus que tudo pode e que nos faz lembrar que tudo nós podemos naquele que nos fortalece (Fl 4,13). Mostra que Deus não abandona seus filhos, por mais que eles tenham errado e sofram as consequências de seus erros. É um Deus que quer a vida e não a morte, a liberdade e não a escravidão. Um Deus que não é apenas teoria, mas que age de modo surpreendente. É esse Deus que precisamos descobrir e acreditar para não sucumbirmos diante das tragédias humanas, dos sofrimentos ou dos obstáculos que encontramos no caminho ou no processo de construção do reino de Deus, diz o apóstolo Paulo (2Cor 5, 6-10). É esse reino que nos mostram as parábolas da semente de mostrada e do fermento na massa.

Esse reino é comparado à semente. A imagem da semente é muito significativa e enriquece nossa compreensão acerca do reino de Deus. Uma semente parece algo insignificante, a qual quase ninguém presta atenção; mas ela tem um poder grandioso, um potencial incrível. Uma ínfima semente pode se transformar em uma árvore gigantesca e produzir sombra, frutos, dar abrigo aos pássaros, às pessoas, sem contar seu benefício na natureza e em nossa vida, pois as árvores têm funções importantes no meio ambiente, sobretudo no ar que respiramos. Mas quase ninguém pensa nisso quando olha uma semente, principalmente se ela for minúscula. Quando Jesus compara o reino de Deus a uma semente, ele quer mostrar para seus discípulos, e para nós, que esse reino é algo a ser semeado, gestado, construído e que ele depende também de nós e de nossas ações, mesmo que elas sejam pequenas, invisíveis. O reino não está pronto, como muitos imaginam. Ele está em processo de gestação, germinação e crescimento e cabe a nós ajudar nesse processo. Os catequistas têm parcela importante na construção desse reino.

Essa parábola mostra também que esse reino é feito de pequenos gestos, como os do semeador, os quais podem se tornar grandiosos perante Deus e a nós mesmos. Além disso, nós podemos e devemos semear as sementes no campo do Senhor, mas não depende só de nós sua germinação e seu crescimento. Nossa parte, ou missão, é semear e cuidar. Deus faz a parte dele. Vemos, assim, na dinâmica da semente, uma parceria entre o ser humano e Deus. A parte que cabe a Deus nós não entendemos, pois são seus mistérios. Cabe a nós fazermos a nossa, pois, se não a fizermos, poderemos não obter os resultados. Assim, a parábola da semente de mostarda é uma forma alegórica e eficaz de falar do reino de Deus, que é construído de pequenos gestos, com pequenas sementes. Temos em nossas mãos essas sementes, mas não as enxergamos, ou por não querermos ou por não nos esforçarmos para enxergá-las. O problema é que, se não a enxergarmos, não a semearemos. Com isso perderemos a oportunidade de construir o reino de Deus.

Quais são hoje as sementes de mostarda que temos?

Cada um pode olhar a sua volta e procurar descobrir essas sementes, pessoas que têm um potencial maravilhoso, mas não são valorizadas na comunidade, e esses sinais, os trabalhos realizados na comunidade, que, por parecerem insignificantes, não são apoiados ou incentivados ou ainda os dons e talentos que não são colocados em prática. Nossa missão é descobrir, semear e cultivar essas "sementes". Elas poderão se transformar em coisas grandiosas que farão a diferença na vida de muitas pessoas, na vida da comunidade e da sociedade. Quantas dessas sementes já estão dando frutos! Vejamos o exemplo da pastoral da criança. Ela nasceu pequena, como a semente de mostarda, ganhou visibilidade internacional e possui grandes resultados. Isso é o mais importante. Muitas vidas foram e estão sendo salvas por meio dessa pastoral.

Entretanto não é fácil a missão de semear. Muitos perdem a própria vida, como foi o caso da fundadora dessa pastoral, Dra. Zilda Arns, que morreu vítima de um terremoto no Haiti, quando espalhava a semente dessa mostarda naquelas terras. Há também diversos catequistas que morreram na missão, mas que não apareceram nas estatísticas por terem sido invisíveis. A explicação desses gestos nós a encontramos em seus resultados e não em teorias.

Deus nos deu um corpo para o colocarmos a serviço, para sermos semeadores de seu reino. Esse corpo não é nossa morada eterna. Ele apenas abriga temporariamente nossa alma. A morada eterna é o reino que ajudamos a construir com nossos atos. Nesse corpo, temos de agir como se estivéssemos fora de casa, pois nossa casa é a morada eterna, o reino definitivo, diz Paulo, apóstolo. Aqui nós apenas começamos a construir esse reino com nossos procedimentos e empreendimentos missionários. Diz Paulo que nós colhemos o que semeamos. Se nossa semente for boa, colheremos bons frutos, mas, se o que semearmos for discórdia, maldades ou outras coisas que não edificam a vida, nós não poderemos esperar colher coisas boas. Para isso é preciso confiança em Deus e em seu reino. Sem acreditar, confiar, perseverar, nenhuma semente será semeada e, se ela não for semeada, continuará sendo apenas uma semente, sem ter nenhuma transformação. Aqui cabe uma pergunta básica: como é a semente que você, catequista, está semeando em sua comunidade paroquial? Ela pode ser invisível aos olhos de muitos, mas tem um potencial gigantesco.

Enfim, diz Paulo, "de fato, todos deveremos comparecer diante do tribunal de Cristo, a fim de que cada um receba a recompensa daquilo que tiver feito durante sua vida no corpo, tanto para o bem, como para o mal" (2Cor 5,10). Vemos aqui, com clareza, nossa responsabilidade na construção desse reino. Cabe a cada um de nós fazermos nossa parte e cuidar para que o reino seja construído para todos. Estejam, portanto, confiantes na missão de catequista, pois a catequese é semente do reino de Deus.

Assim, o catequista tem a missão de ajudar a construir o reino dos céus. São muitas maneiras de construí-lo, algumas, muito simples, que dependem apenas de gestos singelos de bondade, amor e compromisso, outras são mais arrojadas e desafiadoras, como, por exemplo, as coordenações paroquiais e diocesanas; porém todas darão resultados surpreendentes se forem feitas de acordo com a vontade de Deus, na humildade dos pequenos gestos.

O livro do Êxodo (31,15-24.30-34) traz alguns dos desafios que Moisés, catequista escolhido por Deus, encontra na catequese e na liderança do povo hebreu e na busca do reino dos céus. Ele recebe de Deus as tábuas da lei, os mandamentos, os mesmos que, hoje, você, catequista, ensina a seus catequizandos. Ali contêm os ensinamentos, as orientações de como proceder para que o reino de fato aconteça. Porém, enquanto Moisés está com Deus, na busca das tábuas da lei, o povo se desvia do caminho e constrói um bezerro de ouro para adorá-lo no lugar de Deus. Aqui vemos que não podemos nos descuidar. Se um catequista se descuida, seus catequizandos podem se desviar do caminho. O povo hebreu justifica-se dizendo que se sente abandonado por Moisés e por Deus. Eles querem um Deus que caminhe na frente deles, porém não percebem que Deus está caminhando com eles. Quantas vezes catequistas e catequizandos reclamam que o pároco não acompanha a catequese, sem entenderem que acompanhar não significa estar em todos os encontros, mas sim apoiar, incentivar, rezar por eles. Além disso, os padres têm inúmeras atividades, por isso não podem acompanhar todo o tempo a catequese e escolhem catequistas para essa missão. Os catequistas, junto aos catequizandos e suas famílias, são a presença do padre e da Igreja.

Quantas vezes, em nossa vida cristã, temos atitudes similares às do povo hebreu na travessia do deserto? Basta algum tipo de sofrimento ou sentimento de aridez que construímos nossos "bezerros de ouro", para colocarmos no lugar de Deus. São muitas as maneiras de substituir Deus. Algumas delas são tão sutis que nem nos damos conta.

Moisés fica enfurecido com a atitude do povo. Ele quebra as tábuas da lei e questiona Aarão, que havia ficado em seu lugar, sobre o porquê daquela atitude do povo. Aarão diz que é um povo que tem tendência para o mal, por isso buscou dar alguma resposta às pressões e cobranças que sofreu na ausência de Moisés.

É o que fazemos muitas vezes. Diante das dificuldades, pressionamos a Deus para que satisfaça nossas necessidades. Se ele não responde, temos procedimentos que o desagradam. Deus, porém, ama-nos com amor de Pai e sempre nos dá outra chance, outra oportunidade. Deus é paciente e misericordioso e não se cansa de apontar o caminho para a conversão.

Como então agir de acordo com a vontade de Deus e ajudar a construir esse reino prometido? Primeiramente, é preciso saber como ele é. E a parábola da semente de mostrada e do fermento na massa, que são similares, apontam o caminho.

Ambas parábolas falam da simplicidade desse reino, que acontece nas pequenas coisas, nos gestos mais simples e invisíveis. Assim não precisamos fazer obras de grande visibilidade para participarmos da construção do reino dos céus. Basta agirmos fielmente a Deus. Nossa ação no mundo deve ser como a semente de mostarda: pequena no tamanho, mas grandiosa com relação aos princípios divinos.

O mesmo sentido é encontrado na segunda parábola. Ela complementa a primeira. O fermento é invisível, porém sem ele a massa não cresce. Ele é fundamental para que a massa cresça e apareça. Quando consumimos o pão, não pensamos no fermento nele contido. Ele desempenhou seu papel e continuou escondido, anônimo; entretanto ninguém duvida de sua importância.

Assim também devemos ser: não buscar visibilidade, mas fazer a diferença com nossas ações, comprometendo-nos com a vida e a transformação dela. Desse modo, estaremos no caminho de Deus e participando da construção do reino dos céus. Foi o que nos mostrou o ano do laicato, em 2018, quando escolheu o texto bíblico, extraído do evangelho de Mateus (5,13-14), "sal da terra e luz do mundo", como fundamentação bíblica para o tema "cristãos leigos e leigas, sujeitos em uma Igreja em saída, a serviço do reino". O catequista, além de ser como a semente de mostarda e o fermento na massa, deve ser também como o sal, que dá gosto a todo alimento, e luz, isto é, ser exemplo. Dois símbolos que parecem se contrapor, mas que se complementam.

Assim, essas parábolas nos fazem refletir sobre o reino de Deus e nossa participação nele. O reino de Deus é grandioso e se revela na grandiosidade da criação, porém é construído a partir das pequenas coisas, dos pequenos gestos, que, somados a milhões e milhões de outros pequenos gestos de amor, transformam-se nessa grandiosidade incomensurável e indescritível, que é o reino de Deus.

Por fim, quero destacar um trecho da carta aos Romanos (8,18-25) que fala da violência que esse reino vem sofrendo por causa de nossas ações irresponsáveis, de nossos atos que desrespeitam a criação, gerando sofrimentos, que podem ser eliminados se nos comprometermos com o reino de Deus. Se houver o compromisso com a criação, fruto de nossa conversão, a glória de Deus se revelará para nós e será bem maior que o sofrimento do tempo presente. Assim sendo, há esperança, apesar de a criação estar gemendo em dores de parto, aguardando o dia em que vamos tomar consciência de nossas ações imprudentes. Esse gemido revela uma série de situações, dentre elas o descaso com o meio ambiente, com o planeta. Descaso que vai desde os pequenos gestos de descuido, como jogar lixo nas ruas, à poluição das águas em todas as proporções, aos desmatamentos, às destruições provocadas pelas grandes empresas e pelos países que não se preocupam com questões ambientais.

Apesar de tudo, há esperança, diz Paulo: "Ora, o objeto da esperança não é aquilo que a gente está vendo; como pode alguém esperar o que já vê?" O que vemos não nos dá esperança, porque é destruição, desrespeito à vida, falta de fé e amor. Mas, em meio a tudo isso, há sementes do reino sendo semeadas por gestos invisíveis. Vocês, catequistas, são esses semeadores.

Portanto, lembrem-se sempre: a semente de mostarda é uma das menores sementes, quase invisível, mas que não deixa de ser semente. Quando semeada e cultivada, torna-se esplendorosa. É uma linguagem figurada para mostrar a grandeza das pequenas ações em prol da vida. É uma convocação a perceber e valorizar as pequenas iniciativas, os gestos de amor e responsabilidade, praticados no dia a dia. O mesmo ocorre com o fermento na massa. Ninguém nota o fermento, mas sem ele a massa não cresce. Ninguém nota as pequenas ações de amor e solidariedade, mas sem elas a vida se torna muito mais difícil e o reino não floresce. Ambas as parábolas realçam o contraste entre um começo pequeno e um grande final. Anima-nos a continuar ensinando nossas crianças a se comprometerem com a vida do planeta, com todos os seres que nela vivem. A consciência ecológica, a consciência de justiça, de ética e de amor à vida devem ser ensinadas desde a mais tenra idade, nas primeiras etapas da catequese. Somente assim teremos um mundo melhor. Hoje, fala-se muito em deixar um planeta melhor para nossos filhos. Quando é que haverá a preocupação em deixar filhos melhores para nosso planeta? Eis um bom questionamento educacional que essas parábolas suscitam para nossa reflexão.

17
A PARÁBOLA DA FIGUEIRA BROTANDO
(Mc 13,28-31)

A parábola da figueira brotando se encontra nos três evangelistas: Marcos (Mc 13,28-31), texto utilizado para esta reflexão, Mateus (Mt 24,32-34) e Lucas (Lc 21,29-31). A este último também faço referência, pois nos convoca a perceber as coisas de Deus e a fazer um balanço de nossa vida e missão. Assim, peço que cada catequista, ao ler essa parábola e essas reflexões, tenham em vista uma avaliação de sua vida pessoal, de sua vida como catequista e da catequese propriamente dita. Esse procedimento é imprescindível fazer, principalmente no final ou começo de ano. Portanto, quando você, juntamente com os demais catequistas e a coordenação da catequese, avaliar e planejar a catequese, tenha como texto base essa parábola e seu contexto.

Todo final de ano ou de ciclo ou etapa, seja da catequese ou da vida, é momento de fazer balanço de nossas ações, da realidade que estamos vivendo, das coisas que nos rodeiam, de nossa vida de fé, da missão como catequista; enfim, é hora de avaliar para melhorar. Assim sendo, nós devemos colocar na balança o que foi bom e o que poderia ter sido melhor. E, para esse "balanço", temos na Bíblia leituras de gênero literário apocalíptico, que favorece a avaliação e o planejamento. São leituras que falam do final dos tempos ou mesmo do final do mundo, do julgamento, enfim, da consumação das promessas de Deus, que "virá para julgar os vivos e os mortos". Nesse contexto, temos a parábola da figueira brotando (Mc 13,28-31) e as demais leituras complementares, que ajudarão os catequistas a fazerem uma boa avaliação e um bom planejamento da catequese.

A leitura do livro do profeta Daniel (12,1-3) é um bom texto para ajudar nessa reflexão. Daniel, cujos escritos se assemelham aos do livro do Apocalipse, transmite esperança nos tempos de aflição e mostra como proceder diante das dificuldades. No trecho aqui sugerido (Dn 12,1-3), ele fala de Miguel, o grande príncipe que se levantará para proteger seu povo em um tempo de muitas tribulações. Como é bom saber que há Anjos que nos protegem nos momentos difíceis, nos momentos de tribulação. Eles são a presença ou os sinais de Deus no meio de nós. Anjos não são seres alados que chegam do além, mas podem ser pessoas concretas, que estendem suas mãos para nos salvar, apontar-nos caminhos e nos reerguer de nossas prostrações. Assim como todos os profetas, Daniel foi uma espécie de anjo para seu povo. Somente quem confia plenamente em Deus sente essa presença protetora nas horas difíceis. Quem não tem fé, ou tem uma fé superficial, nas horas difíceis, sente-se abandonado por Deus. Apenas os que confiam nele e em sua salvação se sentem mais próximos de sua presença, sabem que ele não os abandona nas horas difíceis e creem que seus nomes estão inscritos no livro, ou seja, que suas boas ações não passaram despercebidas. Assim, essa leitura fala de julgamento, como professamos em nossa fé: "[...] Subiu aos céus, está sentado à direita de Deus Pai, todo-poderoso, donde há de vir a julgar os vivos e os mortos [...]". No fim dos tempos, diz essa leitura, "uns despertarão para a vida eterna, outros, para a vergonha e a infâmia eternas".

O que isso tem a nos dizer? Essa leitura nos leva a refletir não apenas sobre a vida eterna, mas sobre a vida neste mundo: se precisamos avaliar bem nossas ações e ver se somos merecedores da vida eterna, ou se nossos atos são vergonhosos, que nos fazem merecedores da vergonha eterna. Necessitamos ter a sabedoria, que vem de Deus. Quem for sábio buscará viver as coisas de Deus neste mundo, irá brilhar diante de Deus, como o firmamento, se for justo, bom, ensinar a justiça, e fizer o bem. Esse é o segredo da felicidade eterna, revelada pelo profeta Daniel.

Outra boa leitura para essa ocasião é a Carta aos Hebreus (10,11-14.18). Aqui o autor, que revela ser um exímio catequista, pede que, em vez de ficarmos oferecendo sacrifícios para reparar nossos pecados, tenhamos sempre diante de nós Jesus Cristo, que se ofereceu uma única vez em sacrifício para redimir nossos pecados. Quem confia em Cristo e segue seus ensinamentos está apto a participar do reino dos céus, das alegrias eternas. Quem confia vence as dificuldades, os obstáculos, os momentos de tribulação e os inimigos, que serão colocados debaixo dos pés, diz a Carta aos Hebreus.

O contexto da parábola da figueira brotando (Mc 13,24-32) trata, em sentido figurado, de tribulações e traz símbolos teofânicos, que revelam o fim de tempos difíceis, isto é, das "noites escuras" ou de "tempos de inverno". Porém, a ênfase não é dada às tribulações, mas à presença de Deus, que acalma as tempestades de nossa vida, socorre-nos nas necessidades e não nos abandona quando as coisas estão difíceis. Assim sendo, a parábola da figueira brotando e seu contexto falam de esperança. Por mais difícil que possam parecer as coisas, por mais que tenhamos dificuldades de ver uma luz no fim do túnel, Deus está conosco. No meio de tudo isso, nós veremos o Filho do Homem vindo sobre as nuvens com grande poder e glória. Ou seja, Deus é maior do que qualquer tribulação ou momento de dificuldade. Mesmo que o mundo pareça ter acabado para nós, se confiarmos em Deus, tudo se acertará e haverá sempre uma oportunidade para recomeçar. Esse amor de Deus nos é revelado nessa parábola.

Os evangelistas Marcos, Mateus e Lucas citam a parábola da figueira brotando para ilustrar nossa percepção dos sinais de Deus. Eles falam da figueira que, ao começar a brotar, dá sinais do fim do inverno e da chegada do verão. Inverno, no hemisfério norte, é tempo de escuridão, em que as árvores ficam sem folhas, como se elas estivessem mortas. Elas ficam dormentes, aguardando a chegada do verão para recompor a vida, dar brotos, novas folhas. Todos nós temos estações em nossa vida. Há tempo de inverno, tempo de dificuldades e de sofrimentos, e tempo de alegria, de festa, de esperança. Assim como a natureza, nossa vida tem ciclos. Não podemos, nos tempos de aridez, sucumbirmos às dificuldades. Precisamos ter fé, esperança, confiança em Deus para podermos superá-las e sabermos que um novo tempo virá. Precisamos estar atentos aos sinais. Se nós conseguimos interpretar os sinais da natureza, porque não conseguimos interpretar os sinais dos tempos? É esse novo tempo que a parábola da figueira brotando anuncia (Mc 13,28-31). Estejamos, portanto, sempre preparados para as mudanças, que podem causar estranhamentos, desconfortos e dores no início, mas que são geralmente boas e enriquecedoras. Elas trazem a alegria de um novo tempo, de recomeço, similar ao ciclo da vida. Tudo o que não se renova tende a morrer. Não é diferente com a catequese. Quando surgiu a catequese renovada, foi um estranhamento total, e há quem, até hoje, não aderiu a ela e continua com procedimentos e métodos arcaicos na catequese, mas ela veio para contribuir e evangelizar melhor. Não tenha medo de mudanças na catequese, por mais que elas assustem. Catequistas, estejam sempre abertos ao novo, às novidades e avaliem sempre. Esse procedimento ajuda no crescimento.

Com Cristo, veremos esse novo céu e essa nova terra, refaremos nossa vida e nosso proceder; seremos ainda melhores. Tudo isso nos pede a parábola da figueira brotando (Mc 13,28-31). Tenhamos sempre essa confiança e não nos deixemos esmorecer pelas dificuldades, pelos tempos de inverno de nossa vida ou pelas noites escuras que atravessamos. A aurora de um novo dia já desponta no horizonte. É hora de reerguermos, de nos recompormos para podermos recomeçar esse novo tempo, não apenas na catequese, mas também em nossa vida. Portanto, estejamos atentos. É esse o apelo da parábola e seus textos complementares. Que nada desvie nossa atenção. Percebamos, portanto, quais são os sinais que Deus nos envia para avaliarmos a catequese, nossa vida de catequista e nosso tempo doado para a evangelização.

Enfim, essa bela e significativa parábola nos fala também do final dos tempos, tendo como intuito nos levar a fazer uma avaliação, buscando a conversão e construção de um mundo melhor. Como podemos perceber, a linguagem usada é apocalíptica, repleta de figuras e símbolos, que falam de destruição e ressurgimentos, mostrando a dinâmica da vida. Assim sendo, o apelo da parábola (Lc 21,29-33) é para percebermos os sinais que Deus nos envia e interpretá-los, de modo que nos encorajem e nos ajudem nesse processo de mudança pessoal e social.

O profeta Daniel, neste outro texto (7,2-14), mostra que esse sinal pode ser dado também por meio de sonhos. Daniel relata uma visão noturna, isto é, um sonho, no qual aparecem quatro monstros terríveis, que emergem do mar, símbolo do mal e dos desafios. Esses monstros confrontam com alguém, como filho de homem, que vem do alto, das nuvens. É um texto similar aos do Apocalipse, com as mesmas figuras de linguagem e mesmo objetivo: despertar a esperança. Muitos leem erroneamente os textos de gênero apocalíptico e acreditam que eles são para nos colocar medo porque falam do fim do mundo. Porém é o contrário. São textos que mostram que o bem vence o mal, que as forças da morte não vencerão as forças da vida e que um tempo novo, em que reinará a justiça e a paz, irá chegar: "Irá chegar um novo dia, um novo céu, uma nova terra, um novo mar, e, nesse dia, os oprimidos em uma só voz a liberdade irão cantar". Para que esse novo céu e nova terra cheguem, é preciso que sejam expulsos os demônios, os monstros, as forças da morte. Vemos, assim, que a paz é fruto da justiça, e a justiça só será conquistada pela expulsão daquilo e daqueles que provocam injustiças. Estes são figurados nos textos apocalípticos como monstros. É preciso, portanto, que se trave uma batalha, uma luta contra esses males para que o reino anunciado aconteça. É o que vemos em outro texto, agora do apocalipse, da mulher vestida de sol, tendo a lua debaixo de seus pés, que luta contra o dragão, que quer devorar seu filho que acaba de nascer (cf. Ap. 12,1). Essa linguagem nos prepara para as mudanças e nos dá esperança; são leituras que fortalecem a esperança para novos tempos.

Se na profecia de Daniel (Dn 7,2-14) o tempo de inverno se configura no tempo de luta contra os monstros, em uma aparente derrota diante da monstruosidade dessas figuras, o surgimento de alguém frágil, como filho de homem, o broto ou rebento de Davi, figura como a esperança de um novo tempo. Jesus usa essa figura de linguagem para falar da esperança de um novo tempo, a vinda do reino de Deus, que está próxima. Repito, para reforçar, que a vinda do reino não significa o fim do mundo, conforme o senso comum acredita, mas o fim de um determinado mundo. O fim do mundo de injustiças, de maldade, de monstruosidade. Um mundo que qualquer pessoa de bem gostaria de vê-lo terminar. Assim sendo, a parábola da figueira brotando (Mc 13,28-31; Lc 21,29-33; Mt 24,32-34) e as leituras complementares, aqui usadas, são leituras carregadas de esperança. Elas nos ajudam reanimar nossa fé e nossa esperança e permanecermos firmes na luta contra os dragões da maldade. E tudo isso vai acontecer mais cedo do que imaginamos, diz Jesus. Portanto, não percamos a fé e a esperança e estejamos atentos aos sinais desse novo tempo que Deus nos emite. Encontramos esses sinais em suas Palavras, que são eternas, e nos acontecimentos passageiros do dia a dia. Tudo passa, mas suas Palavras não passam, diz Jesus. Elas são eternas. Nada mais animador do que saber que nesta vida tudo passa e que não há sofrimento que não tenha fim. O inferno nos amedronta porque ele representa o sofrimento eterno, mas o céu nos alegra pela esperança dos gozos eternos. E, se as forças dos céus vencem as forças do inferno, esse é motivo grandioso para nos alegrarmos e permanecermos firmes na fé e na esperança.

Catequistas, sejam missionários da esperança. Ensinem e testemunhem para seus catequizandos e para toda a comunidade que vocês acreditam, tenham fé, apesar de tudo o que esteja ocorrendo a sua volta, no país ou no mundo.

18
A PARÁBOLA DAS NOVIDADES QUE NÃO SUPORTAM VELHAS ESTRUTURAS

(Lc 5,36-39)

Você já tentou solucionar um problema novo na catequese usando velhas fórmulas ou procedimentos antigos? Teve bom resultado? Às vezes, dá certo, às vezes, não. Problemas novos requerem novas respostas e novas soluções. Com a parábola do remendo com pano novo em roupa velha, e do vinho novo em odres velhos (Lc 5,36-39), Jesus quer nos mostrar várias situações. A primeira delas é que ele é o "vinho novo" e que velhas e arcaicas estruturas, que já não respondem mais aos desafios de seu tempo, serão arrebentadas. Se essas estruturas não se adaptarem às novas situações, elas perderão a razão de existir. A novidade trazida por Jesus carece de uma revisão de vida, de mudanças pessoais e estruturais. A boa nova de Jesus é sempre nova, mas as estruturas envelhecem e precisam de revisão. A imagem do remendo, praticamente desconhecida da maioria, sobretudo das crianças, dos adolescentes e jovens, não perde sua força explicativa de que não podemos ficar remendando situações, temos de buscar soluções, e elas precisam ser eficazes. A resposta pode até ser nova, mas o problema é antigo. Quantos problemas se arrastam por tanto tempo na catequese e em vez de solucionarmos a situação, ficamos colocando "remendos", isto é, aplicando apenas algo para tapar o buraco. Remendo de pano novo em roupa velha repuxa o tecido e faz um rasgo ainda maior. A solução talvez não seja remendar, mas solucionar de vez a situação. Quando isso não é possível, aplica-se um remendo, mas esse remendo precisa ser compatível com o pano, isto é, com a situação. Em outras palavras, é preciso ter discernimentos, saber proceder, saber como agir para não ampliar o problema. O vinho novo vai arrebentar o odre velho; o pano novo vai aumentar o rasgo da roupa velha.

Assim, na parábola da roupa nova e do vinho novo (Lc 5,36-39), Jesus nos mostra um novo modo de agir e nos orienta sobre como deve ser nossa relação com os problemas que encontramos na catequese e nossa aceitação da graça de Deus no processo de solução dos problemas encontrados. Jesus utiliza figuras extraídas do cotidiano para suas catequeses. Essa é uma dica importante para os catequistas: catequisar usando imagens atuais, aquelas que crianças, adolescentes e jovens entendem. Hoje, falar de remendo soa estranho, mas não muito. Embora não se use mais remendar roupas como antigamente, muitos jovens gostam de usar calças jeans com rasgos. Usar essa imagem do rasgo na calça para explicar a parábola poderá ajudar. Hoje, o rasgo é tido como "moda", mas no mundo rural é sinal de roupa velha que precisa ser consertada.

Nessa parábola, o remendo novo em veste velha é uma referência ao costume antigo de tentar recuperar uma roupa velha, remendando-a com um pedaço de pano tirado de uma roupa nova. O raciocínio de Jesus é o de que esse processo precisa ser revisto, pois, ao passo que temos uma roupa velha remendada, temos uma roupa nova danificada. Serão duas roupas perdidas: a velha pelo remendo novo em destaque e a nova porque lhe faltará um pedaço. Em outras palavras, a situação não será resolvida definitivamente, e o problema persistirá e, talvez, piore porque o rasgo poderá aumentar.

Essa parábola mostra também que não se deve tentar misturar os ensinamentos de Jesus com as tradições legalistas dos fariseus. As formas como eles interpretavam a lei distanciava as pessoas de Deus e do verdadeiro espírito da Lei. Tudo quanto Deus havia comunicado e estabelecido na Lei, para edificação do ser humano, havia sido distorcido pelos religiosos hipócritas da época. Jesus vem para renovar esse procedimento. Seu ensino é eficaz e produz vida em quem o pratica. É cheio de verdade, amor e do caráter de Deus. Isso é fruto da graça derramada, viva e atuante de Cristo, isto é, vinho novo em odres velhos. Essa estrutura arcaica não comportará os ensinamentos de Jesus que irá inverter a ordem das coisas. Assim, Jesus nos ensina, com essas imagens ou figuras de linguagem, que precisamos estar atentos e saber como proceder diante de problemas antigos ou novos que aparecem na catequese ou em qualquer outra ação missionária.

E ninguém põe vinho novo em vasilhas de couro, ou madeira velhas; se o fizer, o vinho novo, ao fermentar, arrebentará o recipiente, derramar-se-á, a vasilha se estragará e o vinho se perderá. Portanto, vinho novo deve ser posto em recipientes novos e resistentes (Lc 5,37-39). Assim, a parábola do vinho novo reforça a parábola da roupa nova.

É interessante observar que os odres eram geralmente feitos de couro de cabra ou de ovelha e não de madeira como hoje é feito. Depois de ser removido do animal, era curtido e tinha os pelos retirados. Depois era virado e deixado o interior para o lado de fora para ser curtido e ao ponto de confeccionar o odre para o vinho. Tornava-se um recipiente resistente à força da fermentação do vinho, pois essa poderia rompê-lo se o odre fosse muito velho. Então a sabedoria popular e a prática mostravam que vinho novo tinha de ser colocado em odres novos, resistentes.

Nesse contexto, a intenção de Jesus é salientar que os odres velhos não estão de acordo com o processo de fermentação do vinho novo, que representa a alegria da vida e da salvação trazida por Jesus, que agora está à disposição de todos, até do mais vil pecador que quer mudar de vida. Desse modo, publicanos e outros pecadores são aceitos por ele. Mas não é bem assim que as coisas acontecem. O sistema religioso legalista, que é carente de alegria, não possui espaço para esses e não está de acordo com a proposta trazida por Jesus de acolher os pecadores. Assim sendo, Jesus, com essa parábola, mostra que cada coisa ou situação tem seu lugar e seu tempo e que é preciso sabedoria e discernimento para não fazer julgamentos injustos. Na catequese não é diferente. É preciso ser acolhedor e ter discernimento em cada situação que surgir, para todos serem acolhidos, sem discriminação e sem "arrebentá-los" com procedimentos discriminatórios ou por falta de conhecimento das propostas cristãs.

Podemos ver, no versículo 39, um comentário sobre o conservantismo ou tradicionalismo arraigado e inflexível dos fariseus e seus seguidores. Eles constantemente dizem: "O antigo é bom". Então rejeitam o ensino vivificante e novo de Jesus que mexe com estruturas antigas. Vale lembrar que a ideia aqui não é de que Jesus está apenas ministrando um ensino completamente novo e desprezando totalmente o antigo, mas sim renovando velhas estruturas, como a Igreja vem pedindo hoje, em seus últimos documentos. Porém, para renovar estrutura é preciso antes renovar a mentalidade. Sem renovação de mentalidade não se renovam estruturas. Essa é a ênfase do Documento 100, da CNBB, que propõe, a partir da conversão pessoal e pastoral, a formação de Comunidade de Comunidades, renovadas em seu ardor missionário e em suas estruturas. É uma espécie de vinho novo e odres, senão novos, pelo menos renovados. Nossas paróquias não podem continuar sendo odres velhos, reproduzindo velhos procedimentos na catequese ou procedimentos que já não respondem mais aos desafios do mundo. Isso serve diretamente para a catequese, que é uma das ações mais importantes de evangelização da Igreja. Como ter uma "nova evangelização" tendo comportamentos velhos, arcaicos, que já não mais atendem aos apelos e desafios do mundo presente. Se continuarmos a proceder dessa maneira na catequese, e em qualquer outra missão paroquial, continuaremos a colocar remendo de pano novo em roupa velha. Os rasgos vão só aumentando e não daremos conta de consertá-los. Precisamos de renovação completa e não apenas de uma parte. Esse é o desafio da Igreja e da catequese, e os catequistas são os que vão fazer esses ajustes, essa renovação. Por isso vocês, catequistas, precisam estar também renovados em sua espiritualidade, em seu conceito de Igreja e em seu ardor missionário. Vocês são os vinhos novos que vão fermentar a vida da paróquia e fazer com que ela tome a iniciativa de se renovar. É renovar para não se arrebentar. Não há outra opção.

A crítica de Jesus nessa parábola está direcionada aos mestres da lei que diziam "o antigo é bom" e rejeitavam completamente a perspectiva da graça para preservar suas tradições humanas. Eles preferiram o ensino humano à revelação de Jesus.

Assim, não devemos nos apegar a tradições humanas que nos afastam de Deus, nem a procedimentos na catequese que já comprovaram estar superados, como, por exemplo, o modelo escolar. As boas tradições devem ser mantidas com o propósito de que nosso relacionamento com Deus, presente no Antigo Testamento, seja aprofundado no Novo Testamento, com os ensinamentos de Jesus. A parábola da roupa nova e do vinho novo nos mostra que Jesus tem zelo pela Palavra de Deus e não apenas religiosidade ou ritualismo religioso, vazio de compromisso transformador. O otimismo cristão e o pessimismo de alguns que não conseguem enxergar na novidade algo bom não se casam. A alegria da salvação e o costume de aferrar-se a cada detalhe de uma cerimônia ou liturgia antiga, só pelo fato de que tal detalhe estava em voga nos dias de sua bisavó, não podem coexistir pacificamente em uma mesma pessoa, afirma Hendriksen, W. (2014: 380). Sendo assim, devemos permitir que a graça de Deus ocupe nossa vida e a influencie completamente em todas as áreas, sobretudo em nosso proceder catequético.

Essa parábola é aparentemente muito simples, porém, às vezes, passamos despercebidos por ela e não percebemos sua força transformadora e a mensagem que ela nos traz. Em se tratando de Jesus, tudo o que Ele fala tem um sentido muito mais amplo do que simples palavras. Essa, como as demais parábolas, traz uma lição para a vida e para a missão. Aqui tentamos extrair dela uma ou mais lições para a catequese, mas ela serve para a vida e para qualquer área de atuação. Assim sendo, antes de tudo, precisamos entender um pouco o contexto histórico da época e a importância desses elementos para aquele povo. Depois atualizamos a mensagem e a aplicamos à realidade atual.

Quanto aos odres, eles eram um tipo cantil, feitos de pele de cabra (couro) e eram usados para guardar líquidos como água e vinho. Os odres mantinham a temperatura do líquido agradável, principalmente para aquele ambiente desértico e para aquele povo que caminhava longas distâncias, no calor médio de 40°C ou mais. Nesse sentido, um recipiente como esse era de grande utilidade e de necessidade. O odre novo era também muito forte e, ao mesmo tempo, elástico, ótimo para armazenar o vinho novo que fermentaria com o calor, liberando gases e, assim, expandindo a estrutura dele. A sabedoria popular, ou o conhecimento empírico, indicavam que vinho novo, em processo de fermentação, precisava ser colocado em odres novos. Caso contrário, o vinho poderia arrebentar o odre, o que levaria a perder tanto o vinho quanto o odre. Ao aplicar essa expressão à determinada situação, Jesus quer mostrar a fragilidade das estruturas diante de seus ensinamentos novos, dados com autoridade, como as próprias pessoas falavam. Assim, tanto a primeira expressão (pano novo em roupa velha), quanto a segunda (vinho novo em odres velhos) têm o mesmo sentido ou significado. Uma é usada seguida da outra para reforçar a ideia.

Nesse sentido, Jesus traz um ensinamento novo que vai de encontro com o velho costume dos fariseus e dos escribas. Por essa razão, os rituais e as tradições do judaísmo já não podem contê-lo. Toda vez que um procedimento novo é aplicado, é comum haver certa resistência. Por exemplo, quando a Igreja propõe um novo modelo de catequese, visando romper com práticas arcaicas e que já não respondem mais aos desafios da atualidade, há resistências, tanto por parte de padres, quanto por parte de catequistas ou da família dos catequizandos. Foi assim quando surgiu a catequese renovada, e está sendo assim com as novas propostas da iniciação cristã apresentadas pela CNBB. Novidade era e é sinônimo de resistência da parte de alguns, sobretudo dos mais tradicionais.

Assim, o pano novo pode ser comparado ao evangelho do reino por causar ruptura com a roupa velha, representada pela sociedade judaica, com cultura e religião de velhas mentalidades. No entanto, Jesus não poderia ensinar conforme os costumes judaicos, pois estaria apenas reforçando aquela velha estrutura que vinha sendo mantida e que não mais atendia à necessidade da época. Se ele assim fizesse, estaria apenas colocando remendo feito com pano novo em uma roupa velha, e nada mudaria. Porém, não foi para isso que ele veio, e não é para isso que temos catequistas. Jesus veio para transformar aquela realidade. O catequista, em sua missão, precisa ter o propósito de transformar a realidade, mesmo que para isso algumas roupas velhas precisem ser rasgadas e descartadas, e alguns Odres velhos, ser arrebentados. Vemos, assim, que a proposta de Jesus é revolucionária, e isso provoca conflitos e incompreensões.

Do mesmo modo, como não se deve colocar um remendo novo em uma roupa velha, o catequista não pode querer andar com Jesus e continuar na prática do pecado ou dos velhos costumes, pois é impossível viver uma vida de santidade permanecendo com as mesmas atitudes de quando não tinha Jesus.

Essas parábolas trazem em seu âmago uma proposta de mudança de estrutura, de mentalidade, de vida, ou seja, traz uma verdadeira proposta de conversão. Além disso, Jesus mostra que os velhos costumes, velhas tradições e práticas religiosas são como odres velhos que não servem para guardar os mandamentos de Deus, nem levar o homem a Deus. As coisas precisam mudar; ele vem para fazer mudança. Lembra aquela expressão de Jesus "Eu vim para trazer fogo sobre a terra, e como gostaria que já estivesse em chamas" (Lc 12,49)? É um pouco nesse sentido que vão essas duas curtas parábolas.

Atualmente, muitas pessoas continuam rejeitando as novas do evangelho de Jesus, apegando-se às tradições e aos preceitos religiosos de seus antepassados. Por isso, é importante fazer uma releitura do evangelho, com uma hermenêutica, que una o texto e as propostas à realidade de cada tempo. Há muita gente fazendo interpretação fundamentalista da Palavra de Deus, e isso não coaduna com a realidade. O evangelho traz a graça, o judaísmo, a observação das leis e regras. Jesus traz o perdão e a reconciliação do homem com Deus, por meio do novo Evangelho e de uma nova mentalidade, enquanto a tradição não prioriza o perdão e a misericórdia.

Por isso, o evangelista Marcos (Mc 2,18-22) termina o texto colocando duas frases sobre a relação entre o velho e o novo. A Boa-Nova, com suas consequências sociais e religiosas, é como um pano novo que não pode remendar roupas velhas, e como barril novo que preserva vinho novo. Para acolher Jesus e seu projeto, é necessário acabar com estruturas arcaicas de dominação e de discriminação. Quem procurar salvaguardar esquemas antiquados e injustos não vai conseguir vivenciar a Boa-Nova. Essa é também a proposta do papa Francisco presente nos atuais documentos da Igreja no Brasil: renovação paroquial, renovação de nossas práticas pastorais e renovação na catequese, sobretudo no que toca a iniciação à vida cristã. Desse modo, Jesus exige mudança radical, tanto em termos individuais como religiosos e sociais. Não vem "remendar", mas trazer um novo relacionamento entre as pessoas, entre as pessoas e Deus, da pessoa consigo mesma e com a obra da criação. Veja, se em sua prática catequética, você não está apenas remendando em vez de apresentar novas realidades. Talvez, por isso, em muitas paróquias, a catequese não tem dado o resultado esperado. As pessoas não usam mais remendo em roupa, portanto remendar situações também está fora de moda e não funciona na prática pastoral.

Enfim, a presença de Jesus é motivo de alegria. A catequese precisa ser prazerosa, motivo de alegria, e não apenas de obrigação. Com uma redundância proposital, podemos afirmar que a novidade de Jesus continua nova e provoca rupturas. Somente quem entende essa dinâmica vai aplicá-la de modo firme e perseverante. O desafio continua: como é tentador "remendar", ou seja, fazer somente algumas mudanças que não atingem o cerne das estruturas de exploração, nem sua raiz em nosso próprio comodismo. Às vezes, parece bem mais fácil remendar do que renovar.

Creio que é importante alertar que a sociedade dita "moderna", mas paradoxalmente com posturas retrógradas, sobretudo no campo da ética e da moral, por meio da mídia e de outros meios de dominação, continua cooptando e disseminando uma religião "água com açúcar", de "panos quentes", dando espaço para movimentos religiosos alienantes, enquanto cala a voz dos profetas e de catequistas proféticos, ignorando-os ou até matando-os, como o sangue dos mártires de nosso tempo muito bem testemunha. Como discípulos missionários de Jesus Cristo, nós não podemos nos calar diante dessas realidades. As parábolas nos desafiam a fazermos mudanças radicais e necessárias, para acolhermos a Boa-Nova, sermos inovadores, com Jesus.

Quem descobre isso encontra a razão de sua vida, pois Deus se revela à humanidade por meio de seu Filho Jesus. Essa deve ser a razão de nossa alegria e nossa esperança na catequese e em toda vida eclesial.

Na carta aos Colossenses (Cl 1,15-20), Paulo destaca a pessoa de Jesus Cristo como a imagem do Deus invisível. Jesus é o próprio Deus, que veio habitar entre nós. Por essa razão tudo deve convergir para ele, pois ele é a novidade, o "vinho novo", o vinho que não pode faltar, como vemos nas Bodas de Caná (Jo 2,1-11). Por ele todas as coisas foram criadas, afirma Paulo. Ele é o centro de tudo. Tudo o que fazemos é para ele e por ele. Sem ele nada tem sentido. Por isso a catequese não tem sentido se ele não for o centro e a razão principal. Quem ainda não encontrou com ele ou vive como se ele não existisse tem uma vida de sofrimento, figurada no sentido de ausência causada pelo jejum, sinal de que alguma coisa nos falta. Todo jejum deve ser corretivo, pois revela uma falta que existe em nós ou a necessidade de corrigir uma falta. Por essa razão não tem sentido fazer jejum se não for com a finalidade corretiva, de conversão. O jejum pelo jejum é masoquismo e não agrada a Deus.

Nesse contexto (Lc 5,33-39), Jesus é criticado pelos fariseus e mestres da Lei porque seus discípulos não jejuam com a mesma frequência que jejuam os discípulos de João e os discípulos dos fariseus. Eles comem como se estivessem em uma festa.

Jesus explica que eles estão, de fato, em uma festa, pois o motivo é sua presença entre eles. Quem tem a presença de Jesus em sua vida tem motivo para se alegrar, festejar, comemorar, celebrar. Se a catequese não está sendo prazerosa, alegre, tome cuidado! Talvez Jesus não esteja sendo tratado como deveria. Por essa razão a Eucaristia é celebração, comparada a uma festa, um banquete, no qual somos felizes porque fomos convidados a dele participar. É isso que diz o sacerdote quando apresenta a Eucaristia, o cordeiro de Deus, antes da comunhão: "Felizes os convidados para a ceia do Senhor". Ser convidado para participar da ceia do Senhor, do banquete Eucarístico é motivo de felicidade, não de tristeza. Tristes ficam os que precisam jejuar, os que se privam ou foram privados da Eucaristia, da comunhão, do banquete.

Entendemos, assim, porque Jesus usa a comparação da festa de casamento, com a presença do noivo, para justificar por que seus discípulos não jejuam. Enquanto Jesus está presente, eles não precisam jejuar. Porém, quando ele for tirado do meio deles, eles deverão jejuar, pois o jejum é a presença de sua ausência até que ele volte. Por isso jejuamos na Quaresma como memória da paixão e morte de Jesus e expectativa de sua ressurreição.

Jesus critica uma religião com costumes arcaicos que em nada transformam a vida e o mundo, apenas se prendem a ritualismos. Ele é a novidade que veio para romper com estruturas obsoletas e não se sujeitará a remendar roupa velha nem se enquadrar em uma estrutura arcaica. É preciso renovar por completo, começando a mudar conceitos, costumes e mentalidades. Não se conforme com uma catequese que apenas repete conteúdos desconectados da realidade. Tudo isso provoca rompimentos. Porém, romper com estruturas arcaicas (odres velhos) não significa abolir os ensinamentos da lei de Deus (o vinho velho). Ele continua sendo precioso e deve ser vivido, degustado naquilo que ele tem de melhor. É para isso que ele veio: para colocar em prática aquilo que vinha se perdendo devido às velhas estruturas, isto é, à forma como se estava vivendo os ensinamentos de Deus. Jesus é o odre novo no qual poderá ser guardado tanto o vinho novo quanto o vinho velho.

Que saibamos reconhecer sua presença entre nós e nos alegremos com isso sendo catequistas animados na missão. Essa alegria deve ser manifestada por meio de nossas ações de amor e caridade para com o próximo, tornando a vida dos que sofrem mais alegre e cheia de esperança e também tornando a vida de nossas crianças, adolescentes e jovens da catequese encantada com o fato de serem católicos.

19
A PARÁBOLA DO CEGO QUE GUIA OUTRO CEGO

(Lc 6,39-42)

A parábola do cego que guia outro cego (Lc 6,39-45) nos convida a olharmos para dentro de nós mesmos, avaliarmos quem nós somos de fato; como procedemos e como andam nossas ações, para, assim, podermos ajudar melhor os outros; no caso dos catequistas, para contribuírem para outras pessoas serem melhores. Desse modo, o convite é para mergulharmos nas profundezas de nosso interior e vermos o que há dentro de cada um de nós: tesouro ou lixo? Seja o que for precisamos colocar para fora. Os tesouros, para servirem para outros, e o lixo para ser eliminado, destruído ou reciclado. Além disso, as leituras nos ajudam a avaliar o ser humano em si, não a partir das aparências ou do exterior, como comumente fazemos, mas do interior e de atos concretos, que revelam o ser de cada um. Assim, avaliados, saberemos quem somos e quem são as pessoas que nos cercam. Somente com a clareza dessas questões poderemos contar com as pessoas e saber se elas podem contar conosco. Desse modo, o pedido dessa parábola é: ver, julgar (avaliar) e agir. Julgar no sentido de avaliar e iluminar a realidade à luz da Palavra de Deus, e não fazer julgamentos.

Como complemento das reflexões daquilo que essa parábola propõe, vamos usar outros textos bíblicos, dentre eles, um trecho do livro do Eclesiástico (27,4-7), que ilustra muito bem a explicação dessa parábola. O Eclesiástico faz parte do bloco de livros sapienciais da Bíblia. Aqui está reunida parte da sabedoria de um povo. Por essa razão, boa parte desse livro, sobretudo o trecho escolhido, traz sentenças, ou máximas, que formam "regras de ouro" para o conhecimento do ser humano. O fato é que não é tão simples conhecer as pessoas, pois as aparências nem sempre correspondem à verdade, ou diz aquilo que realmente a pessoa é.

Comumente, julgamos as pessoas por sua aparência; isso não é correto. Se uma pessoa é bem apresentável, logo imaginamos que ela é uma boa pessoa, ou uma pessoa de confiança, de bem. Caso contrário, ficamos desconfiados. Boa parte das pessoas agem assim, baseadas na aparência, que enganam. Desse modo, essa passagem do livro do Eclesiástico traz vários alertas. Quando diz, "sacudindo a peneira, ficam os restos", o texto quer nos mostrar que, com o passar do tempo, com o desenvolver de uma situação, vamos conhecendo quem é uma pessoa, e também vamos revelando quem nós somos. Por exemplo, quando o agricultor vai com a peneira para a colheita, ele reúne todos os frutos ou grãos. Junto vêm folhas, palhas, ciscos, grãos estragados etc. Porém, a função da peneira é separar a semente boa da estragada, ou o fruto bom do estragado. Assim é também a vida, em suas várias situações. Ela vai "peneirando", "filtrando", selecionando as coisas. Nada como o tempo para esclarecer fatos e pessoas. Há outros exemplos que ilustram e elucidam essa situação: em uma entrevista de emprego, uma pessoa pode se apresentar como alguém formidável, ideal para o preenchimento da vaga, pois seu currículo diz que ela é bem qualificada, porém, depois de contratada, passados alguns meses, ela vai se revelando, e nem sempre o que ela disse na entrevista, ou o que colocou no currículo, corresponde ao que ela é de fato. Nas redes sociais é a mesma coisa. Em seu perfil, a pessoa coloca sua melhor foto, posta os melhores pensamentos e frases, mas faz certos comentários que revelam quem ela é de fato. Na realidade virtual as pessoas se revelam naquilo que elas postam, curtem, compartilham ou comentam. Não são poucas as pessoas que agridem gratuitamente a outra só porque o pensamento é diferente. Isso já é motivo para dizer impropérios e julgar. Ou então, nos relacionamentos afetivos entre casais. Um casal de namorados pode demonstrar, durante o namoro, ser uma coisa, e depois de casados revelarem que são completamente diferentes. Nesse caso, o tempo de casamento, de convivência juntos foi "peneirando" e revelando o verdadeiro ser de cada um. Na catequese não é diferente. Com o passar dos dias e o desenvolver dos encontros, o catequista, os catequizandos e seus familiares vão se conhecendo. Enfim, o tempo e o desenvolver da situação mostrarão quem de fato somos, pois, com o passar do tempo, vão sendo revelados os defeitos, as falhas, enfim, os "restos" vão ficando evidentes na peneira da vida. O texto diz mais: "Quando a pessoa discute, aparecem seus defeitos". Ou seja, de boca fechada um tolo pode se passar por sábio, porém, quando ele fala, revela quem ele realmente é. É em um debate, em uma discussão que vamos conhecendo o grau de capacidade e de qualidade que uma pessoa tem. Por essa razão, na academia, em uma defesa de tese, o candidato precisa, além de escrevê-la, arguir sobre ela para a banca examinadora. É nessa hora que os componentes da mesa avaliarão quem é o candidato e quais seus defeitos e suas fraquezas. Assim, como diz a leitura, a banca cumpre uma função de "forno" e o candidato, de vaso de barro. Se seus argumentos forem consistentes e bem fundamentados, bem articulados, ele será aprovado, senão terá de refazer a tese, ou terá uma nota baixa. Por essa razão, o texto diz "o forno prova o vaso do oleiro, e a prova do homem está em seu raciocínio" (Eclo 27,5). Nas relações sociais é a mesma coisa. Quando discutimos ou debatemos ideias com alguém, nós nos deixamos conhecer e também o conhecemos. Assim, a discussão é um procedimento revelador, como é revelador uma árvore com seus frutos, diz essa leitura. "O fruto de uma árvore mostra como ela foi cultivada, e a palavra revela o íntimo do homem" (Eclo 27,6). Nós conhecemos as pessoas quando travamos com ela um diálogo, quando conversamos, quando temos certa convivência. Por essa razão, o texto faz o seguinte alerta: "Nunca elogie um homem antes que ele fale, porque o falar prova quem são as pessoas" (Eclo 27,7). Um psicanalista, ou psicólogo, para conhecer seu paciente e ajudá-lo a se conhecer, usa o recurso da fala do paciente. O paciente precisa falar de si, abrir-se para que seu problema seja conhecido e resolvido. Por meio da fala ele vai mostrando quem ele realmente é. Assim também nós não podemos julgar as pessoas pela aparência e tirar nossas conclusões somente pelo que vimos ou ouvimos outros dizerem. Precisamos ouvir a pessoa, conversar com ela, dialogar, discutir, enfim, usar procedimentos que de fato ajudem no conhecimento um do outro. Somente assim vamos saber quem realmente é uma pessoa e ela vai saber quem nós somos.

Por essa razão, é muito importante que os catequistas dialoguem com seus catequizandos e com as famílias; dialoguem com o padre de sua paróquia para que ele os conheça e vocês o conheçam. Quanto mais nós conhecemos as pessoas com as quais nos relacionamos, mais eficaz se torna nosso relacionamento, pois as coisas vão ficando claras e, assim, sabemos com quem de fato podemos contar e não perdemos tempo investindo em árvore que dá fruto ruim.

Outro dado importante, que outra leitura (1Cor 15,54-58) complementar nos traz é: por meio da fala, do diálogo, nós vamos descobrindo, conhecendo o ser corruptível que habita em nós e no outro, para podermos nos revestir de incorruptibilidade e ajudar o outro a fazer o mesmo. É o que diz Paulo, apóstolo, com outras palavras, no trecho dessa leitura. Precisamos fazer esse processo, pois, se assim não fizermos, ficaremos sempre com as misérias ocultas em nosso interior, e elas se manifestarão quando nós menos esperarmos. Não podemos desanimar na busca do homem (ou da mulher) novo que existe em nós e que muitas vezes está ocultado pelas coisas velhas que impedem a novidade de aparecer. Assim, o apóstolo pede que sejamos firmes, inabaláveis, esforçando-nos sempre para fazermos progressos na obra do Senhor, pois todo esforço, toda fadiga não é em vão para Deus. A renovação de nossa mentalidade é um grande desafio para nosso crescimento, mas sem ela não há crescimento, portanto não podemos desistir. É esse o pedido da Igreja nesses últimos tempos: renovar a mentalidade para podermos renovar nossa Igreja, nossas paróquias. Sem a renovação de mentalidades não podemos renovar aquilo que nos cerca. A renovação vem de dentro e só será possível se confrontarmos nossas ideias com as ideias de nossos irmãos, de nossos semelhantes; isso se dá por meio do diálogo, do debate, da troca de ideias e ideais. Por isso, os encontros de catequese devem ser também lugar de debate, de troca de ideias e não apenas lugar de passar conteúdo. Mesmo que sejam crianças, precisamos incentivar o diálogo e a partilha de ideias.

A parábola do cego que guia outro cego, e seus complementos, segue nessa linha de raciocínio, mostrando que, se nós queremos ajudar os outros, precisamos estar aptos a isso, e essa aptidão se dá pela avaliação e correção de nossas próprias ações e condições. Por isso essa parábola começa com uma sentença questionadora: "Pode um cego guiar outro cego?" Sabemos muito bem o que acontece quando um cego guia outro. Os dois caem em um buraco. Assim acontece conosco quando apontamos os defeitos dos outros sem corrigir os nossos. É muito mais fácil ver as falhas alheias e julgá-las do que ver nossas próprias falhas e corrigi-las. Nem todos conseguem se corrigir primeiro para depois ajudar os outros a se corrigirem. Além disso, é muito mais cômodo apontar as falhas dos outros, pois isso nos dá a falsa sensação de que nossas falhas inexistem, ou não são tão evidentes ou relevantes quanto às dos demais; muitos usam desse subterfúgio para encobrir suas próprias falhas. Nossas comunidades eclesiais estão cheias de pessoas que estão prontas para apontar o dedo para os defeitos dos outros, sem enxergarem seus próprios defeitos. Um catequista não pode ser uma pessoa acometida desse tipo de "cegueira", isto é, de alienação, senão será como um cego guiando outro cego. A missão dos catequistas é ajudar outros a enxergarem, e enxergarem com os olhos de Deus, à luz de sua Palavra.

Portanto, não queiramos ser melhores do que ninguém, achando que nossos defeitos inexistem ou que são menores que os defeitos dos outros. Diz o texto: "Nenhum discípulo é maior do que o mestre; e todo discípulo bem formado será como o mestre". Ou seja, não somos maiores que ninguém, somos iguais, com falhas e defeitos diferentes. Portanto, não julguemos para não sermos julgados. Não fiquemos olhando os defeitos dos outros, como se não tivéssemos defeitos. Jesus pede: "Tire primeiro a trave de seu próprio olho, e então você enxergará bem, para tirar o cisco do olho de seu irmão" (Lc 6,42). Devemos, sim, ajudar os outros a corrigir suas falhas e fraquezas, mas não podemos deixar de também corrigir nossos erros, nossas falhas e nossos defeitos. Quando temos essa atitude de humildade e esforço para mudar, podemos ajudar muito mais os outros, pois somos para os demais exemplo.

Uma árvore é conhecida por seus frutos, diz Jesus no contexto dessa parábola. Assim nós nos deixamos conhecer pelo que fazemos. Não é julgando as ações do vizinho que as nossas serão melhores, mas é cultivando o solo onde pisamos e a árvore de nossa vida que vamos produzir bons frutos.

A parábola diz que nosso coração é como um recipiente onde guardamos os "tesouros" que possuímos. Quem possui coisas boas no coração tira dele coisas boas; quem guarda dentro de si coisas más só pode tirar coisas más. Assim, uma pessoa com bondade no coração revela isso em seu falar. Quando conversamos com alguém de bem, essa pessoa transparece isso. No entanto, as pessoas que têm maldade no coração deixam transparecer esse sentimento negativo em sua fala, pois "a boca fala daquilo de que o coração está cheio" (Lc 6,45). Com essa expressão no final da parábola, entendemos melhor o que diz a leitura do Eclesiástico: "O falar prova quem são as pessoas" (Eclo 27,7).

Sejamos, portanto, catequistas que falam das coisas de Deus, de coisas boas e deixemos de lado toda forma de fofoca, maledicências e palavras que não edifiquem a vida. "O peixe morre pela boca", diz o provérbio popular, para dizer que nós nos condenamos por aquilo que falamos. Enfim, se nós revelamos quem somos por aquilo que falamos, vamos então revelar o que de melhor existe em nós. Abramos nosso coração para extrairmos dele verdadeiros tesouros que sirvam para edificar nossa vida e a vida de nossos semelhantes; isso começa com as coisas que dizemos.

Em suma, essa parábola nos convida a refletir sobre nossos procedimentos em relação ao próximo e buscar aprofundar mais na Palavra de Deus, pregando e vivendo o Evangelho não como obrigação, mas como algo que é essencial em nossa vida, como diz Paulo (1Cor 9,16-19.22b-27). Esse procedimento mostra sabedoria e amor verdadeiros, elementos essenciais para ser um bom catequista. Os que agem na ignorância se sentem no direito de criticar os outros e guiá-los sem, contudo, ter a devida preparação, agindo como guias de cegos.

A parábola nos traz profundos questionamentos e nos traz profundos ensinamentos. Convoca-nos a olharmos nosso interior e vermos nossas fraquezas, nossas falhas, nossos erros, defeitos e pecados.

Jesus pede que tiremos primeiro a trave que está em nosso olho para depois tirarmos o cisco do olho do irmão. Trave é aquilo que atravanca uma ação, um empecilho, algo que impede de enxergarmos a nós mesmos. No contexto dessa parábola, é sinônimo de uma grande falha que cometemos em oposição a pequenas falhas (um cisco) que outros cometem.

Quantos não agem assim na comunidade? Quantos catequistas não agem assim? Quantas vezes, temos esse procedimento? O que Cristo propõe é que corrijamos primeiro nossas faltas para depois ajudar o irmão a corrigir as suas. Se não fizermos isso, seremos como que cegos guiando outros cegos. O resultado é catastrófico: cairão os dois no buraco da ignorância e de suas consequências.

Por essa razão, é importante que façamos todos os dias uma profunda revisão de vida para percebermos nossas falhas e fraquezas e nos esforçarmos para corrigi-las. Uma das formas é procurarmos conhecer mais a Palavra de Deus, estudando mais os textos sagrados, não para sermos arrogantes, mas para corrigirmos nossa ignorância e, assim, ajudarmos os outros.

Afinal, por mais que conheçamos a Palavra de Deus e nos conheçamos interiormente, não devemos achar que sabemos o bastante para nos sentir superiores aos outros. Tudo o que temos e somos não são por nossos merecimentos, mas pela graça de Deus, ensina Paulo, que não age em troca de um salário, mas por acreditar em Cristo e amá-lo. Amando a Cristo, ele ama seus irmãos, por isso ele doa a própria vida, passando por privações e provações. Agindo com essa humildade, poderemos corrigir nossos erros e ajudar os outros com correções fraternas.

Que possamos a cada dia ter o propósito de sermos melhores e de oferecermos o melhor de nós para nossos irmãos. Assim estaremos agindo certo, guiando e sendo ao mesmo tempo guiados. Peçamos a Deus que guie nossos passos, nossas ações e que nos ajude a, antes de julgar alguém, perguntar se nossos defeitos não são maiores que os defeitos que estamos julgando nas outras pessoas.

20
A PARÁBOLA DO BOM SAMARITANO
(Lc 10,30-37)

A parábola do bom samaritano (Lc 10,30-37) nos leva a refletir sobre uma pergunta medular do cristianismo, que deve estar no coração e na prática de toda pessoa catequista: quem é meu próximo? Para responder a essa pergunta, temos de fazer uma incursão por meio dessa bela parábola e complementá-la com alguns outros textos bíblicos, que nos ajudam a entender melhor o que Jesus quer dizer para nós, catequistas. A resposta parece simples: basta cumprir os mandamentos da Lei de Deus. Alguns catequistas podem estar se perguntando: mas é difícil ensinar a guardar todos os mandamentos? O Deuteronômio (30,10-14) diz que não: "Na verdade, este mandamento que hoje te dou não é difícil demais nem está fora de teu alcance". Porém, para poder vivê-lo, precisamos deixar de lado nosso orgulho, nossas arrogâncias e as preocupações que se apoderam de nosso coração. Depois dessa varredura interna, o olhar de nosso coração estará livre para enxergar nosso próximo, em suas necessidades, o qual nem sempre é aquele que, geograficamente, está perto de nós. Essa é a recomendação básica dessa parábola. O bom catequista, em uma turma de catequese, consegue identificar quem ali é seu próximo ou o mais próximo. Usando o critério de Jesus, seria aquele que tem mais dificuldade, que demonstra ter mais necessidade, que possui carências culturais, afetivas, econômicas ou sociais etc.

O livro do Deuteronômio é o livro das Leis, por isso selecionei um trecho dele como complemento para a reflexão da parábola do bom samaritano. Aqui estão as leis de Deus, os dez mandamentos que ensinamos na catequese e configuram em conteúdo obrigatório na catequese, por conter as regras de vida, que resumiu Jesus tão bem para facilitar nosso entendimento: "Amar a Deus sobre todas as coisas e ao próximo como a ti mesmo". Todos os demais mandamentos derivam desses. Assim sendo, as leis de Deus existem para nos apontar o caminho, o reto agir, os procedimentos que nos conduzem a Ele. Observá-las não é apenas decorá-las, no sentido de repetir de cor as fórmulas. Na época, isso era quase impossível, pois existiam 613 mandamentos. O texto do Deuteronômio (30,10-14) diz com clareza que o mais importante é a conversão do coração para Deus e não decorar todos os mandamentos. Portanto, não exija que seus catequizandos decorem os dez mandamentos no sentido do senso comum, isto é, repetindo-os como um papagaio. Ensine-os a decorá-los no sentido verdadeiro do termo, ou seja, "guardando-os no coração", pois aquilo que guardamos no coração não esquecemos jamais, levamos para o resto da vida, por ter sentido.

Vale lembrar que havia doutores da lei e fariseus que sabiam de cor todos os mandamentos, mas não os viviam. Sem conversão do coração para Deus, os mandamentos se tornam ineficazes. Assim, o texto é enfático ao dizer que é preciso converter-nos para o Senhor com todo o nosso coração e com toda a nossa alma. Ou seja, uma verdadeira conversão, integral; isso não é algo difícil nem impossível e está a nosso alcance. Isso foi dito diante de argumentos que se usavam, alegando dificuldade em viver os mandamentos de Deus, como muitos ainda alegam. Só não vive os mandamentos de Deus quem não se esforça para isso, quem não tem um coração convertido. Desse modo, o livro do Deuteronômio mostra que a Palavra de Deus está bem a nosso lado, ao alcance de nossa boca e de nosso coração; cabe a cada um de nós percebê-la para poder vivê-la. Quem diz que ela está no céu, ou do outro lado do mar, isto é, longe de seu entendimento, de seu alcance, não se converteu ainda para essa Palavra, que se revela todos os dias, no rosto do irmão que sofre e na pessoa daqueles que precisam de nós. Enfim, ela está bem ao alcance de nosso coração, basta termos sensibilidade e amor. Nosso coração só vai alcançá-la se ele for convertido para Deus. Caso contrário, vamos sempre vê-la distante de nós, inatingível a nosso entendimento e passar, a passos largos, ao lado de quem precisa: os irmãos que sofrem e que não os percebemos porque estamos muito preocupados em passar todo o conteúdo da catequese ou com nossos próprios problemas; as crianças, os adolescentes ou jovens que, às vezes, são os mais carentes e que só os percebemos quando atrapalham a turma. Foi o que ocorreu com o sacerdote e o levita, dessa parábola. Eles deveriam ser catequistas, um por ser sacerdote e o outro por conhecer a fundo as leis de Deus. No entanto, eles encontraram com um homem sofrendo, vítima da violência, e não conseguiram enxergar nele o sofrimento de Deus. Um catequista que não consegue enxergar Deus em quem sofre carece, urgentemente, de conversão e não serve para ser catequista. Assim, o livro do Deuteronômio (30,10-14) diz claramente quão próxima de nós a Palavra de Deus está. Mostra que seus ensinamentos, seus mandamentos, estão a nosso lado, mas que, se não tivermos convertidos de coração e alma, não vamos entendê-la.

O Salmo (68/69) aponta o caminho da humildade para conseguirmos perceber Deus e sua Palavra entre nós. Quando conseguimos enxergá-lo no cotidiano de nossa vida, nosso coração se alegra. É como se uma luz acendesse dentro de nós. A tomada que acende essa luz tem duas saídas que disponibilizam energia e se chamam humildade e compaixão. Sem esses dois condutores da eletricidade do amor, essa luz não se acende em nosso coração e não vamos enxergar o rosto de Deus na pessoa do irmão que sofre, seja ele catequizando ou outra pessoa. Assim, quem não socorre os necessitados mostra que tem um coração mergulhado nas trevas e que, como disse, carece de conversão. Que, como catequistas que somos, possamos rezar sempre, como pede esse Salmo, pela conversão de nosso coração, para que nunca estejamos insensíveis às necessidades de nossos irmãos, nunca estejamos insensíveis às necessidades de nossos catequizandos.

Outro texto bíblico importante, que nos ajuda a entender a parábola do bom samaritano, é o da carta de São Paulo aos Colossenses (1,15-20), um hino cristológico. O texto coloca Cristo como o centro de nossa vida e de fato ele é. Todo catequista precisa ter Cristo como o centro de sua vida. Quem o vê como "caminho, verdade e vida" não irá passar despercebido ao lado do irmão que sofre nem será um catequista insensível. Cristo, a imagem do Deus invisível, ensina-nos a ver em nossos irmãos seu rosto sofredor. Com Cristo, por Cristo e em Cristo, o rosto de Deus não pode continuar invisível entre nós. Quem não consegue ver Deus no irmão que sofre mostra que Ele continua invisível em sua vida. O que isso quer nos dizer? Mostra que socorrer os que sofrem deve ser prioridade em nossa vida. Quem vai à missa, mas, quando sai da igreja, passa perto de alguém que precisa de ajuda e o ignora, mostra que Deus continua invisível em sua vida; mostra que não comungou com Cristo na missa, embora tenha recebido a comunhão eucarística. Ou então, quem está indo à missa, à catequese, ou ao trabalho, ou a qualquer outro lugar, para um compromisso, e encontra no caminho uma pessoa cuja vida corre risco, e a ignora, dizendo não ter tempo, mostra a invisibilidade de Deus em sua vida. Tudo isso nos indica esse trecho da carta aos Colossenses (1,15-20) ao mostrar Cristo como imagem do Deus invisível e primogênito de toda a criação. Ou seja, Cristo deve vir antes de qualquer coisa em nossa vida e está onde se encontra um irmão que sofre. Quem não se compadece de um irmão que sofre mostra que não reconhece a Cristo, embora cumpra todos os preceitos religiosos e seja até catequista. Assim, essa leitura também nos prepara para entender a parábola do bom samaritano, que fala do desejo supremo do ser humano: a salvação.

Todos nós queremos ser salvos. Nossa vida neste mundo só tem sentido se formos salvos, se recebermos em herança a vida eterna. Sem ela, tudo perde o sentido. Assim sendo, é preciso fazer todo esforço para receber a vida eterna; para isso é preciso amar a Deus de todo o nosso coração, com toda a nossa alma e com toda a nossa inteligência; e amar ao próximo como a nós mesmos. Fazendo isso, herdaremos a vida eterna. Simples assim! Será mesmo? Embora os ensinamentos de Deus nos mostre o caminho, insistimos em seguir no caminho errado, em continuar insensíveis aos apelos de Deus, que coloca, todos os dias, diante de nós, situações que o revelam.

Nessa parábola, um mestre da lei procura Jesus, querendo saber o que ele deveria fazer para receber em herança a vida eterna. É meio estranha essa postura, porque os mestres da lei julgavam saber o que deveriam fazer. Por que então ele foi perguntar a Jesus? O Evangelho diz que ele queria pôr Jesus em dificuldade. Embora tivesse segundas intenções, esse dado mostra também que esse mestre da lei poderia estar no caminho da conversão. Jesus não lhe dá uma resposta pronta. Aliás, Jesus nunca nos dá nada pronto. Ele nos aponta o caminho, ensina-nos como agir. Lembram quando ele ensinou os discípulos a jogarem as redes do lado certo? Talvez eles esperassem que Jesus lhes desse o peixe frito. Mas não, Jesus os ensinou a pescar. Com o mestre da lei é a mesma coisa. Jesus não diz faça isso ou aquilo, pois sabe a intenção dele. Portando, questiona como ele lê o que está escrito na lei. Às vezes, nós queremos que Deus faça tudo por nós, que nos dê as coisas prontas, que nos ensine a ler e interpretar sua Palavra, sem nos esforçarmos, mas isso não é educativo. Essa dica vale também para os catequistas, pois a pedagogia de Jesus é infalível. Quando recebemos tudo pronto, nós não crescemos, ou melhor, não aprendemos. É preciso se esforçar, buscar. O catequista não deve dar respostas prontas para seus catequizandos, mas ensiná-los a pesquisar, a buscar na Palavra as respostas. A isso precede algo importante: o gosto pela Palavra, pelas coisas de Deus. Os catequistas precisam, antes de qualquer coisa, despertar nos catequizandos o gosto pela catequese. Deus faz a parte dele, nós devemos fazer a nossa. Nesse diálogo de Jesus com o mestre da lei, aprendemos a reconhecer quem é nosso próximo. Jesus indica o caminho como ele deve agir para receber a vida eterna como herança, mas não dá uma resposta pronta. Aprender e ensinar essa lição de Jesus é fundamental na catequese. Ela só será eficaz se seguir essa metodologia.

O caminho que Jesus indicou ele já sabia, mas procedia de maneira errada. Às vezes, sabemos a doutrina, sabemos de cor o conteúdo a ser repassado na catequese, mas falta a vivência. Nesse sentido, cabe perguntar: vocês, catequistas, sabem qual é o caminho? Como vocês estão se comportando? O caminho é amar a Deus sobre todas as coisas e ao próximo como a si mesmo. Sem esse procedimento, seremos caminhantes cegos, ou catequistas "cegos". Amar a Deus sobre todas as coisas é não colocar outra coisa no lugar de Deus, por mais importante que possa parecer. É deixar tudo e todos por causa de Deus. Esse amar a Deus sobre todas as coisas só é completo se nós amarmos nosso próximo como a nós mesmos, querendo seu bem, ajudando-o, socorrendo-o em suas necessidades. É assim que Jesus ilustra seu ensinamento ao mestre da lei, contando a parábola do bom samaritano. Tanto o sacerdote como o levita, ao encontrar uma pessoa sofrendo, não foram sensíveis, por terem algo mais importante para fazer. Eles não enxergaram no sofredor seu próximo e não o amaram. Esses não viveram os mandamentos, embora fossem pessoas que diziam saber sobre as leis de Deus. A mesma coisa ocorre com muitos de nós, catequistas. Dizemos que somos cristãos fervorosos, cumprimos os preceitos religiosos, seguimos à risca aquilo que a Igreja pede sobre a catequese, mas, na hora de ajudar alguém que sofre, passamos ao lado, até o vemos, mas seu sofrimento não toca nosso coração. Que conversão é essa que não me faz sensível à dor do irmão? Cabe pensar sobre isso. A parábola, porém, traz uma surpresa ainda maior. A terceira pessoa que encontrou o sofredor era samaritana, ou seja, uma pessoa que não fazia parte do chamado "povo eleito". Ela não conhecia nem tinha obrigação de conhecer os mandamentos de Deus, mas seu comportamento foi uma profunda lição aos que diziam conhecedores de tais leis. Essa pessoa teve compaixão, sentimento divino que faz com que a dor do outro passe a ser nossa dor, que nos faz sofrer com os que sofrem. Com esse sentimento, ela deixou tudo e cuidou do sofredor com verdadeiro amor, porque viu naquele homem seu próximo. Assim, com essa parábola Jesus mostra ao mestre da lei quem é seu próximo. Não são apenas os iguais a ele, as pessoas de posse, mas todos, sobretudo, os que mais necessitam. Se nós queremos herdar a vida eterna, não basta irmos à missa ou ajudarmos a paróquia com trabalhos pastorais de catequese e com o dízimo. Esses procedimentos são muito importantes, mas por si só não trazem a salvação. Eles precisam vir junto com obras de caridade, que seja resultado do amor que trazemos no coração e não apenas por obrigação. É, portanto, atitude de um coração convertido. Somente assim herdaremos o reino do céu. Se passarmos insensíveis ao lado dos irmãos que sofrem, Deus também não nos enxergará no dia da salvação. O sinal que fará com que Deus nos identifique como seu filho é o da compaixão, e não o ato de passar todo o conteúdo previsto no cronograma da catequese. Este deve estar envolto em práticas de caridade e de solidariedade. Esse é o principal ensinamento. Se uma criança passar pela catequese, decorar todo o seu conteúdo, mas não aprender a amar e respeitar seu próximo, sendo solidária, sua catequese terá sido em vão e a missão de seu catequista, ineficaz. Portanto, catequistas, façam com que seus catequizandos aprendam a amar a Deus e a não ter medo dele, porque se eles, de fato, aprenderem a amar a Deus, consequentemente aprenderão a amar seu semelhante, seu próximo e todas as coisas criadas por Ele, respeitando-as como Ele quer.

21
A PARÁBOLA DO AMIGO IMPORTUNO
(Lc 11,5-8)

Vocês já ouviram falar da parábola do amigo importuno (Lc 11,5-8)? A parábola que conta a história daquela pessoa que vai incomodar o amigo nas altas horas da noite para pedir-lhe algo emprestado porque recebeu uma visita, e não desiste enquanto o amigo não lhe atende? Ela pode ser chamada também de a parábola do amigo perseverante, pois o tema da perseverança se destaca. E é de perseverança que vamos tratar nesta reflexão, e não de pessoa importuna ou chata, que gosta de incomodar. Porém, o termo *importuno* é colocado aqui de propósito, para provocar a reflexão e o olhar mais acurado das situações, pois, às vezes, o que parece ser incômodo aos olhos de um, é visto como perseverança ou persistência aos olhos de outros. Para a pessoa que foi incomodada, àquela hora da noite, o amigo era importuno, mas para o que foi pedir com insistência e não desistiu, enquanto não obteve o que quis, é perseverança. Portanto, cada ponto de vista é visto de um ponto. Em que ponto ou lado você está nas situações inusitadas que surgem na catequese? Do lado dos que pedem com insistência, até obter uma resposta para a situação, ou dos que recebem as interpelações e se sentem incomodados? Creio que com esse olhar começaremos a entender essa parábola, que você pode chamá-la da maneira que mais lhe convir, sem perder de vista o dado da fé e da perseverança, elementos importantes, e possíveis se a pessoa levar uma vida de oração, de fé e cultivar sua espiritualidade e sua conexão com Deus. Darei destaque nesta reflexão, à luz de textos complementares, como a passagem de Lucas 11,5-8, que traz o relato do amigo insistente.

Nessa parábola, descortina-se diante de nós o apelo de Deus para a oração: rezar sem cessar. Todo catequista deve ser perseverante na oração, mas não em uma oração mecânica e descompromissada ou oração por obrigação ou barganha com Deus, mas uma oração encarnada, perseverante, insistente, de alguém que dialoga com Deus como quem dialoga com um pai, um amigo ou um irmão, pois Deus é tudo isso e muito mais para nós, e não podemos continuar tendo com ele uma relação distante, de patrão e empregado, ou de alguém opressor. Lembrem-se bem, catequistas: cuidado com a visão ou conceito de Deus que vocês passam para as crianças! Isso pode ser determinante em sua relação com Deus e com o próximo. Portanto, a maneira como rezamos revela a relação que temos com Deus e a distância que nós estamos dele; isso vai ser passado para as crianças na catequese, de modo direto ou indireto. É por esse caminho que nos conduz a reflexão dessa parábola e dos textos bíblicos complementares que usarei para refletir sobre a parábola do amigo importuno.

O livro do Gênesis traz um texto que usarei aqui porque ele é uma indicação litúrgica para complementar o tema central da parábola. Trata-se de Gn 18,20-32. Aqui encontramos um diálogo amistoso entre Abraão e Deus. Pense em uma pessoa perseverante! Multiplique por mil e o resultado será a figura de Abraão, era modelo de perseverança, porque foi modelo de fé. Tanto é assim que Abraão é considerado o "pai da fé". Então podemos também considerá-lo "pai da perseverança". Na catequese, há uma etapa chamada de perseverança. É bem significativa essa nomenclatura porque ela é fundamental na vida de uma pessoa. Sem perseverança nada se consegue. Só os que têm fé tem perseverança. Por isso Abraão perseverou, mesmo diante da aridez da promessa. Se na etapa da perseverança as crianças e adolescentes não perseveram, é um forte sinal de que sua fé não anda lá essas coisas.

Vale lembrar que todo diálogo com Deus é uma oração, e há muitas formas de se dialogar com Ele. Vou reforçar o que já disse em outro momento: há oração de ação de graças, quando agradecemos a Deus algo; há oração de contemplação, quando apenas contemplamos sua imagem e dela extraímos ensinamentos para nossa vida, ou respostas para nossas inquietações; há orações de louvor, quando glorificamos ou bendizemos a Deus as infinitas graças que nos concede; há orações de oferendas, quando ofertamos a Deus algo de nós, como, por exemplo, os ex-votos e outras formas de oferendas; e há oração de petição, que é a mais comum, porque nela pedimos algo a Deus. É a mais comum porque é a mais usada, e é essa modalidade de oração que quero destacar aqui, porque o texto que antecede a parábola do amigo importuno traz a oração do Pai-nosso, que é um pedido a Deus e considerada a oração mais importante devido a seu conteúdo, que resume o evangelho, conforme sentenciou um padre da patrística.

Catequistas, saibam de uma vez por todas: Deus não se incomoda com nossos pedidos! Peçam sem medo! Quando pedimos, revelamos nossas necessidades, manifestamos aquilo que desejamos ou que falta em nós; isso já é meio caminho percorrido para obtermos o que desejamos. A outra parte do caminho compete a Deus. Embora Deus saiba quais são nossas necessidades, antes mesmo de pedirmos, é importante que peçamos, pois esse gesto rompe nosso orgulho e desobstrui os canais de comunicação com Deus. Há aqueles que, por vaidade, não gostam de pedir. Esses, muitas vezes, não recebem, pois deixam o orgulho dominar e impedir que Deus aja em sua vida. Pedir não é algo vergonhoso. Em diversas passagens bíblicas, há incentivo para que se peça, como a da viúva que pedia insistentemente que o juiz a atendesse e a do juiz injusto. O próprio Jesus, ao ensinar seus discípulos a rezarem, ensinou-lhes uma oração de petição, que é a do Pai-nosso.

Voltando à leitura do livro do Gênesis, Abraão dialoga com Deus, pedindo que ele releve os pecados de Sodoma e Gomorra, porque ali, entre aquelas pessoas pecadoras, ímpias, poderiam existir pessoas boas, justas. Abraão usa de uma estratégia para ganhar a confiança de Deus. Primeiro pergunta a Deus se ele pouparia a cidade caso houvesse, entre os ímpios, cinquenta juntos. Deus responde que sim. Abraão vai negociando com Deus e diminuindo a porcentagem dos justos (quarenta e cinco, quarenta, trinta, vinte e dez). Assim ele conhece a grandeza da bondade de Deus, que, por apenas dez justos, seria capaz de poupar uma cidade de pessoas injustas, pois, havendo apenas dez, esses justificariam a salvação de todos. Sabemos que, se houvesse apenas um justo, Deus pouparia a cidade. Quanta bondade do coração de Deus esse texto revela. É esse Deus bondoso e misericordioso que precisamos encontrar, por meio de nossas orações, e transmitir para nossos catequizandos. Se nossas orações não revelam um Deus de amor, de perdão e misericórdia, estamos rezando da forma errada ou não estamos rezando. Isso é muito perigoso para qualquer cristão, sobretudo para o catequista, que tem uma responsabilidade gigantesca na formação da opinião religiosa e do próprio conceito de Deus.

Para ajudar o aprofundamento desses temas que se desdobram da parábola do amigo importuno, ou persistente, dê uma olhada no Salmo (137/138). Ele, além de nos ajudar a rezar, mostra-nos que Deus, quando clamamos, escuta nosso clamor. Não há oração que não seja ouvida por Ele, mas, para que ela seja eficaz, é preciso que nasça de nossa fé e perseverança. Quem reza sem fé e perseverança pode não alcançar o que pede. Vimos, na leitura do livro do Gênesis, um Abraão insistente com Deus. Aos olhos de muitos, ele pode parecer chato e inconveniente, como o amigo da parábola, mas isso significa persistência, desejo profundo de se obter aquilo que deseja. Abraão pechinchou com Deus, negociou o perdão e obteve aquilo que pretendia. Embora houvesse empenho da parte de Abraão, não houve empenho da parte dos habitantes de Sodoma e Gomorra, e a cidade não foi poupada. Pelo que tudo indica, lá não havia justos, pois, se houvesse, Deus a teria poupado da destruição. Não foi Deus que a destruiu, mas eles mesmos caminharam para a destruição porque agiram de modo errado e não permitiram que a misericórdia de Deus acontecesse. Mas essa é outra história. O que nos interessa aqui é a persistência, a perseverança em pedir sem nunca desistir.

A parábola em questão e os textos supracitados mostram que, quando há alguém clamando, de coração sincero, Deus ouve e atende. Assim mostra o Salmo 137/138, uma oração de agradecimento. O pedido já foi atendido, e o Salmista agradece a Deus porque ele ouviu as palavras que saíram de seus lábios. Por isso encontramos nesse Salmo uma promessa de louvor, de prostração diante de Deus, como forma de agradecimento. É esse sentimento que se apodera de nós quando temos um pedido atendido por Deus. Qual teria sido a atitude do amigo que, depois de muita insistência, viu a porta se abrir e seu pedido ser atendido? A parábola não diz, mas podemos imaginar uma atitude como essa que encontramos nesse Salmo. Quem é humilde agradece quando recebe o que pediu. Quem não é humilde segue adiante e não volta para agradecer, como vemos na passagem do Evangelho dos dez leprosos (Lc 17,11-19), em que apenas um samaritano voltou para agradecer. Às vezes, nós achamos que Deus tem obrigação, dever de nos atender e, quando somos atendidos, simplesmente o ignoramos e não lhe agradecemos, achando que Ele não fez mais que sua obrigação. Há quem se relacione com Deus assim, achando que Ele deve fazer todas as suas vontades, atender todos os seus pedidos e, quando é atendido, não agradece. Essa é uma relação equivocada com Deus, pois, se assim agimos, estamos invertendo as coisas, ou seja, em vez de nós fazermos a vontade de Deus, Ele tem de fazer nossas vontades. O Salmo de hoje traz uma bela lição de agradecimento a Deus, atitude de quem tem uma relação madura na fé. Agradece o amor, a verdade, porque nos dá muito mais do que pedimos ou necessitamos, porque revigora nossas forças, nossa alma. O Salmo revela ainda um Deus Altíssimo, no sentido de sua grandeza, mas humilde a ponto de enxergar os pobres e sofredores e atender seus clamores. Um Deus, que reconhece também quem são os orgulhosos, arrogantes, mas se compadece desses porque sabe de sua ignorância. Deus perdoa aos ignorantes. Ele nos ensina a caminhar em seus caminhos, a trilhar suas veredas; protege-nos e nos livra do inimigo, dos perigos e das desgraças. Um Deus, que nos completa, que nos faz melhores e nos coloca mais perto dele. É esse Deus que a leitura da carta aos Colossenses (Cl 2,12-14) nos ajuda a descobrir.

Essa leitura mostra que, por meio de Jesus Cristo, Deus recupera-nos da morte. Estávamos mortos pelos pecados, mas, por sua ressurreição, fomos resgatados, lavados de nossos pecados. A dívida que tínhamos com Deus, por meio da cruz, foi cancelada. Assim, a cruz representa não apenas o Cristo redentor, mas nossa redenção. O justo que nos fez justos por seu amor e por sua vida dada por nós. Com esse gesto, ele nos ensina a fazer o mesmo. A mais bela oração é aquela que brota de um coração convertido, pronto a ajudar seus semelhantes. De nada adianta rezar se nosso coração continuar petrificado pelo ódio, pela falta de perdão ou pela falta de compromisso com Cristo e com nossos semelhantes, mostra-nos a carta aos Colossenses. Ou seja, essa passagem bíblica de Paulo, apóstolo, mostra o poder de uma oração encarnada. Assim nos ensina o contexto da parábola do amigo importuno.

O que vem antes da parábola é bastante significativo para sua compreensão, por isso faço questão de comentar aqui. Jesus está rezando mesmo sendo o Filho de Deus. Vemos assim que rezar não é demonstração de fraqueza, mas de confiança em Deus. Se nossos catequizandos terminarem as etapas da catequese e não se tornarem pessoas de oração, pessoas que rezam, podemos assinar nosso atestado de fracassados na catequese. O mínimo que um catequista precisa ensinar a seus catequizandos é rezar. Há quem tenha vergonha, como se rezar fosse algo feio. Nada disso. Jesus rezou e ensinou-nos a rezar. A oração é nosso combustível. Sem ela não vamos muito longe, porque a oração é uma conexão com Deus, e somente conectados a ele podemos continuar caminhando, levando adiante nossa missão. Quem não reza tem mais dificuldade de ser perseverante ou de obter o que deseja. Depois de rezar, Jesus ouve o pedido de um dos discípulos que lhes ensinassem a rezar. A oração é motivadora, inspiradora. Quem reza motiva outros a rezarem também. Viram Jesus rezando e tiveram vontade, necessidade de rezar também. Isso acontece conosco. Se nós rezamos em casa, nossos familiares (pai, mãe, irmãos, filhos) vão também querer aprender a rezar. Se o catequista reza, seus catequizandos também terão vontade de aprender a rezar. João já havia ensinado seus discípulos a rezarem. Viram que excelente catequista foi João? Além de tudo o que fez como profeta, ensinou seus discípulos a rezarem. Agora Jesus ensina, e esse gesto deve contagiar todos os discípulos, para que façam o mesmo.

A oração que Jesus ensina é a oração mais completa que temos, pela qual entramos em contato com Deus, pedindo aquilo que nos é essencial (por exemplo, pão, partilhar, perdoar, ser mais santos etc.). Ele dá destaque à dimensão do perdão. Sem perdão não é possível haver conexão com Deus. A falta de perdão rompe laços entre os irmãos e, consequentemente, com Deus. Esse deve ser um tema central na catequese: explicar aos catequizandos o perdão. Esse ensinamento deve estar no contexto do sacramento da reconciliação. Não são poucas as crianças, os adolescentes e jovens que vão confessar sem saber o real significado do sacramento da confissão ou reconciliação. Por essa razão é enfatizado na oração do Pai-nosso que peçamos a Deus que nos perdoe, assim como nós perdoamos os que nos ofenderam. Além do perdão, a oração pede que Deus nos livre das tentações. São tantas as tentações e não são poucas as vezes que nela caímos.

Assim, para ilustrar a necessidade de oração, sobretudo de oração de petição, ou de perseverança no pedir, Jesus conta uma parábola do amigo importuno, que versa sobre o valor da perseverança no pedido. Nessa parábola, a pessoa recebe um amigo a meia-noite e não tem nada para oferecer-lhe. Vai pedir emprestado ao amigo vizinho. Esse já está dormindo e não quer ser incomodado. Mas o amigo insiste até que ele se levante e dê o que está pedindo. Se ele não insistisse no pedido, não receberia. Como foi insistente, recebeu o que pediu. Assim devemos proceder. Não devemos desistir de pedir. Se não formos atendidos de imediato, em algum momento seremos. Assim, a parábola conclui dizendo que nós, que somos humanos e limitados, cedemos diante das insistências, quanto mais Deus, que nos ama infinitamente. Portanto, é errado dizer que Deus não nos atende em nossos clamores. Quem diz isso ainda não descobriu a grandeza de Deus, ou melhor, ainda não descobriu Deus, pois quem o conhece jamais desanima em suas buscas, em seus pedidos, em seus clamores.

Portanto, "pedi e recebereis; batei e vos será aberto. Pois quem pede recebe; quem procura encontra; e, para quem bate, se abrirá". Continuemos a bater na porta de Deus com nossas orações e ela será aberta em algum momento. Não desanimemos de pedir a Deus, pois iremos receber em seu tempo, se for de nosso merecimento, aquilo que pedimos. Continuemos a procurar Deus e o encontraremos do modo mais surpreendente. Que sejamos também instrumentos de Deus para nossos catequizandos, abrindo portas, confortando o coração deles, curando as feridas e perdoando as ofensas. São gestos que se transformam em orações, que se transformam em gestos.

Em suma, a parábola do amigo importuno traz o tema da oração e da perseverança, ou da perseverança na oração, como uma das formas primordiais de relação com Deus e nos possibilita avaliar como anda nossa vida de oração e nossa sintonia com o Deus da vida. Essa parábola enfatiza a importância da oração de petição, e, como disse, há quem tenha certa resistência em fazer pedidos a Deus, argumentando que Ele sabe das necessidades, por isso não é preciso pedir. Porém, a parábola mostra que não é bem assim. Deus sabe de nossas necessidades, mas, não obstante a isso, devemos pedir e pedir sempre. Diz Jesus, "pedi e recebereis; procurai e encontrareis; batei e vos será aberto. Pois quem pede recebe; quem procura encontra; e, para quem bate, se abrirá". Diante dessa afirmação categórica, não há como negar que Deus ouve nossas preces, nossos pedidos e responde em seu tempo.

A parábola que Jesus conta para seus discípulos faz comparações entre a atitude humana e a de Deus, no quesito pedido, e mostra que Deus age por amor e por sua graça, mas nós nem sempre usamos esses critérios em nossas ações em relação a nosso próximo. Na parábola, encontramos a atitude do amigo que vai pedir ajuda a outro, a meia-noite, e é atendido não tanto pela amizade, mas porque o outro o estava incomodando. O outro caso é o do pai ou mãe que se esforça para fazer a vontade dos filhos, dando-lhes coisas boas, e nunca quer seu mal. No final há a comparação: "Ora, se vós, que sois maus, sabeis dar coisas boas a vossos filhos, quanto mais o Pai do céu dará o Espírito Santo aos que vos pedirem".

Com essa comparação, vemos a importância de nos dirigirmos ao Pai e pedirmos sempre. Quem pede dá demonstração de confiança, de fé e de esperança em receber o que pede. E Deus, que vê nossas necessidades, dará para nós o melhor. Assim, estreitamos nossos laços com Deus e nos sentimos mais fortalecidos. Não teremos atitudes como as que aparecem no início da leitura do profeta Malaquias (Ml 3,13-20a), em que palavras duras contra Deus, como não adianta servir a Deus; os bons sofrem e os maus não são punidos; é inútil levar uma vida de oração, pois não se tem vantagens com isso etc., são proferidas. Esse tipo de pensamento, ou comportamento, agride a Deus, pois ele é todo amor para conosco e ouve-nos, sempre. Assim, Zacarias faz questão de destacar a aliança que é feita com aqueles que temem a Deus. Um pacto de amor, no qual os que são féis a ele são seus tesouros e recebem seus favores. Basta que estejamos atentos e veremos as abundantes graças de Deus em nossa vida.

Que essa parábola ajude os catequistas a estreitarem mais seus laços com Deus, por meio da vida de oração, e ensinem seus catequizandos a fazerem o mesmo.

22
A PARÁBOLA DO RICO INSENSATO
(Lc 12,16-21)

A parábola do rico insensato, ou sem juízo (Lc 12,16-21), provoca uma reflexão existencial. Não é para colocar ninguém em crise, mas para levar a pensar, refletir sobre questões fundamentais, como, por exemplo, os valores. Quais são os valores que temos? O que nós consideramos valor? As coisas que nós valorizamos são realmente valores? Se fizermos um profundo exame de consciência, uma avaliação mais acurada, vamos perceber que boa parte de nossa vida – para não dizer a maior parte – gastamos para adquirir valores que, diante de Deus, não têm importância, como os bens materiais ou as coisas que dão status, fama, beleza física etc.; coisas efêmeras, descartáveis ou de pouca duração. Com isso nos esquecemos de nos preocupar com o que realmente tem valor: as coisas eternas.

Há uma passagem bíblica que diz: "Onde está seu tesouro, aí estará também seu coração" (Mt 6,21). Ou seja, se nosso tesouro consistir apenas em bens materiais ou ações superficiais, aí estará nosso coração, isto é, nossa preocupação, nossa atenção, e vamos nos esquecer de Deus e de nossos irmãos, pois só teremos olhos para aquilo que valorizamos. Porém, se nossos tesouros forem valores teológicos, eles serão eternos e nos garantirão a vida eterna, pois quem pensar em ganhar sua vida, ajuntando bens materiais, perdê-la-á, e quem perder sua vida por causa das coisas de Deus, salvá-la-á (Mt 16,25). Quando encontramos os verdadeiros valores, nossa vida, nosso comportamento mudam e tudo o mais passa a ser relativo, como vemos em outra parábola bíblica (Mt 13,44-46). Nessa linha, seguem as reflexões dessa parábola, com textos complementares, aplicados à vida e à missão dos catequistas.

Para complemento da reflexão dessa parábola, selecionei alguns textos bíblicos e, dentre eles, um trecho do livro do Eclesiastes (Ecl 1,2; 2,21-23), que diz que tudo, ou quase tudo na vida, não passa de vaidade. Isso serve de alerta para pensarmos sobre nosso proceder e sobre como nós estamos nos comportando. Não que trabalhar seja uma vaidade, mas, quando trabalhamos focados apenas no lucro, no dinheiro, nos bens materiais, sem termos tempo para Deus e para os irmãos, tudo se torna vazio, pois não há riqueza no mundo que nos satisfaça verdadeiramente se nós não praticarmos obras de caridade, se não amarmos a Deus e ao próximo. As pessoas felizes não são as mais ricas. Como diz um antigo dito popular, "dinheiro não traz felicidades". Ele é necessário para termos qualidade de vida, mas não pode nos escravizar e sua busca não deve nos desumanizar. Quando o dinheiro passa a ser o bem mais precioso, o fim último do homem, a felicidade e a vida perdem o sentido, pois os que não o conseguem viverão frustrados, e os que o têm sentem que lhes falta algo que o dinheiro não preenche. Assim, o livro do Eclesiastes mostra que gastar a vida apenas pensando em ajuntar dinheiro, ter bens é um de nossos grandes erros, pois, ao morrermos, nada levamos, e outros que não colaboraram para a obtenção de tais posses herdarão aquilo que gastamos a vida para ajuntar. Os trabalhos, os esforços, para obtermos bens necessários para a vida, não podem nos escravizar e nos distanciar de Deus e das pessoas, pois, se assim for, nossa vida não passará de vaidade, fugacidade, banalidade, que não contribuem para a nossa e para a edificação da vida de outros.

Por essa razão, o Salmo (89/90) faz uma comparação acertada, mostrando que nós, filhos de Adão, do pó viemos e para o pó voltaremos. Dessa vida nada se leva, a não ser o bem que fazemos. Nossa vida, por mais longa que ele possa parecer, é qual vigília de uma noite que passou, pois mil anos para Deus é como ontem. Se a vida é tão curta, tão passageira, por que nos desgastamos com coisas fúteis? Quantas são as pessoas que se tornam inimigas umas das outras, por causa de dinheiro ou coisas bobas. Isso acontece até mesmo dentro da própria família, como relata a parábola do rico insensato. Se a vida passa tão veloz, devemos aproveitar o tempo com coisas boas, que promovam a vida e não a destrua. Assim, o Salmo (89/90) mostra que nossa vida passa como o sono da manhã. De manhã, quando a cama está tão boa e queremos ficar mais tempo, desejamos parar o relógio, os minutos, mas eles parecem passar mais rapidamente e, quando vemos, já estamos atrasados. A vida é também semelhante a erva verde pelos campos, diz o Salmo supracitado: "De manhã ela floresce vicejante, mas à tarde é cortada e logo seca". Quando estamos na juventude, ou no auge de nossa vida, tudo parece eterno. A morte é coisa que acontece somente com os outros. Pensando assim, agimos como se fôssemos eternos, e isso é perigoso, porque quem pensa assim tem atitudes insanas, loucas, como diz a parábola. Por isso o Salmo (89/90) pede que Deus nos ensine a contar nossos dias, isto é, que saibamos que nossos dias estão contados e que devemos viver como se fosse o último, perdoando, partilhando, sendo solidários, ajudando nosso próximo, enfim, fazendo o bem. Se tivéssemos essa consciência da finitude de nossa vida, teríamos comportamentos bem diferentes, melhores com certeza.

Outro texto que nos ajuda a aprofundar nessa reflexão existencial é extraído da carta de Paulo, apóstolo, aos Colossenses (3,1-5.9-11). Esse texto mostra que devemos nos esforçar para buscarmos as coisas do alto, aspirarmos às coisas celestes e não às coisas terrestres. Quantas são as pessoas que só pensam nas coisas deste mundo: ter, ser, poder e aparecer. Para isso, não respeitam seu próximo, destroem com atos e palavras seus irmãos, sejam eles da família, do trabalho ou da comunidade. Pessoas assim não conseguem enxergar no outro um irmão, mas um concorrente e faz de tudo para tirá-lo do páreo. Se isso é triste quando acontece no mundo do trabalho, imaginem na família e na comunidade? Isso torna as pessoas insensíveis e vaidosas, como diz esse trecho livro do Eclesiastes. Seu apelo é para a conversão. Fazer morrer essas atitudes, esses procedimentos gananciosos e outras coisas, como, por exemplo, a imoralidade, as impurezas, a paixão, os maus desejos, a cobiça que é idolatria etc. São coisas que tornam o ser humano insensível e o afastam do caminho de Deus. Pessoas que conseguem bens materiais agindo dessa maneira são muito pobres diante de Deus, porque sua vida não consiste na abundância de seus bens, diz a parábola do rico insensato.

Nessa parábola, Jesus está no meio de uma multidão, da qual surge alguém pedindo que Jesus interceda, interfira em uma contenda de família, ou seja, briga por causa de herança. Essa situação não nos é estranha. São muitos os irmãos que se tornam verdadeiros inimigos por causa de herança. Na hora de dividir os bens da família, mesmo que seja pouca coisa, revela-se a índole de cada um. Nesse caso, o contexto da parábola não diz se Jesus interferiu, mas ele dá uma bela lição. Lição que serve para todos nós: "A vida de um homem não consiste na abundância de seus bens". Antes, porém, ele faz um alerta: "Atenção! Tomai cuidado contra todo tipo de ganância". Esse alerta serve para ajudar em nossa reflexão e ver que nossas atitudes revelam quem nós somos. Pessoas gananciosas são não se importam com as outras, fazem trapaças e prejudicam seu próximo para obterem vantagens, ganharem, sem se importarem se o outro precisa mais e sem terem em conta a caridade cristã, o amor ao próximo. Esses dois irmãos que motivaram Jesus a contar essa parábola estavam tendo desavenças porque um deles não queria partilhar a herança com o outro. O que se viu prejudicado buscou ajuda e a recebeu de um jeito que não esperava: Jesus lhe ensinou o valor da vida e o que de fato tem valor. Será que nós também aprendemos com essa parábola? Se ainda não, ela pode nos ajudar a elucidar essa situação. Assim, Jesus conta a parábola da terra de um homem rico que produziu grande colheita. Tudo indica que ele tinha muitos bens, muita terra, era um latifundiário, um grande produtor rural, homem do agronegócio. A preocupação desse homem rico era onde e como guardar sua colheita, isto é, acumular ainda mais. Em nenhum momento, ele pensou naqueles que trabalharam em suas terras, talvez em condições subumanas, escravizados talvez ou com míseros salários. Ele não pensou em dividir, partilhar, deixar que seus funcionários participassem dos lucros de suas terras, de sua empresa. Ele pensou apenas nele, como pede o sistema capitalista. Se ele pensasse diferente, hoje muitos iriam chamá-lo comunista. Alguns chegam a ter insônia, preocupados com seus bens e como protegê-los. Enfim, ele teve uma ideia supostamente brilhante. Já que tinha muito dinheiro e iria ganhar ainda mais, o melhor a fazer era derrubar celeiros antigos e construir novos e maiores. Neles poderiam ser guardados seus bens e sua exuberante colheita. Mas Deus o chama de louco. Sabem por quê? Porque ele não sabia que iria morrer naquela noite. Iria morrer e deixar todos os seus bens. Não levaria nada. Voltaria para o pó como qualquer outra pessoa, com a diferença de que, diante de Deus, era a pessoa mais pobre, mais miserável, porque sua vida consistia em seus bens. Como não poderia levar consigo os bens materiais, iria pobre, pois outros tipos de bens provavelmente não possuía. A pessoa que viveu na opulência e na riqueza deste mundo morreu na miséria e na pobreza diante de Deus. "Assim acontece com quem ajunta tesouros para si mesmo, mas não é rico diante de Deus", encerra a parábola.

Creio que a lição dessa parábola é bem clara e objetiva. São mensagens fortes, que nos conduzem a uma profunda reflexão. Parábola que não nos deixam permanecer como éramos antes. Quem a lê, medita-a e não pensa em rever suas atitudes não pode dizer que é cristão. São provocações que nos levam a ver, pensar, rezar e agir. Ver nossa realidade e a dos que possuem muitos bens materiais; pensar em nossas próprias atitudes e nas atitudes de tantos ricos; rezar para que Deus nos converta a cada dia e não nos deixe sermos escravizados pelo dinheiro, pelo poder ou por qualquer outro suposto bem, que não seja reconhecido por Deus; agir para ajudar a diminuir as desigualdades deste mundo, a converter outras pessoas, a despertar nos catequizandos e em seus familiares atitudes de partilha e solidariedade, mesmo que eles tenham pouco.

Por fim, a título de conclusão da reflexão dessa parábola, podemos dizer que é comum as pessoas se desgastarem por pouca coisa, por coisas irrelevantes, materiais, descartáveis, efêmeras, mas essa não é uma atitude sábia. Vimos que muitos desentendimentos, inclusive dentro das famílias, entre pais e filhos, entre irmãos, acontecem por causa de bens materiais. Porém quem tem verdadeiros princípios religiosos e fé autêntica, como supomos que tenham os catequistas, não se prende a essas coisas e não gasta sua vida em contendas por bens materiais, fama ou visibilidade como tantos que vemos nas redes sociais, mas se empenha para obter os verdadeiros valores, tesouros que a traça não come nem a ferrugem corrói, como diz outra parábola. Assim, a parábola do rico insensato nos conduz para a reflexão dos verdadeiros valores da vida, aqueles que os catequistas devem mostrar e ensinar a seus catequizandos por palavras e ações.

Para isso precisamos também ter fé, muita fé. A carta aos Romanos (4,20-25) fala da fé de Abraão, que não duvidou, diante da promessa divina, mesmo que essa lhe parecesse absurda e inatingível. Foi essa fé incondicional que o revigorou e fez dele um dos maiores conquistadores do Antigo Testamento. Por causa de sua fé, ele conquistou o que lhe foi prometido: terra e descendência. Tornou-se, assim, modelo para seus sucessores e todos os seus descendentes. Até nossos dias, Abraão é tido como o patriarca da fé. Assim, Paulo retoma esse elemento nesse trecho da carta aos Romanos, animando-os na fé e na esperança diante das desigualdades e ganâncias deste mundo. Desse modo, a parábola do rico insensato nos convida a retomarmos esse exemplo de fé para continuarmos firmes e agirmos com base em valores divinos, sem nos prendermos às coisas passageiras. Não são os bens materiais que nos eternizam, mas aquilo que a nossos olhos parecem sem importância.

Jesus mostra que o homem rico, depois de planejar derrubar seus celeiros e construir maiores para guardar sua abundante colheita, não viveu eternamente.

Nossa vida é um nada diante da eternidade. Nossa passagem por este mundo é curta, e deveríamos viver esse curto espaço de tempo da melhor maneira possível. E a melhor maneira de se viver é não se desgastar em brigas por acúmulo de riquezas, por herança, por bens materiais. Se o homem rico tivesse pensado em seu semelhante, não teria um fim diferente, mas ganharia uma herança eterna: o reino do céu.

Na lógica do capitalismo, que cria abismos entre as pessoas egoístas, que não pensam em seus semelhantes, a má distribuição de renda é um dos maiores problemas do mundo porque gera miséria e morte.

Entretanto Jesus nos dá grandes lições de sabedoria: não acumular bens materiais, mas ajuntar tesouros que servem para edificar a vida eterna: o amor, a justiça, a solidariedade, a partilha, o compromisso com a vida, a integridade, enfim, todas as virtudes que Deus nos concedeu e que às vezes as deixamos esquecidas por causa dos pecados capitais que se sobressaem em nossa vida.

Que a fé nos ajude a viver melhor, sem desavenças com nossos irmãos por causa de bens materiais. Se tivermos que brigar, que seja por uma causa nobre, a justiça que defende a vida dos oprimidos.

23
A PARÁBOLA DO ADMINISTRADOR FIEL
(Lc 12,35-40)

Dois temas medulares se intercalam na parábola do administrador fiel (Lc 12,32-48; Mt 24,45-51; Mc 13,33-37), e deles emanam outros igualmente importantes que ajudam os catequistas a refletirem sobre seu proceder.

Essa parábola tem estreita relação com outras parábolas, sendo uma espécie de continuidade de algumas delas, porém ela oferece enfoques distintos das demais. Em outra parábola, a do rico insensato (Lc 12,16-21), Jesus chama atenção para os valores que temos na vida e nos alerta para o cuidado de valorizarmos em demasia as coisas materiais, pois nossa vida não consiste nos bens que possuímos. Eles podem servir para certas "estabilidades" neste mundo, mas não garantem a salvação. Pelo contrário, a ambição para adquiri-los ou o mau uso deles podem nos levar à perdição, pois pessoas que só valorizam bens materiais tendem a ter o coração endurecido e enxergar apenas tais bens e não seus semelhantes. Na parábola do administrador fiel encontramos um link para refletirmos sobre nossos valores ou tesouros, que nos lembram: onde estiver nosso tesouro aí estará também o nosso coração (Lc 12,34). Antes, porém, temos os temas que a costuram e a complementam: a fé e a vigilância. Ser administrador fiel é ter fé, isto é, ser e estar vigilante. Catequistas, como anda sua vigilância com as coisas de Deus?

Preciso lembrar que esses são dois temas complementares, pois só é vigilante quem acredita e tem fé. Os que não têm fé desistem logo, mas os que a têm não desistem jamais e são capazes de atos inimagináveis.

Seleciono aqui um trecho do livro da Sabedoria (18,6-9) que nos ajuda a iluminar o sentido da fidelidade a Deus por meio da fidelidade com as coisas de Deus. Nesse trecho, encontramos uma espécie de memória pascal, a noite da libertação do povo hebreu da escravidão do Egito. Uma noite memorável, em que se deu a passagem de um tempo de sofrimento para a busca de um tempo de alegria e paz, figurado na terra prometida. Para ser liberto, foi preciso que estivesse atento, isto é, vigilante, e que saísse na calada da noite, convicto de que tudo daria certo e de que a escravidão teria um fim. Foi preciso, portanto, fé e coragem. Em seu ouvido, ecoava a voz de Deus, que ouvimos na parábola do administrador fiel: "Não tenhais medo, pequenino rebanho". O povo acreditou nas promessas de Deus, e fazer memória dessa promessa serviu de alento para o povo hebreu resistir a tantos sofrimentos e serve também para todos nós, cristãos, discípulos missionários de Jesus Cristo, para nos mantermos intrépidos na construção do reino de Deus, enfrentando as dificuldades e os desafios dessa missão. Serve para cada catequista quando se encontra diante dos desafios e da aridez da catequese, pois o leva a refletir sobre os desertos encontrados nos trabalhos da catequese feitos na comunidade e na sociedade, que muitas vezes desanimam. O catequista, se não tiver diante de si a certeza de um Deus libertador, que aponta caminhos, dá oportunidades, que lhe ajuda, esmorecerá e não seguirá adiante. É preciso perceber as "noites de libertação" que Deus lhe oferece constantemente, mas que, muitas vezes, por falta de fé ou por não haver vigilância, você a deixa passar despercebida. Para percebê-la, é necessário estar vigilante e ter fé, ou seja, ser administrador fiel da missão. Se vacilar, a noite da libertação passará, e você continuará na escravidão. Quem não consegue vislumbrar essas oportunidades precisa avaliar sua fé.

O Salmo 32/33 também fala dessa confiança, mostrando que Deus pousa o olhar sobre os que o temem; sobre os que são perseverantes e fiéis. Temer a Deus não é ter medo, mas sim confiar nele, que não desampara quem nele confia. O catequista precisa ser esse agente que tem confiança em Deus, que não é vã. Quando menos se espera, ele vem ao encontro, como mostra a parábola. Portanto, é preciso confiar esperando em seu amor. A espera no amor de Deus é atenta e não passiva, como quem espera dormindo. Por isso, a parábola dá destaque ao tema da vigilância. Quem confia no amor do Senhor está sempre confiante, mesmo que esteja atravessando uma noite escura, como diz São João da Cruz. Lembremos, portanto, que a noite escura de quem tem fé e é vigilante e perseverante precede à noite da libertação. Antes da noite da libertação, o povo hebreu viveu a noite escura da escravidão. Porém, necessária foi essa passagem para que acontecesse a tão esperada libertação. Quem confia em Deus sabe que, depois de uma noite escura, vêm os raios do sol de um novo tempo, ou, como se diz no senso comum, "depois da tempestade vem a bonança". São João da Cruz também viu na "noite escura" a aurora da vida. Eis nosso desafio cristão: conseguir enxergar, no meio da escuridão das dores e do sofrimento, a vida que se recompõe e vence. Assim, o Salmo nos pede para esperarmos, faz-nos confiantes em Deus, em quem está nosso auxílio e nossa proteção. Desse modo, virá sobre nós sua graça da mesma forma que nele nós esperamos. Quem espera sempre alcança, diz outro provérbio popular. É assim que o Salmo 32/33 pode ser resumido.

A carta aos Hebreus (11,1-2.8-19) dá destaque ao tema da fé, presente em diversas outras parábolas: "A fé é um modo de já possuir o que ainda se espera". Que bela definição de fé! Quem tem fé já possui o que busca e tem Deus em sua vida, mesmo que não tenha presenciado grandes milagres ou coisas extraordinárias. Lembrando que a vida já é um grande milagre. A fé nos coloca diante daquilo que almejamos. Por meio da fé incomensurável de homens e mulheres, ao longo da história da salvação, grandes personagens bíblicos, dentre eles, Abraão e Sara, obtiveram o que tanto desejavam, situações impossíveis aos olhos humanos foram realizadas. É muito importante que o catequista resgate a história dessas personagens de fé e mostre aos catequizandos como a fé possibilita que coisas impossíveis aconteçam. A catequese precisa ser um elemento motivador da fé.

Abraão acreditou na promessa de Deus e deixou sua estabilidade, lançando-se ao desconhecido em busca da terra prometida como herança. Quantas vezes temos medo de arriscar e preferimos nos acomodar, perdendo oportunidades de crescimento e de encontro com Deus? Se não fosse sua fé, Abraão teria desistido quando vieram as dificuldades, como morar em tendas, de modo errante, sem muitas provas de que a promessa seria realizada. Muitos de nós teríamos voltado atrás. Ele viveu como estrangeiro, isto é, como um excluído. Porém, a dor da exclusão é dirimida pela fé, pela confiança de superação. Foi o que fez Abraão. Ele confiava, sabia que essa condição não seria eterna, e isso lhe deu força para suportá-la e superá-la. Qualquer forma de sofrimento é passível de suportar se tivermos fé. Se confiarmos, seremos libertos de todas as situações dolorosas ou embaraçosas. Sara também deu provas de sua fé. Embora estéril e já de idade avançada, acreditou que poderia gerar um filho. Ela considerou fidedigno o autor da promessa, ou seja, acreditou em seu autor, Deus. Quando acreditamos nele, o impossível se torna possível. Ambos, Abraão e Sara, perseveraram e mantiveram vigilantes, confiantes, seguindo os caminhos que Deus os apontava. Por essa razão, Abraão é considerado não apenas o pai de Isaac, mas o pai da fé. Sua fé foi tamanha que ele ofereceu seu único filho em sacrifício, crendo que Deus não o permitiria concluir tal ato, como de fato ocorreu. Ele mostrou que Deus é maior que tudo em sua vida, até mesmo seu bem terreno mais precioso. Maior prova de fé que essa dificilmente nós poderemos encontrar.

É a fé que nos dá segurança e coragem, como vemos nessa parábola do administrador fiel. No trecho que a antecede (Lc 12,32-48), encontramos um encorajamento: "Não tenhais medo, pequenino rebanho, pois foi do agrado do Pai dar a vós o reino". Assim, não devemos temer em deixar nossos bens materiais, porque nos são uma falsa segurança, nem fazer sempre as mesmas coisas, usar o mesmo subsídio, passar os mesmos conteúdos na catequese, sem inovações, por medo das novidades ou das novas propostas que a Igreja apresenta. A segurança verdadeira nós encontramos somente em Deus. Por isso é preciso saber despojar-se das coisas para investir em algo que realmente valha a pena. Por essa razão, logo após o encorajamento, Jesus pede a seus discípulos para vender seus bens e dar esmolas. Quando desapegamos de nossas supostas seguranças, estamos livres para servir, estamos fazendo bolsas que não se estragam e ajuntando tesouros no céu.

Depois dessas recomendações, vem um alerta: estejam vigilantes. A vigilância é que nos possibilitará perceber a presença de Deus entre nós e as brechas que ele nos abre para encontrarmos o caminho em meio às dificuldades da vida e da missão de catequista. Assim, Jesus conta três curtas parábolas, e todas buscam reforçar a vigilância, destacando, em cada uma, aspectos diferentes. Na primeira, destaca-se a dimensão do serviço. Estar com as lâmpadas acesas e os rins cingidos esperando o senhor voltar de uma festa de casamento. Aqui, o exemplo é o próprio Cristo, que, na ceia pascal, colocou o avental e lavou os pés dos discípulos, para que eles fizessem o mesmo. Rins cingidos lembra o avental, símbolo do serviço. Estar pronto para servir a toda hora e em qualquer momento. A segunda parábola é a dono da casa que não sabe a hora que o ladrão irá chegar, pois, se a soubesse, não deixaria que sua casa fosse arrombada. Esse exemplo de vigilância quer nos mostrar, entre outras coisas, que Deus pode nos chamar deste mundo a qualquer momento e que devemos estar preparados. A terceira e última parábola, a que destacamos aqui, vem como resposta a Pedro, quando ele pergunta se Jesus conta as parábolas para eles ou para todos. Embora Jesus não responda diretamente, a parábola contada como resposta a Pedro e aos demais apóstolos mostra que é para todos, inclusive para quem é catequista. A todos foram confiadas responsabilidades. A catequese é uma responsabilidade gigantesca por ser a formação básica dos católicos, que, ao longo de sua vida, irão professar sua fé. Quando uma pessoa deixa a fé católica, fica a sensação de fracasso do catequista e da Igreja que ele representa. Temos de ser, portanto, administradores fiéis e prudentes das coisas que Deus nos confiou, sobretudo daquilo que vamos ensinar na catequese. Aquele que pensa que Deus não irá pedir contas de seus atos e age a seu bel-prazer sofrerá as consequências desses atos inconsequentes. Porém os que agem com responsabilidade e fidelidade receberão sua recompensa. Isso não é ameaça nem troca com Deus, mas consequências de nossos atos.

Assim, a parábola do administrador fiel destaca os temas da fé e da vigilância como atitudes fundamentais na vida do catequista. Sem elas não seremos discípulos missionários de Jesus Cristo, não seremos catequistas fiéis e não cumpriremos nossa missão como deveríamos; seremos catequista apenas como uma função e não como vocação. Que Deus conceda a cada catequista a graça do discernimento e que o ajude a administrar com fidelidade os bens valiosos da catequese que a Igreja lhe confiou.

24
A PARÁBOLA DO ADMINISTRADOR INFIEL
(Lc 12,42-48)

Se por um lado nós temos a parábola do administrador fiel ou dos empregados em alerta (Lc 12,42-48; Mt 24,45-51), por outro há também a parábola do administrador infiel (Lc 16,1-13). Vale recordar que todos nós, pela condição de cristãos, discípulos missionários de Jesus Cristo, somos uma espécie de administradores dos bens, dons e talentos que Ele nos confiou, e a pessoa do catequista não é diferente. O catequista é um administrador da missão que lhe foi confiada, porém – e é esse o propósito desta reflexão – resta saber se você, catequista, está sendo um administrador fiel ou infiel. Sobre o administrador fiel tratamos em outra parábola, agora, porém, vamos tratar de refletir sobre o administrador infiel e sobre como ele procede ou como se relaciona com Deus e com os bens que Ele lhe confiou.

Assim, a proposta aqui é trazer para a reflexão dos catequistas um tema social com consequências teológicas que desembocam na missão de ser catequista: a administração dos bens que Deus nos confiou. Reflexão social porque toda relação com o próximo é uma relação social, e toda relação social é uma relação de responsabilidade. Por exemplo, o ato de dar catequese é uma relação social não apenas entre os catequistas e seus catequizandos, mas também entre os próprios catequistas; entre o catequista e a família de cada catequizando; entre os catequistas e a comunidade eclesial; entre os catequistas e a coordenação de catequese; entre os catequistas, a coordenação de catequese e o pároco. Nessas relações estão em jogo bens, simbólicos e reais, materiais ou de outra natureza. Cabe aqui pensar quais são esses bens e verificar como anda a nossa e a administração daqueles aos quais foram confiadas outras grandes responsabilidades. Todos esses bens, quando mal administrados, trazem consequências que prejudicam a nós mesmos e a outros. Assim, a tônica dessa parábola recai sobre a administração e aponta caminhos para agirmos com perspicácia, dignidade e responsabilidade não apenas na catequese, mas na vida como um todo, lembrando que a esperteza sem dignidade não é algo que agrada a Deus, pois tudo o que fere o próximo, fere profundamente Deus. É o que nos mostra a leitura do profeta Amós (Am 8,4-7) usada aqui como complemento desta reflexão.

Essa leitura traz sérias denúncias, que nos parecem muito atuais e que servem para iluminar a ação dos profetas de ontem e de hoje, de todos nós, catequistas ou não. O texto começa chamando atenção para aqueles que maltratam os humildes – pobres e trabalhadores explorados por seus patrões –, humilhando-os ainda mais. A relação patrão e empregado sempre foi delicada; mesmo hoje, com leis trabalhistas relativamente avançadas em prol do favorecimento dos trabalhadores, ainda há muita injustiça nessas relações. Muitos catequizandos vêm dessa realidade de exploração e desigualdade, de famílias privadas de bens elementares para uma vida digna. Não podemos nivelar todos em uma sala e tratá-los como se viessem de uma mesma realidade social. Cada um traz seus traumas, seus problemas pessoais e familiares, que precisam ser respeitados e tratados com dignidade.

Voltando ao texto do profeta, Amós faz referências diretas às relações de comércio, de compra e venda de produtos, uma área em que comumente há falcatruas em nome das vantagens, do lucro. Vez por outra, os meios de comunicação mostram grandes empresas adulterando produtos para obterem lucro. Quem faz isso não está preocupado com a saúde da população, mas com o lucro. Por exemplo, quando o leite é adulterado com produtos nocivos à saúde, muitos inocentes, sobretudo crianças, sofrem as consequências disso. Práticas dessa natureza são denunciadas pelo profeta Amós e devem ser denunciadas por todos nós, pois a vida corre perigo diante dessas atitudes "espertas" de administração. Quando alguém ganha lesando outros, comete uma injustiça, que é condenada por Deus. Talvez você esteja se perguntando: o que a catequese tem a ver com isso? O que eu tenho a ver com isso? E a resposta é: você tem tudo a ver com isso se for uma pessoa cristã. Se você sabe que uma criança da catequese sofre algum tipo de violência, direta ou indiretamente, e se cala, está sendo uma pessoa omissa; a omissão não é uma atitude cristã, porque o cristão não se deve calar ou omitir-se diante de uma situação de injustiça, que fere ou mata um indefeso.

Eu me recordo de que, por ocasião da confissão de crianças para a catequese, atendi uma adolescente que chorava muito e não conseguia fazer a confissão. De início imaginei que ela estivesse apenas amedrontada pelo fato de estar diante do padre para se confessar pela primeira vez. Depois de acolhê-la e aguardar o tempo dela, percebi que havia algo mais sério do que aquelas confissões corriqueiras de criança. Depois de um tempo, ela confessou que era abusada sexualmente pelo próprio pai e que já havia contado para a catequista, que não acreditou e nada fez para ajudá-la. Porém, por se tratar de confissão, não pude denunciar, mas orientei que contasse à mãe ou a outras pessoas que pudessem ajudá-la. Trago esse ocorrido para lembrar que é importante os catequistas estarem atentos ao comportamento de seus catequizandos. Eles podem revelar situações graves que precisam de ajuda imediata.

Desse modo, mais importante que o conteúdo que você passa nos encontros de catequese é seu envolvimento no combate às injustiças e ao sofrimento daqueles que estão, em parte, sob sua responsabilidade. O profeta Amós alerta para as injustiças, pois os injustiçados são sempre os mais fracos, os pequenos, os que não têm como recorrer. O texto encerra mostrando que essas coisas não passam despercebidas diante de Deus, pois tais atos o agridem profundamente: "Nunca mais esquecerei o que eles fizeram". Não podemos esquecer essas e outras atitudes de má administração e de corrupção, pois, ao esquecermos, ao ficarmos calados diante delas, estamos nos omitindo e, de certa forma, sendo coniventes.

Nessa mesma linha, segue a parábola do administrador infiel. Jesus conta essa parábola para seus discípulos. Seus discípulos são administradores dos bens que Deus lhes confiou. Por essa razão, essa parábola vem ajudar a entender sobre a responsabilidade que temos com a catequese e com outros bens, reais ou simbólicos. Na parábola, um homem rico viu seus bens sendo esbanjados por um administrador infiel, ganancioso, que só pensava em si. Se o homem rico tinha confiado seus bens a ele, é sinal de que esse administrador era uma pessoa de confiança. Deus confia em nós, por isso nos dá responsabilidades. Porém, quando traímos sua confiança, merecemos sua repreensão. Foi o que ocorreu com esse administrador. Ele ficou sabendo que seu patrão iria lhe tirar a administração. Ficou preocupado e buscou uma saída imediata para resolver a questão, sem ser prejudicado e sem prejudicar os outros. Sua atitude foi a de reparar os desvios cometidos, devolvendo às pessoas, que ele havia lesado com o ágio, a parte que lhes cabia. Tudo indica que o administrador colocava um ágio nos produtos repassados, e este era seu lucro. Em nome da ganância, isso estava indo além da conta, prejudicando tanto o patrão quanto os que compravam os produtos. Remarcar os valores com preços menores foi a solução encontrada. Diante dessa atitude, o administrador foi elogiado, pois soube dar uma solução rápida para o problema, sem sofrer maiores consequências. Além disso, essa atitude lhe daria credibilidade perante os compradores, que o iriam receber em suas casas caso o patrão lhe demitisse. Embora esse administrador tenha sido elogiado por sua esperteza, não representa um modelo a ser seguido, pois seu histórico não é de honestidade. Quando estamos na iminência de perder os bens que Deus nos confiou, é preciso buscar uma solução imediata, pois, se assim não fizermos, poderemos ter consequências catastróficas. O administrador mostra suas duas facetas: uma de administrador irresponsável e a outra de administrador esperto. Fiquemos apenas com a melhor parte. Esse alerta serve também para as pessoas públicas, os políticos, os que administram os bens do povo. Essas pessoas devem ter cuidado para, em nome do lucro, da ganância, não prejudicarem outras. Para completar o entendimento dessa parábola, é bom ler a primeira carta de Paulo, apóstolo, a Timóteo (1Tm 2,1-8), que traz recomendações valiosas para essa situação.

Nessa leitura da primeira carta a Timóteo, Paulo recomenda que rezemos por todos, sobretudo pelos que governam e por todos os que ocupam altos cargos, a fim de que ajam com responsabilidade e colaborem para que os outros possam ter tranquilidade e dignidade. Essa tranquilidade significa paz, fruto da justiça. Por isso a frase encerra com a expressão "dignidade". Quando nossos governantes são pessoas justas, dignas, todos se beneficiam. Por essa razão, é preciso rezar por eles. Rezar aqui não significa ter atitudes passivas de oração, mas de compromisso. Toda política é compromisso. Quando elegemos uma pessoa para administrar, precisamos acompanhá-la, cobrar que faça uma administração justa. A esperteza dos políticos só deve ser elogiada se suas atitudes representarem ações que favoreçam a todos. Caso contrário, deve ser retirada sua administração, como sugere a parábola. Isso serve também para os catequistas.

Enfim, que possamos rever a nossa e a administração daqueles a quem foram confiados grandes empreendimentos, como as pessoas públicas, os catequistas, que, embora tenham responsabilidades distintas da dos políticos e demais pessoas públicas, não deixam de ter uma importante responsabilidade na Igreja e na sociedade.

Rezemos por elas e nos comprometamos para que essas pessoas façam uma boa administração. Façamos nossa parte, acompanhando suas ações, avaliando procedimentos, discutindo propostas e situações e, sobretudo, sendo conscientes na hora de colocá-las na administração de nossos bens.

É o que nos pede a parábola do administrador infiel. Tenhamos, portanto, responsabilidade, esperteza, no bom sentido, e façamos uma boa administração na catequese, tanto como catequista, como coordenador da catequese ou como pároco. Deus se alegrará conosco, e estaremos ajudando os outros, por meio de nosso procedimento correto, justo e digno.

25
A PARÁBOLA DA FIGUEIRA ESTÉRIL

(Lc 13,6-9)

Nossa vida é uma caminhar rumo a Jerusalém celeste. A cada dia, o Senhor nos dá mais uma chance, uma oportunidade para nos convertermos e trilharmos seu caminho, produzindo frutos de amor e de justiça. É esse o apelo da parábola da figueira estéril (Lc 13,6-9), e seu contexto coloca diante de nós exemplos importantes para nos ajudar em nossa conversão, em nosso crescimento espiritual, em nossa fé e em nossa sintonia com Deus. Ajuda os catequistas a avaliarem se seus trabalhos estão produzindo frutos. Tudo isso para não esquecer que estamos no mundo para produzi-los. Somos como as figueiras, ou qualquer árvore frutífera, espera-se de nós bons frutos. Cabe então, no início desta reflexão sobre a parábola da figueira estéril, olhar para dentro de nós e ver se estamos produzindo frutos ou se somos como a figueira que estava apenas inutilizando a terra. Não basta termos o título de catequista, precisamos ver se estamos sendo bons catequistas. Para ajudar na reflexão, recorro a outros textos bíblicos complementares que lançam luzes sobre o tema que essa parábola propõe. Começo sugerindo um olhar para um trecho do livro do Êxodo (3,1-8a.13-15), que nos ajuda nesse processo de avaliação de nossa ação missionária.

Essa passagem do livro do Êxodo traz o chamado que Deus fez a Moisés, para que ele fosse até o Egito, onde o povo vivia na escravidão, e anunciasse ao povo hebreu o Deus da libertação. Embora Moisés se achasse pequeno para uma missão tão grande, foi o escolhido por Deus. Vemos que "Deus não chama os capacitados, mas capacita aos que ele chama", como diz uma conhecida expressão popular. Já vi pessoas sendo convidadas para serem catequistas ou atuarem em outra pastoral ou serviço e recusarem por se acharem incapazes. Moisés, homem simples, pastoreava o rebanho de seu sogro Jetro, quando se encontrou com Deus na sarça que ardia sem ser consumida pelo fogo. Ele ouviu o chamado de Deus, pedindo que se aproximasse com humildade, ou seja, descalço. Tirar as sandálias para pisar lugares sagrados representa um gesto de reverência, de reconhecimento e de respeito. Para ouvir Deus, encontrar-se com ele, nós precisamos despir de nossas vaidades, de nosso orgulho, de nossas arrogâncias. Precisamos ter os pés no chão, estar conscientes da realidade e não viver com a cabeça nas nuvens, como propõem certas "espiritualidades" de valor duvidoso, que não envolvem as pessoas na transformação do mundo, nas realidades de sofrimentos, nas tantas formas de escravidão que ainda existem e que esperam pessoas como Moisés para apresentar Deus e libertar os oprimidos. Sem procedimentos de humildade e compromisso, nós não nos sintonizaremos com Deus. Isso foi de suma importância para Moisés, pois ele se achegou a Deus, que lhe conferiu a missão libertadora. Ele não sabia como proceder, mas Deus o orientou. Moisés foi enviado ao povo como representante de Deus, para anunciá-lo como o defensor e libertador de seu povo. O povo vivia na escravidão, e Moisés foi chamado para libertá-lo e conduzi-lo à terra prometida. Para obtê-la, o povo teria de atravessar o deserto, isto é, um período de provação da fidelidade desse povo a Deus. Não que Deus tivesse testado ou castigado seu povo com o deserto, mas mostrou o deserto como um recurso pedagógico e catequético. Qualquer processo de conversão e de libertação tem seus desertos. São processos naturais para obter conquistas na vida. Quem nunca sofreu para conseguir as coisas não as valoriza. Assim, nesse tempo de deserto, de lapidação do povo para as conquistas, Deus não o desamparou nessa travessia, mas enviou líderes, como Moisés, para guiá-lo e apontar os procedimentos corretos. Esse povo bebia de uma rocha salvadora, que era Deus, por meio de Moisés, mas nem todos foram fiéis e perseveraram, como vemos na continuação da história da libertação. Alguns se tornaram idólatras, diz a carta de Paulo aos Coríntios (1Cor 10,1-6.10-12).

Assim, a história dos antepassados serve como modelo ou espelho. As coisas que deram certo, os bons exemplos devem ser imitados, e o que não deu certo, os erros e os desvios devem ser evitados. Vocês já imaginaram se Moisés, por medo ou insegurança, tivesse negado o pedido que Deus lhe fez? Cada vez que negamos um pedido que nos é feito na Igreja, podemos estar abortando o projeto de Deus. Ser catequista não é fácil, mas não precisa ser capacitado, mas sim deixar-se capacitar por Deus e também se esforçar, buscando capacitação, que encontramos de várias maneiras: participando de formação para catequista, em âmbito paroquial, diocesano ou nacional; deixando-se modelar por Deus, como o barro nas mãos do oleiro; colocando-se à disposição de Deus e da comunidade; dizendo sim, a exemplo de Maria, que também teve medo, insegurança, mas confiou porque tinha fé, a exemplo de Moisés, que, apesar de se achar incapaz, disse sim a Deus, que o capacitou, tornando-o um dos maiores líderes que encontramos no Antigo Testamento. Há muitas maneiras de um catequista se capacitar e produzir bons frutos na Igreja, sem ser como a figueira estéril.

Se você tem fé, crê em Deus, não tenha medo de se colocar à disposição dele e produzir frutos. Diz a carta do apóstolo Paulo aos Coríntios (1Cor 10,1-6.10-12) que "esses fatos aconteceram como exemplo para nós, para que não cobicemos coisas más, como eles cobiçaram". Para isso serve a história, e não apenas para recordar fatos passados. A parábola da figueira estéril não é apenas uma mera ilustração alegórica, mas um profundo ensinamento para todos nós, sobretudo para quem tem a missão de ser catequista. É um pouco isso que nos mostra esse trecho da primeira carta aos Coríntios. Nesse texto, o apóstolo relembra à comunidade que seus antepassados estiveram sob a nuvem de Deus, atravessaram o mar e receberam um batismo que os ligava a Moisés. Diz também que, embora todos tivessem comido do mesmo alimento espiritual e bebido na mesma fonte da espiritualidade de Moisés, estando unido por uma mesma rocha espiritual, nem todos agradaram a Deus. Ou seja, podemos professar a mesma fé, a mesma religião, seguir o mesmo manual de catequese, mas nem todos procederão de acordo com a vontade de Deus. Há muitos batizados, e alguns catequistas, que, embora tenham recebido esse sacramento, não vivem a fé recebida no batismo. Ou então, podem frequentar a mesma comunidade, comungar do mesmo corpo de Cristo na Eucaristia, não faltar aos encontros de catequese, mas ter procedimentos que desagradam a Deus. A mesma coisa acontece na catequese, de qualquer etapa, pois todos os catequistas estão na mesma missão, mas nem todos dão o melhor de si, buscando produzir bons frutos. Há quem seja catequista por muitos anos, quase uma vida, e não muda em nada seus maus procedimentos. Assim, estar na Igreja, ter uma religião não é garantia de salvação. O que salva é a justiça que praticamos e os frutos que produzimos. É preciso estar na Igreja e praticar a fé, conforme a vontade de Deus. Se assim não for, seremos apenas um número a mais, como a figueira que não produziu fruto.

A parábola da figueira que não produzia frutos, ou da figueira estéril, tem seu contexto. Os textos que vêm antes, notícias trágicas, levadas para Jesus, são complementares dessa parábola, pois a parábola foi contada exatamente para elucidar esse contexto de má interpretação da realidade, algo muito comum, hoje, quando vemos tanta gente interpretando e julgando à revelia acontecimentos e tragédias. As más notícias, ou notícias trágicas, correm velozmente. Parece que as pessoas sentem certo "prazer" mórbido em contar fatos dessa natureza, e sempre se busca um culpado para tais acontecimentos. Temos facilidade em apontar culpados, julgar e condenar, como se fôssemos juízes dos fatos. Há pessoas que chegam a colocar a culpa nas próprias vítimas por determinados acontecimentos, mas Jesus mostra que as coisas não são bem assim. Julgar e condenar são procedimentos fáceis, difícil é enxergar a verdadeira realidade e fazer justiça. Assim, a parábola mostra que, em vez de ficarmos julgando e condenando as pessoas, deveríamos cuidar mais de nossa vida, de nossa conversão. O mundo seria bem melhor se nós reparássemos nossos erros em vez de apontarmos os erros dos outros e condená-los, sem nem sequer sabermos os motivos de tais acontecimentos e situações. Por isso Jesus reage, diante das notícias trágicas que lhes eram trazidas: "Se vocês não se converterem, vão morrer todos do mesmo modo". Ou seja, alerta--os para estarem atentos, pois o fato poderia também acontecer com eles. É diante dessa situação que ele conta a parábola da figueira estéril, para ensiná-los a se preocuparem mais em fazer o bem, produzir frutos do que julgar os atos alheios. Bom seria se todos os catequistas ensinassem seus catequizandos a agirem assim, sem julgar a vida alheia; o mundo seria bem melhor, e a Igreja, um sinal ainda mais evidente da presença do Reino. Se um catequizando termina as etapas iniciais e não se torna uma pessoa de Deus, que produz bons frutos, a catequese foi uma figueira estéril.

Na figueira, plantada no meio da vinha, há três anos seu dono não encontrava frutos. Por isso, ele está decidido arrancá-la porque ela apenas inutilizava a terra e ocupava espaço. Porém, o agricultor intercede por ela e pede que lhe seja dada mais uma chance. Ele iria cavar em sua volta e colocar adubo. Quem sabe assim no futuro ela daria fruto. Se não desse, então, ele poderia cortá-la. Assim deveria proceder cada catequista com seus catequizandos. Não desistir deles quando não produzissem os frutos esperados. É preciso cuidar, visitar sua família, acompanhá-los mais de perto, ser a presença da Igreja na vida deles. Pois é assim que Deus faz conosco todos os dias. Ele sempre nos dá uma chance, uma oportunidade para que produzamos frutos. Será que estamos aproveitando essas oportunidades? Cada dia de vida que Deus nos concede representa mais uma chance, mais uma oportunidade para melhorarmos e nos tornarmos pessoas mais humanas, mais amorosas, mais dispostas a fazer o bem. Se não fizermos isso hoje, amanhã poderá ser tarde demais. Se você está lendo este texto agora é sinal de que recebeu mais uma chance. Vai desperdiçá-la?

Todo tempo de vida é tempo de mudança. Cada dia que acordamos é o agricultor divino cavando a nossa volta e colocando o adubo da fé, da esperança e do amor, para que possamos nos alimentar dele e sermos também mais amorosos, mais fraternos, mais justos. Precisamos colocá-lo em prática e não apenas falar sobre ele. A figueira vivia seu tempo de deserto, de aridez, de carência de frutos. Porém o agricultor a ajuda superar esse tempo. Assim aconteceu com o povo hebreu. Ele viveu um tempo de escravidão e de deserto. Deus enviou Moisés para ajudá-lo a se libertar e atravessar o deserto. Alguns souberam aproveitar essas oportunidades, já outros não. Os que souberam se salvaram, e os que não aproveitaram se perderam. A parábola não diz se a figueira aproveitou a oportunidade dada, mas deixou em aberto a questão para nossa reflexão. A oportunidade nos é dada. Estamos aproveitando ou não? Deus nos visita todos os dias para ver se estamos produzindo frutos. Até quando ele será paciente e misericordioso conosco? Vale a pena pensar sobre isso e buscar fazer mudanças que façam a diferença para melhor em nossa vida e na vida de nossos irmãos. Não podemos perder essa oportunidade. Tenhamos, portanto, presentes, diante de nós, os acontecimentos de ontem e de hoje e tiremos deles lições para nosso crescimento na fé, no amor e na justiça. Somente assim seremos, na catequese e na vida, figueiras que produzem bons frutos.

Assim, a parábola da figueira estéril e seus complementos nos apresentam um tema clássico: o amor e seus frutos. É um tema que está sempre presente na Bíblia, de uma forma ou de outra. Nessa parábola, ele vem com muita força, direto, como elemento medular de qualquer relação pessoal e social. Onde não há amor, não há possibilidade de existir vida cristã, pois Cristo é amor e nos deixou esse legado. O amor deve existir em toda parte e não apenas em determinadas repartições. Quando existe amor na família, ele se estende para a comunidade e da comunidade para a sociedade e todos produzem frutos. Quem não consegue amar os seus, dentro de sua própria casa, dificilmente vai conseguir viver o amor fraterno na comunidade e nem na sociedade, e dificilmente produzirá algo de bom. Costumo lembrar que quem não consegue respeitar um membro de sua família (pai, mãe, irmãos, avós, esposo ou esposa etc.) dificilmente vai respeitar alguém na rua ou no trabalho. Vemos, portanto, que esse é um tema muito importante, e essa parábola com seus textos complementares iluminam nossa reflexão e apontam caminhos para vivermos o amor entre todos, a fim de produzirmos bons frutos, resultado do amor.

Para isso, precisamos viver uma vida de oração equilibrada, sem nos tornarmos uma pessoa "carola", fanática ou chata. O catequista que não reza dificilmente produzirá frutos em sua missão. Há pessoas que "oram" de modo fanático, e quem assim procede acaba por se tornar intolerante. Assim vemos na primeira carta de Pedro (4,7-13). Nela Pedro pede moderação, sobriedade na oração e que possamos, acima de tudo, conservar entre nós um grande amor. Somente o amor consegue suplantar os inúmeros pecados que cometemos. O amor se revela no acolhimento, na hospitalidade, na fraternidade, na solidariedade, na tolerância e no respeito etc. Esses são frutos que produzimos resultados do amor. Deus nos tem concedido tantas graças que deveríamos viver de acordo com elas, colocando-nos a serviço uns dos outros. Mostramos o amor que temos pela dedicação e pelo serviço à comunidade, aos irmãos, pois esses são também serviços a Deus. Servir a Deus é servir ao irmão. Assim, como pessoas, catequistas, que amam umas as outras, seremos porta-vozes de Deus. É essa a essência da missão, pois, se Deus nos deu dons, devemos colocá-los a serviço com toda a nossa alma, com todo o nosso coração. É dessa maneira que glorificamos a Deus e produzimos frutos. Mesmo que tenhamos dificuldades e sofrimentos, se o amor for verdadeiro, ele será maior que qualquer dificuldade e sofrimento.

Há um ditado que diz que as aparências enganam. Às vezes, pensamos algo de uma pessoa e, quando chegamos perto, na prática, ela é completamente diferente. E o pior é que fazemos julgamentos apenas pelas aparências. É o caso da figueira dessa parábola: de longe pareceu exuberante por suas folhas, por isso logo se pensou que ela tivesse frutos. Porém, ao chegar perto, só havia folhas. Há pessoas que têm belíssimos discursos, mas que na prática não produzem nada de concreto, são como figueiras que só produzem folhas. Jesus se aborrece com a figueira, como se aborrece quando não produzimos nada de bom. Seu aborrecimento se estende até outras instâncias. Ele chega ao templo e expulsa os cambistas e vendedores. Eles haviam transformado o espaço sagrado em lugar de comércio. Deus se aborrece conosco quando vivemos uma prática religiosa comercial, ou seja, quando nos relacionamos com as coisas de Deus como se elas fossem mercadorias. Não são poucas as pessoas que buscam os sacramentos como um produto no supermercado. Outras que usam dos espaços sagrados para o benefício próprio. De uma forma ou de outra, quem age assim profana o sagrado e desagrada a Deus. A figueira secou e os vendilhões foram expulsos. Ambas as situações revelam uma falta de amor às coisas de Deus. Quem se diz cristão, mas não produz obras que favoreçam os irmãos, está fazendo uso inadequado da religião. A mesma coisa quem a usa para o benefício próprio. Para todas essas situações Jesus pede fé e amor. Com fé é possível reverter essa situação e com amor se constrói ações que agradam a Deus.

Assim, Jesus observa o templo e vê que ele não está cumprindo seu papel. Não está produzindo os frutos desejados, não está sendo sinal da presença de Deus. Vai para Betânia e, ao sair de lá, com fome e sede de justiça, dirige-se a uma figueira vistosa, coberta de folha. Vai buscar os frutos dessa figueira. Nada encontra, a não serem as folhas. Fica decepcionado e amaldiçoa a figueira, que seca até a raiz. A figueira representa um povo que não produz frutos. Não produzir frutos, isto é, não fazer nada de bom é algo que aborrece profundamente a Deus. Diz o ditado popular que "quem não vive para servir não serve para viver". Esse provérbio se emprega bem a essa situação. Fomos chamados a este mundo para produzirmos frutos bons, que permanecem. Assim é também o papel da Igreja. Sua missão é ser mediadora entre Deus e o mundo. Uma igreja que se transforma em comércio profana o sagrado, desvirtua as coisas de Deus e perde o sentido de existir. Jesus, quando vê o templo sendo profanado por pessoas que usavam dele para explorar outros, expulsa-as daquele lugar.

Essa parábola nos convida a olhar nossas atitudes em relação ao próximo e a atitude que estamos tendo dentro de nossos templos, de nossas igrejas e comunidades eclesiais. Será que estamos fazendo algo que promova a vida, que dê mais alegria aos irmãos ou estamos como a figueira, vivendo somente de aparência? Será que nossas paróquias, por meio de seus dirigentes e fiéis, estão sendo casas de oração, lugares de encontro com Deus ou têm se transformado em "toca de ladrões", onde se usa o espaço sagrado para extorquir as pessoas? Será que os catequistas estão preocupados em ver os resultados positivos da catequese ou estão apenas cumprindo uma função? Vale a pena refletir!

Jesus pede que rezemos, que nossas orações sejam de perdão, de amor e de misericórdia e que não levemos adiante coisas e situações que nos aborreceram na catequese ou na vida de comunidade. Guardar mágoas e ressentimentos não produz nada de bom, além de demonstrar falta de amor em nosso coração. Quem guarda mágoa ou rancor se torna como a figueira estéril, ou seja, vai secando aos poucos, até a raiz.

Viemos a este mundo porque Deus quer algo de nós. Ninguém está aqui por acaso. Se aqui estamos, é porque temos uma missão a cumprir, algo a fazer. Na curta passagem por este mundo, devemos estar sempre a serviço do próximo, produzindo algo que faça a diferença, não apenas em nossa vida, mas na vida do mundo. Esse deve ser nosso empenho e nossa dedicação constante. Por isso que você foi chamado a ser catequista em sua comunidade. Não precisam ser feitas grandes coisas para sermos lembrados por Deus, bastam os pequenos gestos do dia a dia, desde que eles sejam de bondade e resultem da pureza de nosso coração e do amor ao próximo.

O livro do Eclesiástico nos diz que os gestos de bondade nos eternizam (44,1.9-13). A única coisa que permanece, diz esse texto, são as coisas boas que fazemos para nosso próximo. Diz um belo pensamento: "as pessoas podem não lembrar exatamente o que fizemos, ou o que dissemos, mas elas lembrarão como as fizemos sentir". Assim, os gestos de bondade marcam nossa passagem neste mundo porque fazem as pessoas se sentirem bem. Quem não se comove diante de um gesto de bondade? Até as pessoas mais insensíveis são tocadas por eles. Por essa razão, o Eclesiástico recorda e faz elogios àquelas pessoas que ficaram famosas, isto é, que se eternizaram pelas lembranças boas que deixaram. Porém, há os que nada fizeram de bom, nada deixaram. Essas pessoas desaparecem como se não tivessem existido. Isso porque viveram como se não tivessem vivido, diz o texto. Sua vida foi apática, sem compromisso, sem se preocupar com os outros, sem fazer com que outros se sentissem bem com suas ações ou com sua presença. Por essa razão, o texto enfatiza a necessidade de sermos pessoas de misericórdia, cujos gestos são sempre de bondade. Essas pessoas jamais serão esquecidas e terão realizado seu desejo de eternidade. Elas permanecerão para sempre não apenas na memória dos que ficam, mas também na vida de seus descendentes. A bondade é, portanto, a maior herança que alguém pode deixar para seus semelhantes. Como o próprio texto diz: "sua descendência permanece para sempre, e sua glória jamais se apagará". Por outro lado, quem não fez nada de bom, quem não produziu frutos se apaga como a chama de uma vela ou como uma árvore que morre. Torna-se uma pessoa seca, vazia de sentimentos e com uma vida sem sentido. É esse alerta que faz a parábola da figueira estéril.

Catequistas, podem ter certeza que se vocês fizerem essa revisão de vida, lerem essa parábola com o método da leitura orante, ela provocará grandes transformações em sua vida pessoal, profissional e em sua vida de catequista.

26
A PARÁBOLA DOS PRIMEIROS ASSENTOS
(Lc 14,7-11)

A parábola dos primeiros assentos (Lc 14,7-11) traz para nossa reflexão o tema da humildade, algo de que o mundo, nossa Igreja e muitos de nós, catequistas ou não, está carente, mesmo tendo papa Francisco, uma figura extremamente humilde, que nos leva a refletir sobre a posição de muitos na sociedade e na Igreja. A humildade pode até nos deixar invisíveis neste mundo, mas nos torna visível no reino de Deus, que derruba de seus tronos os poderosos e eleva os humildes (Lc 1,52). Deus oculta dos sábios a sabedoria do reino e a revela aos pequeninos e humildes (Mt 11,25). O próprio Jesus, sendo Deus, não se apegou a sua condição divina e tornou-se humilde até a morte de cruz (Fl 2,6). Antes, porém, soube se levantar da mesa, tirar o manto, colocar o avental e ajoelhar-se para lavar os pés dos discípulos, em um gesto de extrema humildade e exemplo para que eles fizessem o mesmo (Jo 13,4-5). Assim, vamos percebendo quão importante é a humildade. Ela nos torna grandes diante de Deus. É o que vemos na parábola dos primeiros assentos, trazida para o contexto da vida e missão dos catequistas, que é um exercício de humildade.

Vimos em outra parábola que a porta que dá acesso ao banquete do reino é estreita e, para passar por ela, é preciso que se tenha uma senha: a prática da justiça. Essa parábola da porta estreita diz indiretamente, e com outras palavras, que de nada adianta a quantidade de missa de que nós participamos, os anos em que fomos catequistas, os inúmeros de terços que nós rezamos, as práticas devocionais que professamos, se tivermos sido pessoas injustas e arrogantes. Os injustos se tornarão invisíveis diante da porta do banquete e, por mais que recorra a suas supostas práticas religiosas, não serão reconhecidos e a porta não será aberta, pois pessoas "estranhas" a Deus não adentram o recinto dos justos. Já os justos, os que fizeram bem a seus semelhantes, passarão pela porta estreita e se assentarão ao banquete do reino, sem importar de onde vieram e como foi sua vida religiosa. Nessa mesma linha, segue a parábola dos primeiros assentos, que também poderia ser denominada de "a parábola dos últimos assentos", que coloca como chave de leitura, ou senha para os primeiros lugares no banquete do reino, a humildade. Se na outra parábola a senha era a justiça, nessa a senha é a humildade. Vão guardando essas senhas porque vocês vão precisar delas em algum momento.

Humildade não é sinônimo de fraqueza ou de incapacidade, como muitos podem imaginar, mas de grandeza. Quanto mais uma pessoa é sábia mais humilde ela é. Quando vemos uma pessoa muito arrogante, assoberbada e prepotente, logo podemos imaginar que deve ser uma pessoa muito pobre e ignorante: pobre de espírito, pobre intelectualmente, pobre da graça de Deus. Ou então pessoas que, para esconderem sua incompetência e ignorância, recorrem à arrogância. As pessoas de grande sabedoria são, geralmente, pessoas de grande humildade e simplicidade.

Temos, no contexto dessa parábola dos primeiros assentos, o cenário de uma refeição, um jantar, um banquete oferecido por um dos chefes dos fariseus. O contexto indica que é um banquete porque quem oferece é uma pessoa poderosa. Geralmente em baquetes dessa natureza, nas festas oferecidas pelos poderosos, é possível detectar os comportamentos sociais mais variados, sobretudo o desejo de visibilidade pessoal. Eles funcionam como uma vitrine para as pessoas tidas como importantes na sociedade ou comunidade. E de fato, essas ocasiões revelam quem são as pessoas, não tanto pelos lugares que elas ocupam, mas por sua postura ou seu comportamento durante o banquete. Muitos vão exatamente para isso, para se exibirem, serem vistos. Assim, essas festas funcionam como um expositor da sociedade local. Quem ocupar o lugar mais nobre, nesse "stand" ou "vitrine", será mais visto, mais bajulado, tido como o mais importante e, consequentemente, mais beneficiado. A elite, presente nessas festas, e outras categorias convidadas disputam os melhores lugares, que geralmente são os primeiros, mais perto da mesa do anfitrião, com mais chances de sair nas fotos, nas filmagens, no conceito de quem os convidou na mídia e, consequentemente, no imaginário social. Essas festas não são de confraternização, mas de exibição. Era assim o jantar para o qual Jesus foi convidado. São assim as festas dos poderosos de hoje, e pode se tornar assim uma festa na comunidade paroquial, em uma confraternização de catequistas.

Jesus, observando o comportamento dos convidados, aproveita a oportunidade para aplicar seus ensinamentos. Reparem bem na catequese de Jesus, que é pautada em observações da realidade, em exemplos concretos e, acima de tudo, com o conteúdo essencial de sua doutrina. Jesus ia a festas, inclusive, de pessoas tidas como importantes não para ser ou se comportar como uma delas, mas para ensiná-las ou para mostrar para seus catequizandos, isto é, seus discípulos, como não se comportar.

Quando Jesus vê os convidados disputando os primeiros lugares, conta a parábola dos primeiros assentos em uma festa de casamento, recomendando que, ao ser convidado para uma festa, não se deve ocupar os primeiros lugares, pois corre-se o risco de, ao ocupá-los, estarem reservados para outros e de a pessoa que nele se assentou ser convidada a se levantar e dar o lugar a outra supostamente mais importante que ela. Se isso vir a ocorrer, será uma grande humilhação diante dos convidados. Jesus se refere não apenas a uma festa literal, mas ao grande banquete da vida, as relações deste mundo, em que as pessoas disputam os primeiros lugares nas mais variadas situações. Querer os primeiros lugares significa querer subir na vida a todo custo, ter cargos, posses, poder, mesmo que se passe por cima de outras pessoas, aplicando golpes baixos para eliminar aqueles que representem obstáculos a sua ascensão social ou visibilidade. Infelizmente, esses procedimentos são mais comuns do que imaginamos. Mesmo dentro da Igreja, encontramos pessoas agindo com essa índole ou esse comportamento. Pessoas que, para obter "os primeiros lugares", isto é, cargos e funções de privilégio ou visibilidade, buscam diminuir ou destruir outras. Isso acontece em diversas instâncias, da base à cúpula da Igreja. Essas pessoas podem até conseguir o que desejam e serem aplaudidas neste mundo, mas diante de Deus estarão sentadas no último lugar. Quem se coloca a serviço, de maneira humilde, não importando o cargo ou função que ocupa na sociedade, será reconhecido por Deus, chamado a se assentar em um lugar de destaque no banquete do Reino. O papa Francisco tem ensinado exatamente isso com sua postura, suas palavras e seu jeito de ser.

Então, como proceder diante de uma sociedade que busca privilégios e os primeiros lugares? A resposta nós encontramos nessa parábola. Ao darmos uma festa, devemos convidar os que não têm como retribuir. Quando fazemos isso, estamos fazendo a Deus, que dará a recompensa. Fazer alguma coisa para o outro, esperando receber algo em troca, é convenção social, interesse vil; mas fazer algo na gratuidade, sem esperar nada em troca, é bondade, humildade, grandeza diante de Deus. Assim, o grande ensinamento dessa parábola é o serviço na humildade, que traz felicidade. Com gestos dessa grandeza, receberemos a recompensa dos justos, o reino de Deus, a salvação.

Os catequistas sabem bem disso, pois a maioria serve na humildade e não espera nada em troca. Catequistas não recebem salário. Nisto consiste sua missão: servir sem esperar nada em troca. Porém, mesmo assim, há que se cuidar para não deixar a vaidade se apoderar de seu ser, de seu agir. Por essa razão, estar em alerta é sempre uma postura de quem quer agir na gratuidade e sem angariar para si visibilidade. Catequistas, tomem cuidado na hora de separar bancos na igreja para essas ou aquelas pessoas; se fizerem isso em alguma ocasião – nas primeiras eucaristias, crismas ou em outras solenidades –, tenha a educação de não retirar do lugar quem não estava sendo esperado para se assentar. Você irá constrangê-lo desnecessariamente.

Essa parábola nos coloca também diante de Deus (cf. Hb 12,18-19.22-24a). Ao sermos humildes no serviço ao próximo, aproximamo-nos de uma realidade intocável, divina, comparada ao monte Sião, a Jerusalém celeste, à reunião festiva de milhões de Anjos, à assembleia dos primogênitos, teremos nosso nome inscrito no céu, diz o trecho dessa leitura. São procedimentos que nos conduzem à salvação, enquanto que a arrogância, as vaidades humanas, o orgulho desmedido nos conduzem à humilhação, à condenação.

Assim sendo, recorremos às sábias recomendações do livro do Eclesiástico (3,17-19-21.30-31), que enfatiza o tema da humildade, pedindo que todas as nossas ações sejam realizadas na humildade e mansidão. Quem assim age é amado mais que os generosos. De nada adianta ter grandes atos de generosidade, se esses não forem feitos com humildade. Há muitos ricos que doam para exibirem suas riquezas e serem reconhecidos como bondosos, mas seus atos não são praticados com humildade. Quem doa para ter abatimento no imposto de renda não é generoso, mas interesseiro; quem doa para ver seu nome na lista dos benfeitores da igreja já recebeu sua recompensa; quem doa apenas para desencargo de consciência já recebeu o que merecia, mas quem doa por bondade, humildade e gratuidade, encontrará graça diante de Deus. Deus glorifica os humildes, diz esse trecho selecionado da leitura do Eclesiástico, mas para o mal dos orgulhosos não existe remédio. Estes trazem enraizada em si uma planta de pecado, e, enquanto ela não for erradicada, suas ações serão como as dos que desejam os primeiros lugares nos banquetes.

Portanto, catequistas, reflitam sobre essas palavras com seus catequizandos, como pede o livro do Eclesiástico. Assim, vocês buscarão sempre a sabedoria que vem dos humildes, de Deus, que lhes prepara uma mesa (Salmo 67/68). Nela se assentarão os justos, que se alegrarão por verem o Senhor.

Recordo que na carta ao Filipenses (1,18b-26), Paulo, apóstolo, não fala apenas de doutrinas, mas de serviço, de doação ao próximo e do valor de se doar na humildade. Nesse trecho, o apóstolo está em um dilema crucial: viver ou morrer? Há quem, diante de certos acontecimentos, como por exemplo, a prisão, ou coisa parecida, ou mesmo situações bem menos dramáticas, pense em tirar a própria vida. Paulo diz que não tem medo de morrer, pois confia plenamente que, se morrer, estará bem melhor e com Cristo; mas entende que sua vida ainda é muito importante para outras pessoas, por isso opta pela vida e mostra que lutará por ela com todas as suas forças. Essa é uma autêntica postura de um missionário. Ele não busca a morte, enfrenta-a de modo corajoso para que outros tenham vida. Opta pela vida por causa da comunidade. É um gesto belíssimo de doação e amor à missão, o qual deveria estar no coração de cada missionário, de cada catequista, pois somente assim será mostrada ao mundo a alma missionária. Paulo ensina servir na humildade, não buscando os primeiros lugares.

Essa parábola é uma recomendação à humildade de saber qual é seu lugar. Maior para Deus é quem serve mais seus irmãos, na humildade.

Vemos, assim, o quanto o amor de Deus por nós é surpreendente. Ele ama a sua maneira, e às vezes nos custa entender isso. Preferimos agir conforme achamos que é certo, e o resultado nem sempre é animador. Precisamos aprender a confiar mais em Deus e vê-lo em todos os acontecimentos de nossa vida, inclusive nas decepções e humilhações. Eles servem para nosso crescimento como ser humano. Quando entendemos essas coisas, tornamo-nos mais equilibrados e pacientes com as coisas e as pessoas. Quando alguma coisa não sai como queremos, ou não dá certo, é porque não era ainda o momento. Deus reserva para nós a hora certa e o momento certo, basta confiar.

Que possamos agradecer a Deus tudo o que ele nos concedeu na missão de catequista e que nos fortaleça na continuidade da missão, conforme ensina o apóstolo Paulo. Que nossos procedimentos sejam de humildade, revelem nosso serviço, nossa doação ao próximo. Que saibamos ocupar os primeiros lugares na hora de servir e os últimos quando formos servidos. Que, na missão, o orgulho e a ambição nunca se apoderem de nosso coração. Somente assim seremos, como catequistas, autênticos discípulos e missionários de Jesus Cristo.

27
A PARÁBOLA DO CONSTRUTOR DA TORRE E DO REI GUERREIRO

(Lc 14,28-33)

A parábola do construtor da torre e do rei guerreiro (Lc 14,28-33) possibilita-nos refletir sobre vários temas, inclusive o do planejamento, algo muito importante na catequese. O planejamento da catequese possibilita oferecer aos catequizandos um caminho mais seguro a trilhas, com conteúdos previamente estipulados e toda uma programação organizada. Essa parábola traz também para nossa reflexão o tema do seguimento de Jesus e seus desafios, que são muitos na catequese e na vida; mas o maior deles é a renúncia. Seguir Jesus exige fazer renúncias das coisas elementares da vida e não apenas renúncias de coisas materiais ou supérfluas, que muitas vezes temos dificuldades em renunciar. Imaginem renunciar as coisas que são verdadeiramente importantes, como, por exemplo, a família e nós mesmos? Quando uma pessoa assume dar catequese na paróquia, ela precisa fazer algumas renúncias, inclusive renunciar um tempo de estar com a família, para poder estar um tempo na igreja ensinando a outras pessoas. Jesus coloca de imediato essas coisas para mostrar quão difícil é segui-lo, quão difícil é ser cristão, quão difícil é ser catequista. Porém, ele não faz isso para pôr dificuldade no seguimento, ou porque ele não quer que o sigamos, mas para termos consciência de que abraçar sua proposta, assumir sua missão, ou seja, ser verdadeiramente cristão não é brincadeira, não é algo banal, mas uma proposta desafiadora, revolucionária, transformadora; somente os que fazem tais renúncias conseguem ser seus verdadeiros discípulos. Há muitos que dizem seguir Jesus, mas não são seus discípulos. Seguem-no por outras razões.

Por que Jesus diz isso? Porque ele viu que uma multidão o acompanhava. Na verdade, o texto diz "acompanhavam" e não seguiam. Há uma diferença fundamental entre acompanhar e seguir. Seguir significa imitar, ser discípulo; acompanhar é algo sem compromisso. E Jesus percebeu que boa parte não o estava seguindo, mas apenas o acompanhando, como se acompanha uma procissão. Havia muitos curiosos, encantados com a novidade; pessoas que se deixavam levar pelo modismo, pela euforia; os interesseiros; os que estavam acompanhando pensando em obter algo em troca, um lugar de destaque, poder e glória; os que estavam infiltrados na multidão, fingindo serem discípulos para apanhá-lo em alguma armadilha, para espionar suas ações, bisbilhotar sua vida e entregá-lo às autoridades. Nessas multidões, também havia gente com verdadeiro compromisso, disposta a deixar tudo e segui-lo, como vemos nos relatos sobre os primeiros discípulos que deixaram as barcas, as redes, a família e seguiram-no. Eles deixaram para traz a própria vida para abraçar uma nova, configurada em Cristo; renasceram. E isso está simbolizado na mudança de nome. Simão passou a ser chamado Pedro, Levi foi chamado de Mateus, Natanael de Bartolomeu e assim por diante. Antigamente, quem assumia a vida religiosa, fazendo votos em uma Ordem ou Congregação religiosa, também mudava de nome. Isso não quer dizer que somente os consagrados podem seguir radicalmente a Cristo. Todos nós somos chamados a esse seguimento.

Entretanto, será que sabemos quem estamos seguindo? O cristianismo é uma das maiores religiões em número de adeptos, perdendo apenas para o Islamismo, segundo pesquisas. Porém, será que esses milhões e milhões de cristãos, das diversas denominações religiosas cristãs, conhecem verdadeiramente as propostas de Jesus Cristo? Será que estão dispostos a fazer renúncias radicais como as que são propostas por Jesus? Será que planejam suas ações em vista do bem servir?

Acredito que boa parte não. Um número muito pequeno sabe disso, e é pequeno o número dos que conhecem verdadeiramente a Cristo e está disposto a ir com ele até as últimas consequências, dando a própria vida, se preciso for. Não são poucos, hoje, os que o segue porque veem outros seguindo, ou porque a família tem tradição cristã, ou porque acham simpática a proposta cristã, vista apenas pelo ângulo da glória. Será que, se essas pessoas vissem o seguimento de Jesus pelo ângulo da cruz, continuariam acompanhando? Nossas igrejas estão cheias de pessoas louvando a Deus, mas na hora do compromisso com os sofredores, na hora de ajudar o próximo ou de se comprometer, para pôr fim às injustiças, não estão presentes, arranjam desculpas, dizem ter outras coisas para fazer. Há também um grande número dos que estão na Igreja, ou a procuram, apenas interessado na salvação individual de sua alma, sem se preocupar com a vida e a alma de seu semelhante. E há catequistas que estão na catequese, mas que também não entenderam a proposta cristã. Se lhes forem feitas algumas exigências, afastar-se-ão. Esses são os que têm uma espiritualidade individualista, intimista e que vão à missa, ou à igreja, por obrigação; dão catequese por obrigação; rezam por obrigação; têm práticas devocionais por obrigação e chegam mesmo a marcar quantos terços rezaram e de quantas missas participaram no mês, como se Deus tivesse um livro de registro dessas ações e as fosse contabilizando, para, no final, dar o veredito sobre a salvação ou não daquele que praticou, ou deixou de praticar tais ações supostamente religiosas.

Vimos em outras parábolas e em outros textos bíblicos que nada disso tem importância se esses atos não vierem acompanhados da prática da justiça e do amor. A prática da justiça é a chave que vai abrir a porta estreita do reino dos céus; é o que vai alargar essa porta estreita para que passemos por ela; é o combustível que vai manter acesa a chama de nossas lamparinas, para que estejamos em alerta quando o Senhor chegar e abrir a porta, como vimos na parábola das dez virgens (Mt 25,1-13), em que cinco eram previdentes e souberam planejar suas ações e as outras cinco não. Sem a prática da justiça e seus derivados não entraremos no reino do céu, mesmo que tenhamos tido práticas devocionais e espirituais. E sem fazer renúncias também não entraremos, pois quem não consegue se desvencilhar de seus bens terrenos não poderá conquistar bens celestes. Essa proposta está bem evidente na parábola do construtor da torre e do guerreiro (Lc 14,25-33), a qual poderíamos muito bem denominar de a parábola do planejamento pastoral.

Porém, fazer renúncias não significa que vamos abandonar nossa família, deixando de amá-la, como trazem algumas traduções bíblicas. Também não significa que não podemos ter nada de material nesta vida. O que Jesus quer dizer é que não podemos colocar nada no lugar de Deus, mesmo que sejam coisas extremamente importantes para nós, nem nossa vida, pois o primeiro mandamento de Deus é este: "Amar a Deus sobre todas as coisas". Amar a Deus sobre todas as coisas significa colocá-lo em primeiro lugar em tudo. A família é um dom de Deus e devemos amá-la e cuidá-la, mas ela não é mais importante que Deus. Nós também não somos mais importantes que Ele. Nossa vida é muito importante e devemos cuidar dela, preservá-la, mas não podemos nos idolatrar e achar que somos deuses, tendo comportamentos que desrespeitam a vida de outros para favorecer a nossa. Nossa vida só tem sentido se ela estiver a serviço. "Quem não vive para servir não serve para viver", diz um dito popular. É bem assim mesmo: a vida é para ser doada, pois seguir a Cristo é doar a própria vida. Quem pensa em ganhar a vida, seguindo Jesus, vai perdê-la. E quem perder a vida nesse seguimento vai ganhá-la, diz Jesus. Ele mesmo nos deu o exemplo. Quem o segue, sem conhecer esse dado fundamental da proposta cristã, segue de maneira equivocada. Assim, o texto e o contexto da parábola do construtor da torre e do guerreiro nos colocam diante do desafio do seguimento. Por essa razão, precisamos avaliar e planejar bem se nós estamos seguindo Jesus corretamente. Essas avaliações e esses planejamentos nós devemos fazer sempre, pois fazem parte de nosso processo de conversão e amadurecimento na fé. Podemos aproveitar as ocasiões de nossos retiros de catequistas, ou outras similares, para avaliar o seguimento, o caminhar da catequese; não podemos é deixar de avaliar. Jesus nos conta essas duas curtas parábolas que têm a intenção de nos ajudar nessa avaliação e nesse planejamento. Quando alguém vai construir um edifício, deve primeiro saber se terá o recurso suficiente para concluí-lo. Começar uma obra e não conseguir terminá-la significa prejuízo em todos os sentidos. Além do prejuízo, a pessoa pode passar vergonha por ter dado "um passo maior que a perna", como diz uma expressão popular. Muitos irão zombar dela por sua incompetência ou incapacidade de planejar suas ações. O mesmo diz a parábola do rei que vai guerrear com seus adversários. Se ele não tiver homens suficientes para vencer a guerra, deverá desistir antes, caso contrário, será um vexame e humilhação total. Com essas duas parábolas, Jesus ilustra a avaliação que devemos fazer para segui-lo e o planejamento que devemos fazer em nossas ações pastorais. Precisamos ter consciência da realidade, senão vamos apenas perder tempo na vida e sermos motivo de vergonha. Há muitos cristãos que são motivos de vergonha para Cristo e para o cristianismo. Com isso, Jesus deixa claro que quer mais qualidade do que quantidade de discípulos. Além do desafio da renúncia, há também o desconhecido. Seguir Jesus é apostar no desconhecido, no mistério, como diz a leitura do livro da Sabedoria (9,13-18). Por mais que conhecemos a proposta cristã, há sempre algo que ainda não nos foi revelado. Esse mistério pode ser um atrativo, mas pode também representar um motivo para as resistências, para o medo, dificultando o seguimento, pois, quando não temos muita clareza das coisas, é comum aparecerem as dúvidas e as crises.

Nós não podemos conhecer os desígnios de Deus, diz logo de início essa leitura do livro da Sabedoria (9,13-18). O que Deus quer de nós descobriremos com o tempo, no processo de seguimento. Não dá para saber de antemão, por isso precisamos estar preparados, planejar. Se soubéssemos, tudo ficaria mais fácil e as decisões seriam mais fáceis também. Mas não é bem assim. Por mais que pensemos saber das coisas, o que sabemos é algo ínfimo, pequeno, insignificante perto da grandeza do mistério de Deus e das coisas que ele ainda tem a nos revelar. O que sabemos, diz essa leitura, é algo da realidade que nos cerca, e, mesmo assim, sabemos muito pouco. Portanto, não adianta querermos adentrar os mistérios de Deus porque isso não nos pertence, ou pertence àqueles a quem ele quiser revelar. Não são estudos acadêmicos, ou científicos, que nos irão revelar essas coisas. A teologia da revelação não nos mostra os mistérios de Deus, por mais que a estudemos. Assim sendo, nossos pensamentos são tímidos e nossas reflexões incertas, diz o livro da Sabedoria. E ainda mais: diz que a quantidade de pecados e de apegos que temos torna ainda mais difícil de nos penetrarmos nesses mistérios, que tornam nossos corpos pesados, no sentido de mostrar nossas limitações e nossos impedimentos. O pouco que sabemos de Deus vem do Espírito Santo, diz o texto, e deve ser o suficiente para podermos segui-lo de modo consciente e amadurecido. Esse pouco deve ser suficiente para vivermos essa vida com retidão, de modo que agrade a Deus. Assim sendo, devemos confiar em Deus e deixar que ele guie nossos passos e nossas decisões, (Sl 89/90). Viemos do pó e para o pó voltaremos, isto é, a única certeza que temos é de que nascemos e vamos morrer. Isso é o suficiente para procurarmos viver bem essa nossa curta passagem por este mundo. Então, por que perdemos tempo com coisas que não edificam nossa vida? Por que fazemos mal aos outros, somos injustos se o bem e a justiça são as únicas coisas que garantem nossa salvação?

Aprendamos com Paulo apóstolo, por meio dos ensinamentos da carta a Filêmon (9b-10.12-17). Paulo está no final de sua vida e escreve ao amigo Filêmon recomendando-lhe que trate o escravo Onésimo com dignidade, como ser humano e não como escravo. Paulo escreve com delicadeza e respeito, de modo que o amigo não se sinta forçado a atender seu pedido, mas que o faça por natural bondade. Esse gesto revela uma sintonia com Deus no tratamento com o próximo. Assim devemos proceder nesta vida. Seguir Jesus é fazer o bem, tratar as pessoas com educação, respeito e não fazer nada que prejudique nosso próximo, seja ele quem for. Seguir Jesus é fazer o bem, onde quer que estejamos e com quem estivermos. Colocar o bem e a justiça diante de todos os nossos atos é fazer renúncia, apostar no desconhecido mistério de Deus e confiar nele.

Desse modo, os critérios fundamentais para o seguimento de Jesus constituem o tema central dessas duas parábolas. Seguir Jesus, sendo catequista, não é algo fácil, pois exige fazer escolhas; e toda escolha supõe renúncias. Sempre que optamos por algo, temos de renunciar a uma infinidade de outras coisas. A vida é feita de escolhas, e nossa felicidade depende das que fazemos. Por essa razão, é muito importante refletir e rezar antes de tomar decisões, como fez Jesus. Uma escolha errada pode comprometer nossa vida e a vida de outros, principalmente quando se trata de escolhas fundamentais, como essas parábolas nos propõem.

Para seguir Jesus, é preciso viver os mandamentos de Deus. Isso nos faz lembrar o homem rico que queria segui-lo e disse cumprir todos os mandamentos desde sua juventude. Porém, quando lhe foi proposto vender os bens e dar o dinheiro aos pobres, ele saiu muito triste porque era muito rico e não estava disposto a fazê-lo. Jesus concluiu que é muito difícil um rico entrar no reino de Deus, porque dificilmente estaria disposto a partilhar seus bens, um critério fundamental para o seguimento. Para ampliar a reflexão do tema do seguimento e do planejamento, trago um texto da carta de Paulo aos Romanos (13,8-10) que também trata do mandamento supremo: o amor ao próximo como complemento do amor a Deus. Sem amor ao próximo não é possível seguir Jesus, nem amar a Deus, nem fazer bons planejamentos pastorais.

Paulo pede que não fiquemos devendo nada a ninguém, a não ser o amor mútuo, única coisa que devemos a nosso próximo. É obrigação de todo cristão amar seu semelhante. Quem não ama seu próximo não pode dizer que é cristão e que cumpre a lei de Deus, pois o cumprimento da lei de Deus consiste nesse amor. Quem diz que ama a Deus, mas não ama seu próximo é um mentiroso, diz outra passagem bíblica. Assim, a lei de Deus consiste no amor. Quem ama não comete adultério; não mata; não rouba; não cobiça as coisas alheias etc. Assim, a regra é amar ao próximo como a nós mesmos, pois, se não queremos o mal para nós, não deveríamos querer para os outros. Quem ama não pratica o mal contra seu próximo, confirma Paulo. Assim sendo, é tempo de rever nossos atos. O tempo é agora. Jesus nos chama para segui-lo, mas, se não mudarmos nosso comportamento egoísta e ganancioso, não estaremos aptos a segui-lo.

Como já foi dito, grandes multidões queriam seguir Jesus. Será que todos os que fizeram parte dessas multidões tinham noção do que significava seguir Jesus? Podem ter certeza que não. Muitos o seguiram por interesse. Alguns queriam aliviar seus fardos, outros obter a salvação, bens neste mundo, como saúde, riquezas, poder. Enfim, seguiram em busca de algo de seu interesse pessoal, que nem sempre correspondia ao que Deus queria ou esperava. Jesus deixa claro os critérios para segui-lo: é preciso dar preferência a ele, e nada e nem ninguém deve ser mais importante, nem a família (pai, mãe, mulher, filhos, irmãos e irmãs) nem a própria vida. Temos aqui uma breve amostra do desafio do seguimento. A religião que propõe um seguimento fácil e vantajoso não passa de uma farsa, de alienação, pois seguir Jesus é profundamente desafiador. Exige de nós, todos os dias, uma revisão de vida e propósitos de esvaziamento das coisas que vamos acumulando ao longo de nossa vida.

Catequistas, o desafio está lançado. Não é para amedrontar ou desanimar vocês. Pelo contrário, é para mostrar a seriedade do seguimento e encorajá-los na missão árdua de ser catequista; para colocarem os pés no chão e seguirem firmes, na certeza de que, com amor, tudo é possível, pois no amor ele se faz presente e, estando presente, o que parece impossível se torna possível. Sejam construtores do reino de Deus e guerreiros revestidos com as armaduras da fé, do amor e da justiça. Assim vocês serão exímios catequistas.

28
A PARÁBOLA DA OVELHA PERDIDA
(Lc 15,4-7)

Nas demais parábolas e em outros textos bíblicos, ovelha é um termo usado para falar de pessoas e pastor, para aqueles que têm responsabilidade com as pessoas. Não são poucas as passagens que falam de ovelha e de pastor (Lc 15,1-7; Mt 18,10-14). A parábola da ovelha perdida remete às pessoas perdidas ou em vias de perdição. Aquelas que se desviam e se perdem do rebanho, isto é, saem do caminho de Deus, entram por caminhos que as conduzem à morte. Deus não quer a morte do pecador, mas que ele se converta e viva (Ez 18,23-32). Assim, a parábola tem este sentido: cuidar, se preocupar, ir atrás dos que se desviaram do caminho. Diante disso, faço a seguinte pergunta: você, como catequista, tem ido atrás das "ovelhas desgarradas"? Tem sido esse "pastor" cuidadoso, que gasta seu tempo para ir ao encontro daqueles que estão à margem dos precipícios da vida, ou se acomoda na sala de catequese, esperando as pessoas, as "ovelhinhas", irem até você e, muitas vezes, recebendo-as com frieza, dureza de coração? Pense nisso antes de continuar lendo as reflexões propostas a seguir.

A parábola da ovelha perdida está presente no evangelho de Mateus (18,10-14) e Lucas (15,1-7). Ela está também em um dos livros apócrifos, o evangelho de Tomé. Quem tiver oportunidade, leia-o também e faça uma comparação com os dois evangelhos supracitados. É possível extrair dele elementos que ajudam na interpretação e compreensão dessa parábola.

De acordo com os evangelistas dos sinóticos (os três primeiros evangelhos: Marcos, Mateus e Lucas), sobretudo Lucas (15,4-7), um pastor tinha cem ovelhas e uma delas se perdeu do rebanho. Ele deixou, na segurança do redil, as noventa e nove e foi procurar a que se perdeu. Com um olhar superficial sobre essa parábola, vamos tirar uma conclusão superficial, leviana acerca do pastor. Vamos considerar o pastor relapso, pois onde já se viu uma pessoa responsável deixar todas as outras para ir atrás de uma. Já imaginou se, um dia, você, em um encontro de catequese, em uma turma de vinte catequizandos, percebe que um catequizando faltou. Até aqui, tudo normal. Faltar à catequese não é novidade. Mas há um porém: essa criança, ao ir para a catequese, foi convidada por uma pessoa estranha a ir para outro lugar. Alguém viu e lhe avisou pelo celular. Qual seria sua reação? Ficaria tranquilo e continuaria o encontro com as demais? Ligaria para os pais e avisaria o ocorrido? Deixaria as demais na sala e iria atrás do catequizando que se desviou do caminho da catequese? Tomaria outra decisão? Qual? Essas questões são somente para pensar na situação que a parábola expõe.

É importante lembrar que essa parábola é a primeira de uma trilogia sobre a redenção que Jesus conta aos fariseus e aos mestres da lei, importantes líderes religiosos, depois de eles o terem acusado de receber e fazer suas refeições com "pecadores". Vale acentuar que pecadores eram e são as ovelhas que se desviaram do caminho. Jesus acolhia não apenas os cobradores de impostos, tidos como pessoas corruptas ou corrompidas pelo dinheiro, mas também as prostitutas, os doentes, as viúvas, os órfãos, os estrangeiros e tantas outras categorias de pessoas que não eram bem vistas e viviam à margem da sociedade.

No evangelho de Lucas (Lc 15,4-7), essa parábola aparece seguida de outras duas similares: a da moeda perdida (Lc 15,8-10) e do filho perdido (Lc 15,11-32), das quais tratamos separadamente para acentuar os elementos particulares de cada uma, apesar de suas similaridades. Todas as três destacam não apenas o que se perdeu, mas a atitude daquele que é o responsável pelo que se perdeu, ou seja, a atitude do pastor. Nesse ato se revela se você é um bom pastor ou um mercenário, ou seja, se você é um bom catequista ou alguém que meramente cumpre função. Não é por acaso que você é considerado agente de pastoral. O catequista é um pastor, e o pastor é um agente de pastoral e deve se comportar como tal; deve cuidar de todos, principalmente, dos que mais precisam. Se for preciso deixar todos os demais catequizandos, porque um deles corre perigo, deixe-os, pois quem mais precisa de você naquele momento é aquele que corre perigo. Agindo assim, você será bom pastor.

Imagine aquela clássica imagem do Bom Pastor levando nos ombros uma ovelhinha. Esse ícone representa a preocupação de Jesus com os pecadores, com os que estão à margem por alguma razão social e a misericórdia de Deus, que não quer perder ninguém. Ele existe como elemento catequético, exemplo a ser seguido. É preciso que os catequistas entendam essa simbologia para serem ainda melhores do que são na missão de catequizar. A parábola é contada por Jesus para fazer as pessoas entenderem que sua proximidade com os pecadores não deve escandalizar, mas sim provocar reflexão sobre a forma como vivemos nossa fé. Os fariseus e os doutores da lei se escandalizaram. Muitos se escandalizam ainda hoje quando se reflete sobre a atitude de Jesus com essas categorias de pessoas. Vale lembrar que a história de ontem e de hoje tem, de um lado, os pecadores que se aproximam de Jesus para ouvi-lo e, de outro, os doutores da lei, os escribas, que se desviam Dele por causa de seu comportamento. Não são poucos os que estão na Igreja com o comportamento dos fariseus e dos mestres da lei e querem um Jesus só para eles, que não se misture nos submundos da sociedade, com os que de fato mais precisam dele. Eles se desviam porque se acham santos, perfeitos, e isso é um dos grandes pecados que se comete, pois, ao se considerar santa, a pessoa acredita ter direito de julgar e condenar os que são diferentes dela, sobretudo os que erram ou que vivem em um mundo de erros e maldades humanas. Tal pessoa se achava justa, melhor que os outros por cumprir as obrigações religiosas, participar assiduamente das missas, dos grupos de oração, da catequese. O perigo do farisaísmo nos ronda todos os dias. É uma das grandes tentações do cristão.

Retomando a parábola da ovelha perdida, pergunto: com qual personagem você mais se identifica: o pastor, a ovelha ou o resto do rebanho? Qual está mais presente em sua vida e missão de catequista? Pare um pouco a leitura, pense nessas questões e depois a continue.

No quadro apresentado na parábola, quem age é só o pastor, não as ovelhas. O pastor, então, é o único protagonista, pois tudo depende dele. Veja, portanto, como é importante sua missão de catequista. Você é protagonista no contexto da catequese, é o agente de pastoral, é o pastor que age diante do episódio da ovelha que se perdeu. Observe que uma pergunta introduz a parábola: "Qual de vós, tendo cem ovelhas e perdendo uma, não deixa as noventa e nove no deserto e vai em busca da que se perdeu, até encontrá-la?" (v. 4). Como já foi questionado antes, é aconselhável deixar noventa e nove por causa de uma ovelha, uma vez que não estão tão seguras como se imagina? De acordo com a tradição bíblica, o deserto é um lugar de desafio e até de morte, onde é difícil encontrar comida, água e abrigo; nele se fica à mercê dos lobos, de outros animais ferozes e de ladrões. O que podem fazer noventa e nove ovelhas indefesas? É difícil imaginar um pastor que descuida do rebanho por causa de uma única. Jesus provoca nossa reflexão, ajudando-nos a irmos além do lugar comum e das rasas interpretações. Ele mostra o desafio da missão e a novidade do cristianismo. Porém, o texto continua paradoxal, dizendo que o pastor, quando encontra a ovelha, coloca-a em seus ombros, vai para casa, convoca os amigos e vizinhos e lhes diz: Alegrai-vos comigo (v. 6). Dá a impressão de que o pastor não volta para o deserto para recuperar todo o rebanho! Esforçando-se para encontrar aquela ovelha, parece esquecer as outras noventa e nove. Mas, na realidade, não é assim. O ensinamento que Jesus quer nos dar é de que nenhuma ovelha pode ser perdida, todas as pessoas são igualmente valiosas. O fato de ele dar ênfase a que se perdeu é para destacar que aquela que estava perdida e foi encontrada estava morta e tornou a viver. Algo similar vai dizer na parábola do filho perdido (Lc 15,32). Ao encontrá-lo, alegra-se e faz uma festa. Ele não desconsiderou o filho mais velho, mas sim o fato de ter encontrado o filho mais novo. É essa a atitude em relevância na parábola da ovelha perdida. Não podemos perder esse foco. Se tivéssemos de pintar esse quadro, lançaríamos luz na parte que mostra a ovelha sendo recuperada e deixaríamos na sombra da tela as noventa e nove no deserto. É essa a técnica que usam os pintores ao retratarem em suas telas essas cenas. Observe a tela intitulada "o retorno do filho pródigo" de Rembrandt. Ele coloca luzes no filho, aos pés do pai, e no rosto do pai, que acolhe o filho que estava perdido. Os demais personagens ficam na penumbra da tela, pois o pintor quis destacar o essencial dessa parábola: o retorno do filho e a acolhida misericordiosa do pai. Sugiro, como exercício entre os catequistas, ou entre catequizandos, que cada um pinte o quadro da ovelha perdida e depois haja uma discussão sobre o desenho que cada um fez. Creio que esse exercício ajudará na compreensão teológica da parábola, isto é, na percepção de que Deus busca os filhos perdidos, faz festa e se alegra por tê-los encontrado. Isso nos faz lembrar a beleza e riqueza do sacramento da reconciliação. Há festa no céu cada vez que uma ovelha perdida é encontrada, ou seja, cada vez que um filho de Deus é encontrado e resgatado dos submundos em que se encontra. É um amor incomensurável de Deus por nós. Nem mesmo noventa e nove ovelhas podem parar o pastor e mantê-lo fechado no redil. Nem mesmo uma turma maravilhosa de catequizandos pode parar o catequista em sua missão de ir ao encontro daqueles que mais necessitam. O pastor da parábola bem que podia raciocinar assim: "Eu tenho noventa e nove, eu perdi uma, então não é uma grande perda". Mas, como ele não é qualquer pastor, pensa diferente: ele vai à procura daquela que se perdeu. Embora cada uma seja muito importante, aquela desviada é a mais necessitada, a mais abandonada, ou a mais rejeitada. Por isso ele vai procurá-la e a traz de volta. É assim também com a moeda perdida (Lc 15,8-10) e com o filho perdido (Lc 15,11-32); é assim que Deus faz com cada um de nós.

Assim, a parábola da ovelha perdida nos aconselha a sermos misericordiosos para com os pecadores, pois é assim que Deus age conosco.

Ninguém pode desviá-lo de sua missão e vontade de salvação. Deus não compactua com este mundo do descartável, com que estamos acostumados, onde as pessoas são tratadas pelo são e têm, e não por serem humanas, que precisam de salvação. Deus não conhece a expressão "Descartar as pessoas", porque é todo amor, misericórdia, compaixão. Ele sofre com os que sofrem e busca dirimir ou diminuir seu sofrimento. O rebanho do Senhor está sempre a caminho. Não podemos achar que iremos aprisioná-lo em nossos planos e nossas estratégias. O pastor será encontrado onde está a ovelha perdida. O Senhor, então, deve ser procurado onde Ele quer nos encontrar, não onde pretendemos encontrá-lo! E nós o encontramos, muitas vezes, nos lugares onde menos imaginamos, pois ali estão as ovelhas desgarradas, perdidas ou em vias de perdição.

Vale dizer que você, catequista, só poderá recobrar o rebanho da catequese se seguir o caminho traçado pela misericórdia do pastor. O Bom Pastor, enquanto procura a ovelha perdida, faz com que as noventa e nove participem da reunificação do rebanho, pois todo o rebanho vai seguir o pastor a sua casa para comemorar com os "amigos e vizinhos". Há quadros do pastor com a ovelha ferida nos ombros e o rebanho o seguindo que expressam bem a missão do pastor: socorrer, agregar e liderar. Devemos refletir, porque, na comunidade cristã, há sempre alguém que está faltando, que se foi, deixando o lugar vazio. Na catequese ocorre a mesma coisa. Quais as causas dessa evasão? Por que as pessoas se afastam e, às vezes, nem justificam o afastamento? Isso deve nos chamar a atenção para uma ação mais arrojada e corajosa como pastor, senão corremos o risco de nos fecharmos em nosso "redil" de catequista. O papa Francisco tem alertado a Igreja sobre isso: "Prefiro uma Igreja acidentada, ferida e enlameada, por ter saído pelas estradas, a uma Igreja enferma pelo fechamento e a comodidade de se agarrar às próprias seguranças" (EG 49). O pastor quando vai ao encontro das ovelhas perdidas volta enlameado, mas com o coração e a alma alvejados diante de Deus.

Você, catequista, não deve ser fechado em "panelinhas" da catequese, porque, se assim o fizer, terá o cheiro de mofo, de coisas fechadas e sem vida. Você tem de sair e não se fechar em si mesmo, em pequenos grupos, dentro de sua paróquia, considerando-se "o justo", o santo e perfeito. Isso acontece quando falta o impulso missionário, que o leva ao encontro dos outros, das ovelhas perdidas. Não vale dizer que em sua paróquia não tem "ovelhas desgarradas", porque isso é desculpa de quem se fechou e se acomodou. É bom destacar que, na visão de Jesus, não existem, definitivamente, ovelhas perdidas, mas ovelhas desgarradas, que serão encontradas e recuperadas caso haja a preocupação de seus pastores. É essa a missão da Igreja e da catequese. O catequista deve compreender bem o seguinte: para Deus ninguém está perdido para sempre. Até o último momento ele nos procura. Veja a passagem do bom ladrão: no último momento, ele se arrependeu, pediu perdão e foi perdoado, recebendo a glória do paraíso: "Hoje, estarás comigo no paraíso" (Lc 23,43), disse-lhe Jesus no momento derradeiro. O bom Pastor, na agonia do horto, recuperou alguém que estava em vias de se perder. Essa perspectiva é dinâmica, aberta, estimulante e criativa. Não perca de vista essa visão teológica da parábola da ovelha perdida para não perder o que ela tem de essencial: a recuperação da vida.

E não se distancie do Pastor dos pastores e ensine seus catequizandos a fazerem o mesmo.

29
A PARÁBOLA DA MOEDA PERDIDA
(Lc 15,8-10)

A parábola da moeda (dracma) perdida (Lc 15,8-10) é bem conhecida dentro do conjunto das parábolas de Jesus. Ela se encontra entre outras duas importantes parábolas: a da ovelha perdida (Lc 15,4-7) e a do filho perdido (Lc 15,11-32), completando um ciclo de parábolas que mostram o quanto Deus se preocupa com os que se perderam ou estão em vias de perdição. Ele se desdobra em esforços para encontrar, salvar e pede que façamos o mesmo. Creio que com esse ensinamento primordial já podemos imaginar a missão dos catequistas e o cuidado que esse agente de pastoral deve ter com seus catequizandos, principalmente com aqueles que faltam ou estão passando por alguma dificuldade pessoal ou familiar.

Essa parábola aparece apenas no evangelho de Lucas (15,8-10) e trata da situação de uma mulher que procura, incansavelmente, uma moeda que havia perdido dentro de casa. Cabe aqui comentar e explicar alguns elementos que não estão visíveis, mas que nos ajudam a entender o texto, contexto e o pretexto de Jesus ao contar essa parábola aos escribas e fariseus após o criticarem por se acercar de publicanos e pecadores. Além disso, tais explicações possibilitam-nos extrair dessa parábola ensinamentos para a vida pessoal e pastoral.

A parábola fala de uma moeda perdida, uma Dracma, uma moeda de prata grega, comum naquele tempo, utilizada para o comércio na época, para pagar a execução de um trabalho, geralmente braçal, artesanal. Dizem alguns biblistas que a dracma era também utilizada para enfeitar os colares das noivas. Dentro da cultura da época, era costume o noivo presentear sua noiva com um colar de dez dracmas, selando um compromisso de casamento, similar à aliança que os casais usam hoje. Assim, a noiva deveria cuidar bem do colar em demonstração de confiança e fidelidade. Nesse sentido, perder umas das dracmas do colar implicava maus julgamentos por parte do noivo e até rompimento da relação. Resgatar essa tradição cultural de aspecto antropológico nos dá uma ideia mais nítida do porquê de ter sido uma mulher e não um homem a buscar diligentemente a dracma. Esta referia aos valores inestimáveis, superiores ao valor material, por isso o desdobramento de esforços dessa mulher em procurar a moeda perdida, iluminando e varrendo toda a casa, e fazer uma festa com as vizinhas e amigas, ao encontrá-la. É uma celebração do universo feminino. A parábola não fala de homens participando da alegria dessa mulher que encontrou a moeda que havia perdido, mas apenas das amigas e vizinhas. Vale lembrar também que as nove moedas reunidas no colar não tinham valor algum, pois, se uma se perdesse, todas as outras seriam atingidas. Por isso a encontrar era como reaver a aliança de noivado, assegurar o compromisso com o noivo. Outro dado: a moeda se perdeu à noite, dentro de casa. Essa casa pode ser chamada de Igreja, noiva de Cristo, e a noite pode significar um tempo de escuridão, de não clareza dos fatos e da situação, ou mesmo uma situação de dificuldade. Para superar tudo isso, era preciso muito empenho, muito esforço. Portanto ter encontrado a moeda representa também a superação desses momentos difíceis, o raiar de um novo tempo, um novo dia, agora de festa e alegria.

A personagem da história tinha dez dracmas e perdeu uma. Ao dar falta da moeda, ela começou uma busca incansável pela moeda perdida. Ela acendeu uma candeia e procurou por toda a parte até encontrá-la. Que empenho! Que perseverança! Aqui já vislumbramos ensinamentos importantes: todo catequista que ama a catequese empenha-se, incansavelmente, a fim de ver sua missão cumprida, sobretudo se ele tem catequizandos problemáticos em sua turma. Quando ele consegue alcançar seus objetivos, alegra-se, reúne os demais catequistas e celebra, faz uma festa. Foi o que fez a mulher quando encontrou a moeda perdida.

Isso também nos mostra o amor de Deus por nós e sua alegria quando uma pessoa é salva. Da mesma forma que a mulher procura sua moeda, Deus busca nossa salvação. Quem é salvo por Deus não está perdido. Por essa razão, o evangelista Lucas traz essa parábola no contexto de outras duas parábolas, que podemos chamá-las de irmãs, por todas terminarem com alegria e festa, após o objeto da procura ser encontrado. Em outras palavras, a salvação deve ser motivo de alegria para todos, e aquilo que Deus realiza em nós, que nos é restituído acaba por beneficiar, principalmente, os outros. Com a parábola da moeda perdida, Deus nos alerta que começamos a perder o noivo (Jesus) dentro de nossa casa, pois são muitas as tentações e facilidades para nos desviar do caminho. Ainda mais hoje, com a tecnologia que coloca um mundo em nossas mãos. Quantos casais brigam e se separam por causa de traições que começaram nas redes sociais, por meio dos aparelhos celulares e outras tecnologias que possibilitam adentrar em mundos imundos e contatar pessoas que prejudicam a vida e os relacionamentos, mas essa é outra história. Faço essa referência para mostrar que, como a mulher perdeu a moeda dentro de casa, símbolo de seu compromisso, há coisas e situações que nos fazem perdê-lo dentro de nossa casa.

O sentido teológico dessa parábola, mesmo que a prática de usar o colar como aliança não faça parte de nossa cultura ou tradição, é que Deus fez uma aliança conosco, um pacto, um compromisso. Cada ser humano que se desvia do caminho, que se perde, como essa moeda do colar, faz falta. A parábola nos ensina também que devemos acender a lâmpada de nossa inteligência e varrer a casa de nossa vida à procura dos verdadeiros valores, tesouros: as pessoas. Precisamos esquadrinhar tudo, olhar em todos os cantos, iniciar um exame minucioso, vasculhar com afinco e não descansar antes de termos de volta os valores que perdemos ou estamos em vias de perder.

Não há dúvida de que a moeda era valiosíssima. Se assim não o fosse, aquela mulher não chamaria as vizinhas e amigas para se regozijar de alegria por tê-la achado. Da mesma forma, há grande alegria nos céus quando um pecador se arrepende e é achado por Deus. Há algo de similar com a parábola da ovelha perdida. O pastor tinha cem ovelhas e foi atrás da que se perdeu, deixando as noventa e nove no deserto. Como as noventa e nove ovelhas, as nove moedas nas mãos daquela mulher eram importantes, valiam muito e estavam presentes e seguras, mas, no momento em que ela sentiu falta da décima, esta passou a ser a mais importante. Agora, a mulher estava feliz por haver recomposto novamente não apenas suas finanças de dez moedas, mas também o significado simbólico que o conjunto das moedas tinha. Assim, toda vez que o céu é recomposto com pecadores remidos que estavam perdidos e foram achados, há festa, regozijo, e Deus é glorificado. Sempre que alguém reconhece que é pecador e se reconcilia com Deus por intermédio de Jesus, há festa no céu. Isso reforça a importância do sacramento da reconciliação. É, portanto, uma boa parábola para refletir com os catequizandos sobre esse sacramento.

Vale lembrar que os fariseus e os escribas, embora conhecessem as leis e os preceitos religiosos, não entendiam nada do Amor de Deus, motivo pelo qual Jesus proferiu essas parábolas para que eles entendessem que a alma do pecador é importante para Deus. Não basta conhecer as doutrinas da Igreja e seus preceitos religiosos, é preciso conhecer o amor de Deus, presente nos ensinamentos de Jesus. Somente assim vamos aplicar esses ensinamentos em nossa vida e missão.

Que cada catequista se preocupe com seus catequizandos e se empenhe em encontrá-los e trazê-los para a Igreja como a mulher dessa parábola. Não descanse enquanto houver uma criança fora da catequese e festeje quando todas estiverem na catequese.

30
A PARÁBOLA DO FILHO PRÓDIGO
(Lc 15,11-32)

A parábola do filho pródigo (Lc 15,11-32), ou do pai misericordioso, está em uma sequência de três outras parábolas, que têm o mesmo gênero literário e o mesmo propósito (as parábolas da ovelha perdida e a da moeda perdida): mostrar o amor misericordioso do Pai, que não se cansa de procurar quem está perdido, ou em vias de perdição. No fundo, quase todas as parábolas de Jesus trazem esse mote, mas nessas três isso é muito evidente.

Podemos chamar a parábola do filho pródigo de a parábola da misericórdia de Deus, ou do pai misericordioso, pois é a misericórdia de Deus que se sobressai, e é a misericórdia que deve se sobressair nas ações do catequista.

A primeira coisa que podemos extrair desse texto, e dos demais complementares que aqui vou usar, é que a misericórdia de Deus pede nossa misericórdia. Catequista que não a exercita não serve para essa missão, pois ele deve ser porta-voz de um Deus misericordioso. O que nos faz lembrar outro pedido de Jesus: "Sede misericordiosos como vosso pai celeste é misericordioso" (Lc 6,36). Misericórdia é atributo divino, e, embora o catequista não seja Deus, ele traz em si uma parcela divina e deve deixá-la transparecer em suas ações. Assim, misericórdia é ter compaixão dos que sofrem, sobretudo dos que são marginalizados porque são pecadores. Pecadores todos nós somos, porém há uns mais que outros. Há os que, por não se acharem pecadores, se acham no direito de apontar o dedo para julgar e condenar. Por ser catequista, você deve entender que Deus ama o pecador para livrá-lo do pecado. Por essa razão, o catequista deve amar seus catequizandos, sobretudo os que são mais difíceis, mais rebeldes, porque esses demonstram, com suas atitudes, que não receberam o amor que deveriam em casa e que precisam encontrar um catequista amoroso, compassivo, compreensivo e misericordioso. Os catequistas devem ter sempre uma atitude de humildade e acolhimento, sobretudo com os menos acolhidos.

Foi o que Jesus fez: acolheu os publicanos e pecadores, compadeceu-se deles porque precisavam mais do que os outros. Porém ele não foi compreendido pelos fariseus e mestres da lei, que se julgavam perfeitos, sem pecado e no direito de condenar. Isso, infelizmente, ainda acontece. Mostre que você, catequista, é diferente. Que você ama seus catequizandos e os quer bem, no caminho de Deus. Em sua prática, dê prioridade aos menos favorecidos. Acolha bem os que vêm das favelas, das áreas mais pobres, das famílias mais problemáticas, ou sem uma estrutura. Esses talvez sejam os que mais precisam de você.

Jesus recebia duras críticas por acolher os pecadores e por fazer refeição com eles. Esse gesto é de amor, capaz de transformar a vida daqueles que dele se aproximavam. Assim, Jesus conta essa parábola que nos ajuda a entender o verdadeiro sentido da misericórdia e do amor de Deus para com todos, sobretudo para com aqueles que mais precisam de seu amor.

A parábola mostra um pai dividindo a herança com seus dois filhos, depois que o mais novo lhe pede, e dando liberdade a ambos para agirem conforme quisessem. Depois que o filho mais novo gasta tudo, volta humildemente pedindo perdão ao pai, que lhe perdoa, fazendo uma festa por tê-lo recuperado com saúde. Ambos se alegram com esse encontro. Assim acontece conosco, ou com qualquer filho de Deus que se desvia do caminho. Deus vai a nosso encontro e se alegra quando nós aceitamos voltar para seu caminho. Cabe aqui refletir: quantas vezes foram que Deus nos trouxe de volta quando estávamos perdidos, ou no caminho da perdição? Quantos filhos de Deus estão ainda aguardando serem encontrados por ele? Não podemos ter o coração endurecido e orgulhoso, preferindo ficar em nossas misérias a voltar a Deus. Ou então ver alguém que se desviou do caminho e nada fazer para que volte. Cada vez que nós não fazemos nada para ajudar quem está no caminho errado, necessitando de nós, ou cada vez que criticamos ou dificultamos essa aproximação, nós estamos nos comportando como os fariseus e os mestres da lei, ou então como o filho mais velho dessa parábola, que julgaram os que foram a esse encontro. O coração misericordioso do bom pai, que acolhe, deve ser também nosso coração, o coração do catequista, que se dispôs a doar um pouco de seu precioso tempo para acolher e resgatar filhos para a casa de Deus. Alegrar-se, quando alguém que está à margem volta ao convívio de Deus, deve ser a postura de um catequista que consegue resgatar crianças, adolescentes, jovens ou adultos que estavam fora do caminho de

Deus. A catequese tem esse objetivo primordial, e todo catequista deve estar atento a isso. Que alegria deve invadir o coração de um catequista, quando vê seus catequizandos perseverando na Igreja e tornando-se pessoas atuantes na pastoral, ou de um catequista que atua na catequese de adultos, resgatando aqueles que estavam sem os sacramentos e longe da Igreja, fazendo-os retornarem para a casa do Pai. Só há recompensa maior no perdão de Deus.

É essa alegria que devemos sentir quando somos perdoados e quando possibilitamos o perdão. Quando alguém que se desviou do caminho volta à casa de Deus, é motivo da alegria da comunidade toda. Qual pai ou mãe que não se alegram quando têm de volta um filho que havia se desviado do caminho?

Essa parábola revela de modo mais comovente a misericórdia do Pai. Ela possibilita muitos desdobramentos, muitos ensinamentos, mas vamos nos ater apenas na misericórdia de Deus. Enxergamos em nós um pouco de cada personagem dessa terceira parábola. Trazemos em nós uma parcela do filho mais novo, porque somos, muitas vezes, rebeldes com Deus, queremos que ele nos dê a parte que nos cabe na herança, desenvolvendo com ele uma relação de troca. A parte é valiosa, grandiosa e ele nos concede. Porém, por nossa imaturidade e falta de preparo, muitas vezes gastamos, de modo errado, nossa herança. Enquanto temos alguma coisa, nós nem lembramos que Deus existe ou não temos compromisso com ele. Parece que não precisamos de Deus. Quantas pessoas e famílias vivem assim, desligadas de Deus. Não vão às missas; não praticam obras de caridade; não rezam; e enxergam Deus como um patrão. O filho mais novo vê o pai como um patrão. Acha que este não lhe dá o suficiente. Porém, quando ele pede a parte que lhe cabia na herança, o pai prontamente lhe concede, mostrando que, apesar de amá-lo e saber que o filho é imaturo e irresponsável, dá-lhe liberdade para fazer o que bem entender e aprender com a vida. Deus nos dá o livre arbítrio, dá-nos liberdade de escolha; mas temos de arcar com suas consequências. Já que o filho não quer aprender com o amor do pai, vai aprender com a dor da vida, que é sempre muito cruel. São muitos os que só voltam para Deus quando passam por experiências dolorosas. Foi assim com o filho mais novo. Depois de ter gastado tudo e estar na miséria, sendo humilhado e tratado como escravo, ele se lembra de ter um pai que lhe ama e que trata bem até os empregados. Arrependido, volta. Esse é o ponto alto do Evangelho: a volta do filho, que faz renascer a alegria daquele pai que quase já não tem mais esperanças. O pai o ama muito, e ter o filho de volta é sua maior alegria. O filho envergonhado volta, sem se dar conta do amor do pai. Ele percebe isso após voltar. O pai o avista de longe e corre a seu encontro.

Não pergunta nada, não lhe passa um sermão, não critica nem o pune. Apenas o abraça e cobre-o de beijos. Coloca sandálias em seus pés, anel em seu dedo e lhe dá uma túnica nova. Como se não bastasse, faz uma festa. Ou seja, devolve a dignidade de filho àquele que havia optado pela escravidão. É isso que Deus faz conosco quando erramos e voltamos a seu encontro. Ele não nos pune por nossas faltas. A vida já se encarrega de fazer isso naturalmente. Ele devolve a nós a dignidade de filhos; mas, infelizmente, não são todos os que descobrem isso. Continuamos a julgar, a condenar os que erram, sem apontar-lhes o caminho de volta. Ou então, envergonhados por termos errado, preferimos ficar na escravidão a fazer a experiência do amor misericordioso do Pai.

Nós trazemos dentro de nós um pouco do filho mais velho. Também enxergamos Deus como patrão e não como pai. Permanecemos fiéis a ele, mas com essa visão distorcida, o que nos causa revolta, mágoa, descontentamento. A Igreja está repleta de pessoas que se relacionam com Deus dessa maneira. Essas pessoas cumprem com suas obrigações religiosas, mas estão sempre prontas a julgar, a condenar e, inclusive, a criticar até Deus. Elas são incapazes de se alegrarem com aqueles que erraram, arrependeram-se e agora fazem na comunidade a experiência da misericórdia de Deus. Essas pessoas agem por obrigação e esperam sempre que Deus, o patrão, pague-lhes seus bons procedimentos. São geralmente duras com as outras. Dificilmente têm compaixão ou misericórdia por que se acham justas e perfeitas, porém, injustiçadas. Esse irmão mais velho agia assim. Ele não queria entrar e se alegrar com a volta do irmão porque o pai nunca lhe havia dado um cabrito para ele festejar com seus amigos; por isso preferiu ficar do lado de fora, criticando a atitude do pai e condenando o irmão que havia gastado tudo com prostitutas. Precisamos rever isso em nós, pois esse "irmão mais velho", que habita em nós, dá-nos uma visão distorcida de Deus, o que empobrece nossa religião e nossa prática religiosa.

Felizmente, muitos de nós também trazemos uma parcela desse pai misericordioso, que precisamos cultivar e fazer crescer em nós. É ela que nos aproxima de Deus e de nossos irmãos. Essa parcela nos faz pessoas sensíveis, capazes de nos compadecer do sofrimento alheio, torna-nos pessoas misericordiosas com as fraquezas dos irmãos e nos ensina a amar e perdoar; concede a nós o sentimento divino da compaixão, que significa sofrer com aqueles que sofrem; sentir a dor do outro; e fazer qualquer coisa para ajudá-lo. É essa parcela de Deus, que existe em nós, que não podemos deixar oculta ou encoberta por outras características ou perfis. Ela nos dá a sintonia com Deus, e conseguimos, por meio dela, enxergar o lado bom das pessoas, por pior que elas possam parecer. É isso que vemos nas outras duas leituras que escolhi para complementar essas parábolas.

A primeira delas é um trecho da primeira carta de Paulo, apóstolo, a Timóteo (1,12-17). Nessa leitura, Paulo, reconhecendo a infinita misericórdia de Deus em sua vida, dá profundos ensinamentos não apenas a Timóteo, mas a todos nós, sobretudo para os catequistas. Paulo, como sabemos, tinha sido uma pessoa vil, perseguidora dos cristãos, maldosa, apta a julgar, perseguir e condenar a outros. Porém, quando foi encontrado por Cristo, teve sua vida transformada. A misericórdia de Deus foi revelada na pessoa de Paulo, e ele fez questão de testemunhar isso a seus irmãos. Aquele que antes blasfemava, perseguia e insultava, agora, viu transbordar a graça de Deus em sua vida. Ele encontrou misericórdia porque agia com a ignorância de quem não tinha fé. Com isso, reconheceu que Cristo veio ao mundo para salvar os pecadores. Quando reconhecemos a misericórdia de Deus, somos também misericordiosos com nossos irmãos e não fazemos julgamentos ou discriminações.

Essa misericórdia de Deus se revela também em outra leitura (Êx 32,7-11.13-14). Aqui vemos Deus sendo paciente e misericordioso com um povo que insiste em se desviar do caminho e em não obedecer a seus ensinamentos, transmitidos por intermédio de Moisés. Deus os repreende, para ver se eles lhe obedecem, mas eles insistem no erro. Por meio da súplica de Moisés, Deus se compadece desse povo e desiste de puni-lo pela desobediência. Vemos, assim, que Deus não pune, não castiga, mas corrige nossas falhas com amor.

Que todos os catequistas saibam reconhecer seus erros e pedir a misericórdia do Pai, como nos ensina o Salmo 50(51). Estejam sempre prontos a se levantarem e irem ao encontro de Deus, voltarem para a casa do Pai, não importando o erro que tenham cometido, ou a ofensa que tenham recebido na comunidade, ou da parte dos catequizandos ou de seus familiares. Essa recomendação vale para todos: quando nós nos arrependemos e nos propomos voltar, ele sempre nos acolhe com festa e nos perdoa. Sua misericórdia é infinita.

31
A PARÁBOLA DO ADMINISTRADOR DESONESTO

(Lc 16,1-13)

Alguns denominam essa parábola de "administrador prudente". A meu ver, esse administrador é desonesto, por mentir e falsificar valores, enganando as pessoas: patrão, amigos, clientes. Quem age assim pode até receber elogios, ou ser visto como "esperto", mas sua atitude é, no mínimo, desonesta. O propósito aqui é possibilitar que os catequistas, ou qualquer pessoa que ler essa parábola, entendam que a esperteza pode funcionar neste mundo, mas não diante de Deus, se alguém foi lesado. De antemão adianto que essa é uma parábola de difícil entendimento, pois dá margem para várias interpretações, inclusive a de que Deus pode compactuar com certos atos de desonestidade, o que de fato não procede.

Devemos ter, portanto, responsabilidade, esperteza, no bom sentido, e façamos uma boa administração na catequese e em qualquer missão que nos foi confiada. Deus se alegrará conosco e estaremos ajudando outros com nosso procedimento correto, justo e digno, pois sabemos que os exemplos convencem mais que palavras e, por essa razão, se nós queremos ter êxito na missão, precisamos nos preocupar com o exemplo que damos e ter atitudes que corrijam possíveis erros. De nada adianta termos belos discursos, se na prática somos incoerentes. Assim, Paulo, apóstolo, em outro texto (Fl 3,17–4,1) preocupa-se com o exemplo que ele dá para a comunidade e pede que a comunidade imite suas ações, pois ele se esforça para ser coerente com o projeto de Cristo. Por outro lado, Paulo se preocupa com aqueles que se comportam como inimigos da cruz de Cristo, com atitudes que possam escandalizar os outros ou com aqueles que agem de modo desonesto. Cada um de nós pode avaliar sua vida e suas ações e verificar se também não está se comportando dessa maneira. São muitos os procedimentos que revelam a inimizade com a cruz de Cristo, como, por exemplo, o egoísmo, a ganância, a arrogância, a desonestidade e tantos outros procedimentos que desvirtuam a proposta cristã. Essas atitudes na catequese provocam grandes estragos. O catequista deve ser exemplo na comunidade. Assim, devemos nos preocupar com isso, pois a nós foram confiadas responsabilidades e não podemos administrar com infidelidade os bens que Deus nos confiou. Ter uma atitude prudente é dever de qualquer cristão, porém ser prudente não significa ser corrupto, mas sim agir com inteligência, de modo que os bens que Deus nos confiou sejam multiplicados. O patrão elogiou o administrador que teve uma atitude prudente diante da dificuldade ou da iminência de perder o emprego porque ele agiu com sabedoria e conseguiu reverter o quadro. Com isso a parábola nos ensina a agir com prudência diante dos desafios da vida.

É preciso lembrar que não é a desonestidade do administrador que está em evidência, mas a atitude de prudência que ele teve, quando percebeu que iria sofrer as consequências de seus atos de desonestidade, evitando um mal maior. Assim também Deus quer que façamos, ou seja, que abramos nossos olhos, transformemos atitudes erradas. Somente assim poderemos evitar que o pior aconteça. E você, catequista, está conseguindo reverter as situações desagradáveis da catequese?

Vemos que a maioria das parábolas é dirigida aos fariseus e mestres da lei, mas essa se destina aos discípulos, que têm importantes responsabilidades em administrar os bens que Deus lhes confiou. Ela serve também para nós, catequistas, discípulos missionários de Jesus Cristo, que, pelo batismo e por nossa participação na comunidade cristã, temos obrigações que são inerentes a esse compromisso assumido.

Essa parábola nos leva a refletir sobre as consequências de nossos atos. Quando agimos de modo descuidado, sem preocupação de fazer as coisas da melhor maneira, ou achamos que nossos atos não interferem na vida de outros, sofremos as consequências e, assim, tomamos consciência de nosso erro e procuramos mudar nossos procedimentos. Alguns não mudam e acabam por perder as oportunidades que Deus lhes concedeu. Não foi isso que ocorreu com o homem da parábola. A situação ameaçadora o fez refletir e mudar de atitude.

Como já citamos, o pagamento por seu trabalho consistia no ágio que ele colocava nos produtos que vendia. Porém, ele estava exagerando e explorando ambos os lados, tanto os que compravam os produtos, quanto seu patrão. A ganância o fez agir de má-fé. Entretanto, após a ameaça de perder tudo, reverteu a situação sabiamente. Ele decidiu cobrar dos que deviam o valor real, abrindo mão de seus lucros. Com essa atitude, ele reconquistou pelos menos os que deviam a seu patrão, que o elogiou.

O que isso quer dizer? Em primeiro lugar, é importante não acharmos que o patrão elogiou a desonestidade do administrador. O patrão elogiou o administrador desonesto que agora havia se convertido e agiu com honestidade. O elogio está, portanto, no ato de esperteza, em sua mudança de atitude, em sua conversão. Assim Deus espera de cada um de nós catequistas: que ajamos com esperteza na administração das muitas graças que ele concedeu em nossa vida, sobretudo a graça de sermos catequistas. Que saibamos administrar nossos bens simbólicos e materiais, nossas relações com Deus e com o próximo, em vista do bem comum.

32
A PARÁBOLA DO RICO E O POBRE LÁZARO
(Lc 16,19-31)

Neste texto convido você, catequista, ou quem desejar, a refletir sobre um tema bastante conhecido, que muitos acham "natural" ou "normal": injustiças sociais. Os textos bíblicos complementares (Am 6,1.4-7; Sl 145(146); 1Tm 6,11-16) ao da parábola do homem rico e do pobre Lázaro (Lc 16,19-31) nos levam a refletir sobre a maneira como nós conduzimos nossa vida e como usamos os bens que Deus nos concedeu. A vida que levamos reflete em nossa missão, por essa razão ter coerência é muito importante. Por exemplo, como vou falar de justiça social se sou injusto socialmente ou se defendo posturas pessoais e políticas de quem não tem preocupação com a justiça social?

Já vimos em outra parábola que Deus nos confiou muitos dons e talentos e deixou-nos a responsabilidade de administrá-los bem. Isso significa que devemos gerir esses bens de modo que não falte nada a nós e a ninguém. Isso é o que chamamos de responsabilidade social. Uma sociedade, em que uns acumulam e outros passam necessidade, não é justa, o que configura impedimento para entrar no reino de Deus. Uma sociedade injusta revela ser composta por indivíduos injustos. É o que diretamente nos mostram o Livro de Amós (Am 6,1.4-7) e a parábola do rico e do pobre Lázaro (Lc 16,19-31).

A profecia de Amós mostra o retrato de uma sociedade injusta porque os poderosos, que tinham condições e poder para administrá-la, agiam de modo inadequado, desviando recursos e vivendo na opulência, enquanto o povo vivia na miséria. Amós faz questão de apontar as mordomias vividas pelos dirigentes da sociedade e outros poderosos: viviam nos bairros nobres, nas alturas da Samaria, sentindo-se seguros; dormiam em camas de marfim e se deleitavam com ricas iguarias. O profeta acentua a despreocupação desses e as consequências desse procedimento. Sabemos que, quando os poderosos ignoram o sofrimento dos pobres, as injustiças se ampliam. Porém Deus não ignora o sofrimento e as injustiças. Amós mostra que a punição veio na forma de exílio. Os que naquele momento praticavam tais coisas foram deportados para o exílio e pagariam tudo o que fizeram. Seriam os primeiros a serem deportados e estariam expostos às gozações e zombarias. Trazendo esse texto para nossa realidade, e o contexto da parábola do rico e do pobre Lázaro, podemos perguntar: quem, hoje, vive nos lugares nobres, nos bairros e cidades privilegiadas? Quem dorme em cama de marfim e faz banquetes com o dinheiro público enquanto milhões de pessoas têm de sobreviver com um mísero salário mínimo, ou nem isso? Não é difícil saber a resposta, por isso precisamos saber como combater essas injustiças. Os textos que proponho aqui apontam um caminho.

No trecho da carta a Timóteo, Paulo mostra que uma sociedade justa é composta por pessoas de comportamento justo. É preciso que o indivíduo tenha uma vida íntegra para que a comunidade e a sociedade sejam íntegras. Assim sendo, Paulo pede que se fuja das coisas perversas. Muitas pessoas agem de maneira que desagrada a Deus porque se deixam guiar por coisas e pessoas perversas. Em nome do lucro, do dinheiro, da fama e do poder, muitos não medem as consequências de seus atos e prejudicam os outros. Desse modo, a recomendação que encontramos nesse trecho é fundamental: fugir das coisas perversas; procurar a justiça, a piedade, a fé, o amor, a firmeza e a mansidão. São procedimentos elementares para uma sociedade justa, sem milionários e sem miseráveis. Quem age dessa maneira, além de demonstrar que está combatendo em um bom combate, constrói uma sociedade justa e herda a vida eterna. É para isso que fomos chamados, diz Paulo, apóstolo. É essa a missão do catequista e de todo cristão. Viemos a este mundo para lutar contra as injustiças. Não abordar as injustiças sociais na catequese é alienar os catequizandos, pois eles vão imaginar que Jesus não se empenhou para combater esse mal tão nocivo à sociedade. Quem combate nessa frente e guarda a fé comprova sua fidelidade a Deus e à missão que ele nos confiou, mostra Paulo, apóstolo. Temos de ter sempre diante de nós a figura de Jesus Cristo, o exemplo supremo do bom combate, e depois daqueles que não mediram ou não medem esforços para combater toda forma de injustiças, inclusive a social. Isso não é comunismo, é evangelho de Jesus Cristo. Ele lutou contra as forças da morte, contra os poderosos de seu tempo e mostrou que o bem vence o mal, por mais difícil que isso possa parecer. Não podemos desanimar diante das dificuldades e precisamos ensinar isso a nossos catequizandos, para que eles enxerguem, na Palavra de Deus, o meio mais eficaz de se instruir teológica e socialmente. Quem olha a situação a sua volta e acha que não tem mais jeito, mostra que é fraco na fé e que não está disposto a empreender esse bom combate. Ao retrairmos ou nos omitirmos, estamos deixando que o mal se alastre, isto é, estamos compactuando ou sendo coniventes. Essa postura é uma postura nociva, por mais inocente que possa parecer. No entanto, há muitas maneiras de lutarmos contra as injustiças. Precisamos descobrir isso pessoalmente e em comunidade, a partir da vivência de nossa fé, de estudos bíblicos e da catequese. É preciso fazer isso enquanto é tempo, pois, se não o fizermos hoje, amanhã poderá ser tarde demais, diz a parábola do homem rico e do pobre Lázaro.

Essa parábola traz, de maneira clara, que as injustiças não passam despercebidas aos olhos de Deus e que a justiça de Deus, por mais que tarde, não falha. Antes de refletir sobre essa parábola, é importante esclarecer que Deus não é contra os ricos, ou as riquezas, mas sim contra seu mau, seu uso injusto, contra o enriquecimento ilícito, à custa do empobrecimento de outros. Assim sendo, o texto nos alerta para a maneira como usamos a riqueza. O homem rico foi condenado não por ter sido rico, mas pelo fato de ter prescindido de Deus. Ele o substituiu pelo dinheiro e, quando isso ocorreu, não se sensibilizou mais com o sofrimento do próximo, mesmo estando em sua porta, a seu lado, esperando as migalhas de sua mesa. O rico não tinha percebido Lázaro ou, se o percebeu, não se comoveu. Não se sensibilizar com a miséria alheia, com a dor do outro, cria abismos intransponíveis entre as pessoas, desigualdades sociais difíceis de serem sanadas. O rico usou e abusou de seus bens, sem se preocupar com a miséria dos que o cercavam e sem ter Deus em sua vida. O pobre Lázaro representa, assim, os miseráveis, as vítimas da ganância dos ricos, que não se comovem e não movem um dedo para diminuir a dor do pobre. Temos hoje uma massa de invisíveis e pouca sensibilidade dos ricos e dos políticos ricos em relação aos pobres, que estão muito perto de nós, a nossa volta, clamando por socorro, vivendo de migalhas, mas poucos os enxergam. São muitas as coisas que nos tornam insensíveis a essas situações, e a primeira delas é a ganância. Pessoas gananciosas não se compadecem de outras. Pelo contrário, procuram tirar até o pouco que os pobres têm, sempre pensando em si. Quem vive na opulência, como os poderosos do tempo de Amós, o homem rico da parábola e os poderosos de nosso tempo, e não se compadece dos que sofrem, dos que não têm o essencial para viver representa o rico dessa parábola, que não tem nome porque pode ser qualquer um, em qualquer tempo. O pobre da parábola tem nome, pois sabemos muito bem quem é. Ele está aí, diante de nós e só não o vê quem não o quer, quem não tem sensibilidade, quem está cego pelo poder. Porém essa parábola mostra que essa situação não é invisível para Deus, que fará justiça em seu tempo. A parábola mostra seu olhar crítico para essa situação e nos convida a lutar contra as injustiças, contra situações que produzem ricos e Lázaros (miseráveis). Se no texto do profeta Amós (Am 6,1.4-7) a punição, ou justiça, veio por meio do exílio, na parábola do rico e do pobre Lázaro essa punição, ou correção, vem pelo merecimento do céu ou do inferno, em uma linguagem figurada de justiça. Porém, não podemos interpretar essa parábola de maneira simplista, achando que a punição virá somente na outra vida. Se fizermos essa interpretação, muitos continuarão praticando a injustiça, achando que não serão punidos. O texto traz uma expressão que, embora figurada, é forte, contundente e nos convoca a lutar contra as injustiças aqui e agora, sem esperar pelo desfecho escatológico, isto é, pelo final dos tempos, que a Deus pertence. É nossa missão combater o bom combate, como diz Paulo, apóstolo (1Tm 6,11-160). Temos de ser profetas (Lc 16,19-31) e alertar os que vivem na opulência, à custa do sofrimento e da miséria de outros, a mudarem seu comportamento e olharem mais para os que sofrem, os que estão a suas portas. Não adianta viver em condomínio fechado, longe das periferias e dos miseráveis e achar que não existem pobreza e injustiça. Precisamos ter consciência de que nossa contribuição para a diminuição do sofrimento de outros é muito importante, por menor que ela seja. Podemos fazer isso de várias maneiras, dentre elas partilhando, ajudando os necessitados, dedicando parte de nosso tempo com trabalhos em prol da vida, escolhendo pessoas sensatas e justas para os cargos políticos e de serviço público. Na catequese, inclusive, podemos fazer muito, ao ensinarmos os catequizandos a lerem a Bíblia, tendo um olhar voltado também para justiça social e não apenas para a espiritualidade. Há muito o que fazer, basta querermos. E esse querer é resultado de conversão, sem a qual continuaremos a ter ricos à custa de "Lázaros" (miseráveis). Essa situação mostra que tanto o céu quanto o inferno começam aqui, e nós somos responsáveis por eles. E você, catequista, por meio de sua vida e da catequese, tem ajudado a construir mais o céu ou o inferno?

Que possamos, conforme pede o Salmo (Sl 145/146), acreditar que Deus faz justiça aos que são oprimidos e que não nos acomodemos esperando apenas a justiça dele, que deixa claro que ela está em nossas mãos. Se nós não acreditamos nisso, mesmo que alguém ressuscite dos mortos e venha nos mostrar essa situação, não vamos crer. Enfim, não vamos esperar acontecimentos miraculosos para começar a combater as injustiças e a corrupção de nosso país. Comece, você, a ser uma pessoa íntegra, honesta e coerente com os ensinamentos passados na catequese. Basta ouvir a Palavra de Deus e colocá-la em prática. Simples assim! Quando ignoramos os apelos de Deus, contidos em sua Palavra, e esperamos acontecimentos mágicos, perdemos ricas oportunidades de converter os que vivem de modo contrário ao que Deus quer e de nos convertermos. A catequese precisa ser um caminho de conversão não apenas da pessoa do catequizando, mas também de sua família. Se assim não for, a catequese perderá sua eficácia transformadora.

Desse modo, a parábola do rico e do pobre Lázaro nos convida a olhar como anda nossa confiança em Deus e em quem a estamos colocando: em Deus, em coisas ou pessoas? A qualidade de nossa vida espiritual depende da veracidade dessa resposta.

No livro do profeta Jeremias (17,5-10), nós encontramos algumas comparações, tais como: quem coloca sua confiança em Deus é uma pessoa bendita, porque tem sintonia com Deus e sua vida abençoada por ele; abre canais para que as bênçãos de Deus se manifestem em sua vida. Quem nele confia tem sua vida alicerçada em uma rocha inabalável, sente-se seguro, não teme as dificuldades e acredita que vai superá-las. Assim sendo, não desequilibra, não perde o foco e segue adiante, ajudando os outros a fazerem o mesmo.

Em Jeremias, a primeira comparação é sobre os que não confiam em Deus e colocam sua confiança em outras coisas, como, por exemplo, nos bens materiais, nas riquezas e, até mesmo, em outras pessoas, como fez o homem rico da parábola. Esses, apesar do dinheiro e dos bens materiais, são pessoas muito pobres, como uma planta no deserto, que tem somente secura e aridez a sua volta, isto é, maldita. Não consegue produzir porque seus frutos são abortados antes do tempo, por causa de sua falta de consistência e de nutrientes, que vêm de Deus, fonte inesgotável. Sem essa fonte, o ser humano vive na pior de todas as securas, como aquela que viveu o homem rico da parábola depois que morreu. Ele queria que Lázaro viesse molhar seus lábios sedentos de água, isto é, sedentos de Deus, mas já era tarde demais.

A segunda comparação de Jeremias é das pessoas que em Deus confiam. Essas, diz ele, são como árvores plantadas junto às águas. Estão sempre verdes e produzindo bons frutos. Suas raízes atingem o manancial o ano todo, sendo irrigadas por ele. São benditas porque mantêm sintonia com a fonte da vida: Deus. Assim somos nós: podemos ser uma planta do deserto ou da beira do manancial. Tudo depende de nós, de nossas ações e opções. Em quem colocamos nossa confiança?

Portanto, essa parábola traz duas situações opostas: um homem muito rico e insensível e outro muito pobre e sensível. O homem rico representa os que colocam sua confiança nos bens materiais e em pessoas, os malditos. O pobre Lázaro representa os benditos, os que em Deus confiam. O primeiro é rico aos olhos do mundo, mas miserável diante de Deus, não tendo sequer água para molhar a boca. O segundo é miserável diante do mundo, mas rico diante de Deus. Como já dito, o texto não quer dizer que Deus condena a riqueza ou a pobreza, mas que avalia a atitude que temos diante dessas situações. O homem tido como rico levava uma vida insensível à dor alheia. Ele viveu sem enxergar os pobres que estavam a sua volta, por isso nunca partilhou seus bens. Já o segundo tinha consciência de sua miséria e era a vítima de um sistema opressor, que exclui pessoas, produz alguns ricos e milhões de Lázaros, provoca abismos entre essas duas classes. O grande pecado da humanidade é a falta de sensibilidade de perceber esses grandes abismos e não fazer nada para mudar essa realidade. É não perceber suas causas e continuar a viver como se nada acontecesse. Como na parábola, vemos que de nada tem adiantado as ações proféticas, pois muitos estão surdos pela ganância e pela riqueza, que os cegam e os insensibilizam.

O que essa parábola pretende é chamar nossa atenção e ajudarmos a aproveitar o tempo para revisar nossa vida e consertar esses erros enquanto há tempo. Pode ser que amanhã seja tarde demais. Fiquemos, portanto, atentos aos apelos de Deus, presentes nos inúmeros sinais que Ele coloca em nossa vida para nossa conversão. Sejamos uma árvore plantada à beira do riacho e abasteçamos nossa vida nessa fonte inesgotável que é Deus. Isso tudo depende de nós.

Que os catequistas consigam transmitir esses ensinamentos a seus catequizandos, e esses se tornem mais sensíveis à realidade de sofrimento de nossos irmãos. Se você, catequista, conseguir isso, será de fato um evangelizador. Porém, se seus catequizandos terminarem as etapas da catequese tão insensíveis quanto começaram, sua catequese foi um fracasso. Pense nisso.

33
A PARÁBOLA DO FIEL SERVIDOR
(Lc 17,7-10)

Nesta reflexão, intitulada de "a parábola do servo infiel" (Lc 17,5-10), o tema medular é a fé. Embora ela não seja identificada por Jesus, nem pelo evangelista, como parábola, muitos não a classificam assim. Ela traz todos os elementos de uma parábola, sobretudo a linguagem comparada. Por essa razão, coloco-a aqui na lista das parábolas e provoco a reflexão dos catequistas sobre a fé, sem a qual nada podemos e nada somos. Não podemos ser catequistas sem fé, que nos move, dá-nos esperança, faz-nos seguir na missão sem desanimarmos, pois são tantos os desafios, os obstáculos, as coisas que nos desagradam e que também desagradam a Deus. Se não for pela fé, desistiremos de nossos empreendimentos missionários e de muita coisa na vida, porque, apesar da fé em Deus e em um mundo melhor, vemos tantas coisas ruins acontecendo. Com esse foco na fé, essa parábola nos ajuda a fortalecermos nossa fé em meio às dificuldades e aos sofrimentos desta vida.

Como tenho feito com todas as demais parábolas deste livro, amplio e enriqueço a reflexão com outros textos bíblicos complementares, como, por exemplo, um trecho da profecia de Habacuc (1,2-3; 2,2-4) que mostra uma situação que não é desconhecida nossa, mas que carece de fé. O texto fala de violência, desrespeito à vida, iniquidades, maldades, destruição, prepotência, discussão, discórdia, enfim, todo tipo de maldade que choca nossa fé. Diante de todas essas coisas apontadas pelo profeta e que muitas vezes as vemos dentro de nossas comunidades, dentro da catequese, a primeira reação é de desânimo. Dá sempre aquela vontade de abandonar tudo, achando que não vale a pena os trabalhos, os esforços, os empreendimentos. Nessas horas, o que nos segura é nossa fé, mesmo que ela seja pequena como um grão de mostarda. O profeta fala de tudo isso e questiona Deus, que parece distante dos problemas do mundo. Diz o profeta: "Por que me faz ver todas essas maldades?" Fazemos também nós a mesma pergunta do profeta: por que, apesar de fazermos o bem, deparamo-nos com tanta maldade? Por que há pessoas que vivem na igreja e fazem mal a outras? Por que no mundo há tanta injustiça e desrespeito à vida? Essas e outras perguntas surgem constantemente, inclusive vindas de nossos catequizandos ou de seus familiares; nessas horas, se não for a fé, abandonamos a missão, desistimos dos trabalhos na comunidade e sucumbimos nessas situações dolorosas. Na profecia de Habacuc, a resposta de Deus ao profeta serve para todos nós: todas essas injustiças terão um fim, há um prazo definido por Deus para que tudo isso acabe, ou seja, não há mal que não tenha fim. Deus não está ausente, ou alheio a essas situações. Assim, ele pede ao profeta: "Se demorar, espera, pois ela virá com certeza e não tardará". Ela, a justiça de Deus, virá em seu tempo, no tempo de Deus, no tempo certo. Portanto, não desanimemos, tenhamos fé. Muitas vezes, não sabemos esperar. Queremos que as coisas aconteçam quando desejamos. Isso não é fé, isso é instrumentalizar Deus para que ele faça nossas vontades. Tem muita gente que pensa que tem fé, mas não tem. Basta não ser atendido em seu pedido, em suas orações, no que desejava, na hora em que desejava, para brigar com Deus e se afastar da Igreja e da religião. Quem tem fé persevera, mesmo que não veja resultados imediatos.

Exemplo de fé e perseverança nos dá Paulo, apóstolo (2Tm 1,6-8.13-14). Ao escrever sua segunda Carta a Timóteo, Paulo, na iminência da morte, exorta-o a reavivar a chama do dom de Deus, isto é, a fé. Paulo é um grande exemplo de fé, pois, apesar de ter enfrentando tantas provações, perseverou, combatendo o bom combate e aguardando a recompensa, a coroa da glória. Esse trecho é animador, um alento para a fé, uma verdadeira carta pastoral, que anima seu rebanho e outros pastores. A carta que todo pároco deveria enviar a seus catequistas. Nela, o apóstolo pede que não nos envergonhemos de nossa fé, de sermos missionários, catequistas, de lutarmos contra as injustiças, as forças da morte, pois Deus não nos deu um espírito de timidez, mas de fortaleza, amor e sobriedade. Com essas recomendações, sintamo-nos também mais fortalecidos e encorajados. Paulo faz um apelo: "Não te envergonhes do testemunho de nosso Senhor nem de mim, seu prisioneiro, mas sofre comigo pelo Evangelho, fortificado pelo poder de Deus". Seu apelo deve ecoar em nossos ouvidos quando nos sentirmos amedrontados ou envergonhados. Vale a pena sofrer pelo Evangelho, pela causa de Jesus Cristo e pelos irmãos. Quem tem Cristo consigo vence os medos, os obstáculos, superando-os. Precisamos, portanto, guardar o que aprendemos, isto é, a Palavra de Deus. Dela emana nossa esperança e nossa fé, diz Paulo, apóstolo.

Assim, no contexto da parábola do servo inútil, vemos que os apóstolos pedem que Jesus aumente a fé deles. Esse pedido nasce em um contexto de muito desafio e de muita dor. Jesus está indo para Jerusalém, no ápice de sua missão, está na iminência de sua paixão e morte. As coisas estão muito difíceis, e eles se sentem fracos na fé diante de tudo isso. São nos momentos difíceis que sentimos nossa fé testada. Porém, Jesus responde que se eles tivessem fé, mesmo que fosse do tamanho de um grão de mostarda, poderiam superar grandes obstáculos e superariam até a cruz. Isso nos faz pensar: quando desanimamos por qualquer coisa, quando abandonamos trabalhos na comunidade por qualquer motivo, é sinal de que não temos fé. Há muita gente na igreja que não tem fé. Basta ver suas atitudes, sua insegurança ou revolta diante de coisas, pessoas ou situações que nem são tão desafiadoras. Depois de questionar a fé de seus apóstolos, Jesus conta a parábola mostrando que quem tem fé não age esperando alguma coisa em troca, mas faz seu trabalho como servo faz para seu senhor. O servo não espera agradecimento por seu trabalho, ele sabe que é obrigação e não favor. Assim também deve ser o trabalho do discípulo missionário de Jesus Cristo, o trabalho dos catequistas. Quando esperamos recompensa pelas coisas que fazemos, logo desanimamos, pois nem sempre nosso trabalho vai ser reconhecido ou recompensado. Pelo contrário, o trabalho que fazemos é, muitas vezes, ignorado ou criticado, quando não desmoralizado. Por mais que nos empenhemos, dedicamo-nos, haverá críticas e pessoas querendo desmoralizar o que foi feito. Essas coisas desanimam, mas não devem ser motivo para abandonar o barco, a missão. Assim sendo, devemos pensar sempre no questionamento de Jesus: se tivermos um pouquinho de fé, conseguiremos fazer muitas coisas e também nos sentir fortalecidos na fé, acreditando que tudo dará certo. O que não der é porque não é da vontade de Deus. Tudo na vida tem seu tempo certo, basta confiarmos e aguardarmos, mesmo que a resposta de Deus tarde a chegar. Como diz um ditado popular, "Deus tarda, mas não falha". O trecho da carta a Timóteo (2Tm 1,6-8.13-14) mostra a perseverança e o alento de Paulo, apóstolo, pedindo para não desanimarmos, não envergonharmos e não abandonarmos o barco diante das tempestades, das dificuldades. Elas sempre existirão, mas Deus também sempre existirá, e, estando com ele, unidos a ele, poderemos superar tudo e seguir adiante.

Assim, recordamos o Ano da Fé; que possamos fortalecê-la, por meio de orações, retiros, práticas religiosas e de caridade. O ano da fé colocou, diante de nós, os elementos essenciais de nossa fé, chamando a atenção para a que professamos e como a professamos, por meio da retomada da oração do creio; trouxe para nossa reflexão os sacramentos; convidou-nos a retomar a oração do Pai-nosso, a suprema oração do cristão; e nos fez olhar nossa fé fundamentados naquilo que temos de essencial, a Palavra de Deus e o Catecismo da Igreja. Com todas essas exortações, o Ano da Fé nos conduziu, alimentou e alentou nossa vida de fé. Aqui a parábola do servo inútil retomou tudo isso de outra maneira, trazendo para nossa reflexão esse tema tão importante. Mostrou-nos que a fé precisa ser avaliada, exercitada, cultivada. Ela é como uma planta que, se não for cuidada, poderá enfraquecer e morrer. Há plantas silvestres, que não precisam de maiores cuidados e crescem desordenadamente, mas há plantas domésticas, que são cultivadas, de modo que produzam flores e frutos. Assim são nossos catequizandos, um diferente do outro, necessitando de cuidados especiais. Assim é também nossa fé, que, sem cultivo, não dará o resultado esperado. É a fé daqueles que, apesar de serem batizados, não frequentam a comunidade e não cumprem as obrigações religiosas. Vivem a sua maneira, conforme seu parco entendimento. Já os que participam, recebem formação e assumem compromissos, cultivam a fé. Isso não quer dizer que não terão dificuldades e problemas ou mesmo "crise de fé", mas sim que eles terão mais ferramentas para lidarem com essas situações e poderão superá-las com mais eficácia. É o que Jesus ensina e o que os catequistas deveriam ensinar a seus catequizandos sobre a fé e participação na comunidade eclesial.

Por fim, a parábola do servo inútil, com seus textos complementares, fala-nos também da sabedoria, com que devemos agir, para que todo nosso procedimento seja conforme a vontade de Deus e produza resultados que façam a diferença no mundo, inclusive na catequese.

O livro da Sabedoria (1,1-7) manda um recado a todos nós, catequistas, mas, sobretudo, para quem tem a função de governo, tem responsabilidades administrativas, para os coordenadores de catequese, cujos atos atingem diretamente a vida de muitos outros. Essas pessoas devem, em primeiro lugar, amar a justiça. Quem ama a justiça age corretamente, não pratica atos que lesam seus semelhantes. Outra recomendação, que está vinculada a essa primeira, é sobre os bons sentimentos para com o Senhor. Quem ama a Deus ama a seu próximo e age com simplicidade, procurando-o com um coração humilde. Agir com simplicidade é confiar em Deus, sem querer provas de sua existência. Quando nele confiamos e entregamos nossa vida e ações em suas mãos, no tempo certo, receberemos suas respostas. O autor do livro da Sabedoria deixa claro para todos nós: "A sabedoria não entra em uma alma que trama o mal nem mora em um corpo sujeito ao pecado". Vemos, portanto, que essa sabedoria não é apenas um dado racional, ou um conceito filosófico. É muito mais que isso. É algo transcendente, que ultrapassa o entendimento humano, o nível do imanente e atinge uma dimensão inatingível ao entendimento humano. É, portanto, a sabedoria de Deus. E ela não se manifesta aos que praticam o mal ou buscam conscientemente o pecado. Aqui entendemos por que o autor alerta, em primeiro lugar, as pessoas que têm o ofício de governo. Que bom seria se nossos governantes agissem com essa sabedoria. O mundo seria bem melhor e não haveria tanta miséria e tanta violência. A maior parte do sofrimento humano vem da falta de sabedoria do próprio ser humano. Quando se age com sabedoria, evitam-se muitos sofrimentos. Porém, onde há ações mal-intencionadas, pensamentos insensatos, a sabedoria, que vem do Espírito Santo, foge ou se retrai, pois ela não se manifesta onde há esses tipos de procedimentos. Tudo isso porque a sabedoria ama as pessoas, e quem está privado dela sofre as consequências de sua ausência. Assim, a recomendação é agir com sabedoria e deixar que nossos atos, pensamentos e nossas palavras sejam guiados por ela, pois Deus é testemunha de nossos pensamentos e sabe quando nele confiamos.

Quem confia em Deus evita provocar escândalos, diz com outras palavras o texto que antecede a parábola do servo inútil (Lc 17,1-6). Quem escandaliza os pequenos escandaliza a Deus. Podemos fazer uma pausa e refletir: que tipo de atitude escandaliza a Deus? Quais são as coisas mais escandalosas de nosso mundo hoje? Quais os maiores escândalos contra os pequeninos que vemos hoje? Dá para fazer uma lista infinita de escândalos: políticos, éticos, morais, religiosos etc.; na catequese. Em quais desses nós participamos ou com quais compactuamos? Vale fazer um exame de consciência e rever nossos atos e nossas omissões, porque quem se omite diante de um escândalo compactua indiretamente com ele. "Mas ai daquele que produz escândalos", diz Jesus, seria preferível morrer. Vemos a gravidade desse ato perante Deus. Somente quem o teme e age com sua sabedoria e evita escandalizar os pequeninos.

Esse trecho do Evangelho também revela que se o irmão pecar sete vezes, durante o dia, e sete vezes pedir perdão, ele deverá ser perdoado. Não é fácil agir dessa maneira. Somente os que têm fé são capazes de tal procedimento. Diante disso, os discípulos viram quão pequena era sua fé, pois talvez ainda não conseguissem perdoar como pediu Jesus. Por essa razão eles disseram: "Aumenta nossa fé", e Jesus questiona se de fato eles têm fé, pois, se a tivessem, mesmo que fosse pequena, poderiam fazer muita coisa.

Catequista, como anda sua fé? Você tem fé verdadeira ou sua fé é somente quando as coisas dão certo? É bom pensar um pouco sobre isso e rever como anda a confiança em Deus. Temos, assim, catequistas, recomendações muito importantes para sua vida. Elas lhes ensinam o reto agir e lhes aproximam de Deus. Que vocês possam segui-las, pois, assim, estarão agindo com sabedoria e com fé. Sejam servos no agir e não esperem recompensa, agradecimento ou reconhecimento. Sejam catequistas por amor e pela fé. O resto virá por acréscimo.

34
A PARÁBOLA DO JUIZ INJUSTO
(Lc 18,1-8)

Nesta reflexão, destacam-se vários temas, sobretudo o da oração de petição. Todo catequista precisa levar uma vida de oração, "combustível" da vida espiritual. Sem oração não se vai longe na missão nem em qualquer outro empreendimento na vida. Talvez você esteja se perguntando: mas o que é que tem a ver a parábola do juiz injusto com a oração? Continue lendo e você verá que não tem a ver diretamente com o juiz injusto, mas com a viúva.

Por meio dessa parábola, mais uma vez, Jesus insiste na oração. E por que faz isso? Porque a oração e seus derivados – a espiritualidade e a fé – são elementos primordiais para nossa missão. Como já disse, sem oração, sem fé, sem uma espiritualidade bem trabalhada, dificilmente venceremos as batalhas da vida. Assim sendo, essa parábola insiste na oração persistente, sobretudo na oração de petição, pois quem pede recebe, quem bate à porta lhe será aberta (Mt 7,7). Pedir com insistência significa pedir com fé, mesmo que isso possa parecer impertinência a Deus. Somente quem tem fé não desanima diante da suposta demora de Deus em atender seu pedido. Se nós, que somos maus, damos coisas boas a nossos filhos, quando eles nos pedem, quanto mais Deus, que é bondade infinita. Ele dará tudo do que nós precisamos. A parábola trata disso, ao trazer a situação da viúva que pedia insistentemente ao juiz insensível que fizesse justiça em seu caso. O juiz a atendeu, não porque se compadeceu da viúva, mas porque ela estava lhe perturbando com a insistência de seu pedido. Se o juiz, que não temia a Deus, era insensível, atendeu o pedido da viúva, Deus, que é infinitamente justo e amoroso, atenderá nossos pedidos bem antes de imaginarmos. Porém, não basta rezarmos, precisamos ter perseverança e agir, pois, assim como toda ação sem oração é estéril, toda oração sem ação também não produz frutos (Êx 17,8-13).

Nesse texto do livro do Êxodo, vemos claramente a ligação entre oração e ação. Moisés ora, intercede, enquanto Josué luta contra os amalecitas. Temos aqui o contexto da travessia do deserto rumo à terra prometida. Deserto é símbolo de tempos difíceis, em que precisamos acentuar nossa vida de oração para não esmorecermos diante da aridez ou dos obstáculos. Temos na curta passagem de nossa vida por este mundo, em nossa missão, muitos desertos a serem atravessados e obstáculos a serem vencidos. Dentro desses desertos encontramos obstáculos variados (fome e sede, frio e calor, serpentes venenosas, inimigos etc.). Podemos dar nomes a essas dificuldades, conforme nossa realidade e a situação que estamos enfrentando. Porém, independentemente de qual seja a dificuldade e o tipo de deserto, o que importa é como anda nossa fé. Precisamos ter uma fé perseverante e uma ação constante. Porém a ação só será constante se antes tivermos fé. Nesse trecho, os amalecitas representam um dos inúmeros obstáculos que o povo hebreu encontrou na travessia do deserto. Ele teve de lutar para poder seguir adiante e chegar à terra prometida. Enquanto Josué e o povo lutavam com os amalecitas, Moisés rezava. Quanto mais forte era a oração de Moisés, mas Josué e seu grupo tinham forças na luta. Esse dado mostra quão importante é uma ação mediada e regada pela oração. Quem reza se fortalece. A leitura também deixa um recado para nós: rezemos uns pelos outros. Peçamos também pelas necessidades de nossos irmãos e não apenas por nossas necessidades. A oração fervorosa e persistente de Moisés fez com que Josué e sua equipe derrotassem os amalecitas. A perseverança na oração nos ajuda a vencer nossos adversários ou inimigos. Por essa razão, catequistas, ensinem e incentivem seus catequizandos a rezarem. A oração que aprenderem na catequese, eles as levarão para a vida.

Por falar em oração, vejam o Salmo (120/121). Ele é uma bela oração que reconhece que sem Deus nada somos, que dele vem nossa força espiritual e corporal, nosso socorro. Ele fez o céu e a terra, portanto, é um Deus poderoso. Com tanto poder e amor, ele virá sempre em nosso socorro, basta pedirmos com fé. Esse Salmo nos ensina a levantarmos nossos olhos para a obra da criação, montes e colinas, e contemplar a salvação, que vem do Deus criador e libertador. Contemplar um Deus que tudo criou e que nos colocou no centro da criação. Desse modo, somos criaturas fundamentais na obra de sua criação, por isso ele não descuidará e atenderá nossas súplicas, preces e orações. É de Deus que vem nosso auxílio e nossa proteção, nosso socorro. Ele não nos deixará tropeçar, por maior que sejam os obstáculos, pois está sempre atento, pronto a nos ajudar. Ele é uma sombra protetora, que nunca se afasta de nós no sol escaldante dos desertos de nossa vida. Ele nos guarda do mal e nos protege, mostrando a importância de confiar nele. O catequista precisa ser uma pessoa de oração, que confia em Deus e ajuda seus catequizandos a também terem essa confiança, mesmo que as coisas não estejam como gostariam que estivessem. Na parábola, a viúva vivia um momento terrível, mas sua fé, sua vida de oração não a deixou desistir diante da resistência do insensível juiz. Se ela não conseguiu convencê-lo pela compaixão, convenceu-o pelo incômodo. Quem quer de fato algo não desiste até conseguir, mas para isso é preciso persistência e fé.

O apóstolo Paulo, na segunda carta a Timóteo (3,14 – 44, 2), pede que permaneçamos firmes. Sem firmeza, não iremos muito longe; e só teremos firmeza se formos firmes e perseverantes na oração individual e comunitária; na oração de petição e de intercessão, ou em qualquer forma de oração, que nos coloca em sintonia com Deus. Sejamos fiéis à Palavra de Deus e a seus ensinamentos, que os caminhos tortuosos vão sendo endireitados e as colinas rebaixadas, isto é, com a vivência da Palavra e a força da oração, os problemas vão sendo resolvidos e as dificuldades dirimidas. O trecho dessa leitura termina, reforçando: "Insiste oportuna e importunamente, argumenta, repreende, aconselha, com toda paciência e doutrina". É o que faz a viúva e o que deve fazer todo catequista se quiser ver suas ações dando frutos. Quem desiste diante dos primeiros obstáculos, dificilmente, vence-os. Não se atingem metas se os obstáculos e as portas fechadas nos desanimam. Não é porque algumas pessoas lhe negaram algo que você vai desistir. Se de fato você acreditar no que busca e o quiser com todo o seu coração, com toda a sua alma, não desistirá enquanto não o alcançar. A viúva da parábola não desistiu. Era uma questão de vida ou morte para ela, pois ser viúva era ser vulnerável, no tempo de Jesus, e estar à mercê da sociedade e dos juízes. Se estes fossem injustos, a viúva perderia tudo e morreria na miséria, mendigando o próprio pão. Por isso ela optou pela vida e importunou o juiz até que ele cedesse a seu pedido; o que faz lembrar o provérbio "água mole em pedra dura tanto bate até que fura".

Portanto, não desistamos de pedir, de rezar, de exercitar nossa fé e confiança em Deus. Catequista que não reza não pode ser catequista. Quem reza descobre que Deus é amor, misericórdia e bondade. Ele vai atender sempre nossas preces, desde que elas sejam justas como eram justos e legítimos os pedidos da viúva. Deus não nos faz esperar, ele atende mais depressa do que imaginamos. Quem não sabe esperar o tempo de Deus mostra que não tem fé ou que não tem uma fé consistente e perseverante. E você, catequista, sabe esperar o tempo de Deus?

A parábola termina questionando se, quando Jesus voltar, encontrará fé sobre a terra. Não precisamos esperar tanto, basta olhar nossa sociedade e, até mesmo, nossas comunidades. A fé parece que enfraquece a cada dia, ficando cada vez mais distante daquilo que pede essa parábola. No lugar de Deus, da religião, do amor, são colocados outros "valores", resultados de uma sociedade que se seculariza. Como fica então a fé diante deste mundo tão árido? Cabe pensarmos sobre isso e avaliarmos nossa vida de fé e nossa vida de oração à luz dessa parábola tão inspiradora.

Precisamos ser perseverantes. Um bom catequista precisa perseverar, pois quem não persevera dificilmente alcança o que almeja. Há uma expressão que diz que há mais pessoas que desistem do que pessoas que fracassam. Ou seja, muitas vezes não conseguimos o que almejamos porque desistimos antes de alcançar, fraquejamos diante dos obstáculos, desanimamos diante das inúmeras dificuldades.

Nessa parábola, percebe-se de imediato que Jesus se refere à oração de petição, que é a modalidade mais usada até nossos dias. Ela consiste em pedir algo a Deus. Em diversas passagens bíblicas, encontramos um incentivo a essa modalidade de oração, como, por exemplo, em "pedi e receberei, batei e vos será aberto". A oração do Pai-nosso, ensinada aos discípulos, é também uma oração de petição. Ela contém uma série de pedidos elementares, que sem os quais a vida se tornaria muito mais difícil. Assim sendo, é importante pedir a Deus. Mas, muitas vezes, não sabemos pedir. Quando pedimos, esquecemos que o tempo de Deus é diferente do nosso. Temos pressa de ser atendidos, queremos as coisas para ontem. Há até um santo que se dedica às causas urgentes (Santo Expedito) e que se tornou muito popular, refletindo, assim, a pressa que temos de ser atendidos por Deus. Porém, a parábola não diz que é para termos pressa, mas sim para pedirmos com perseverança. Quem pede com perseverança, mais cedo ou mais tarde conseguirá o que pretende. Foi o que aconteceu com a viúva da parábola. Ela pedia que o juiz lhe fizesse justiça, mas o juiz a ignorava, sem ter o mínimo de compaixão de seu sofrimento. Se ela não fosse perseverante, não teria obtido a defesa requerida.

Portanto, se alguém com o coração tão insensível foi capaz de atender o pedido de uma pobre viúva, quanto mais Deus, que é infinitamente amoroso e misericordioso. Seu amor, infinitamente grande, é capaz de recriar o mundo por nós, diz o Livro da Sabedoria (18,14-16; 19,6-9).

Esses trechos selecionados do livro da Sabedoria mostram a recriação do mundo maculado pelo pecado e desvirtuado do projeto de Deus. Em uma linguagem figurada, mostram o poder transformador da Palavra de Deus, que desce dos altos céus e defende o mundo atingido pelas forças da morte. Somente um Deus com tanto amor seria capaz de recriar o mundo para ele ficar melhor. Assim, temos uma leitura complementar que revela, de modo figurado, esse amor de Deus por nós, refazendo tudo aquilo que nós mesmos, pelos nossos pecados, destruímos. Um Deus que não desiste de nós e nos ensina a não desistirmos de suas coisas. Se você for um catequista perseverante, não desistir das coisas de Deus e dos pequeninos que Ele ama tanto, conseguirá também contribuir para reconstruir o mundo. A catequese é importante por ser um meio, uma ferramenta de transformar vidas, configurando-as de acordo com a vontade de Deus. É a grandeza de Deus que se manifesta na vida, que se recobra diante de suas quedas. Assim poderemos cantar como pede o Salmo (Sl 104/105): "Lembrai sempre as maravilhas do Senhor". Se o catequista conseguir, em seus encontros de catequese e em seus exemplos, lembrá-las, será sempre atuante e perseverante, mesmo nos momentos mais difíceis.

35

A PARÁBOLA DO FARISEU E O PUBLICANO

(Lc 18,9-14)

A parábola do fariseu e o publicano (Lc 18,9-14) traz o tema da oração. Já tivemos oportunidade de refletir sobre ela, suas várias modalidades e o quanto é importante para a vida missionária dos catequistas. Entretanto, nessa parábola, o enfoque é a oração feita na humildade. Rezar, ou orar, deveria ser sempre um ato de humildade, porém há orações arrogantes, que são comumente daqueles que se acham santos, sem pecados.

Há diversos tipos, ou modalidades de oração e diversas maneiras de se rezar, de se colocar diante de Deus. Algumas dessas maneiras são poderosas, atravessam as nuvens (Eclo 35,15-17.20-22). Já há outras que não nos fazem voltar justificados (Lc 18,9-14). Assim, há orações que chegam a Deus e outras que chegam, mas não provocam transformações, não tocam seu coração.

Diante disso, cabe perguntar: que tipo de oração chega a Deus e que nos justificam diante dele, e que tipo de oração não chega a ele, ou não nos faz sairmos justificados depois de a termos feito? Quem responde a essas perguntas são as seguintes leituras bíblicas: Eclo 35,15-17.20-22; Os 6,1-6; 2Tm 4,6-8.16-18; Lc 18,9-14. Vejamos, então, a oração agradável a Deus, a oração que nos justifica ou que nos faz sair justificados.

De antemão vemos que o requisito primordial para uma boa oração é a humildade, a perseverança. Essas duas características estão entrelaçadas, pois só é perseverante o humilde, que não desiste de esperar que suas orações sejam atendidas por Deus. O arrogante logo desiste e blasfema contra Deus por ele não o ter atendido quando desejava. O humilde pede que Deus atenda suas preces, está a serviço de Deus e se coloca diante dele como servo. O arrogante exige que Deus atenda seu pedido, quer ser servido por Deus e se coloca diante dele como alguém merecedor das recompensas por seus atos. Desse modo, avaliar a oração, ou a maneira como rezamos, é muito importante para nossa vida espiritual.

Cabe aqui perguntar: eu de fato rezo? Se eu rezo, como é minha oração? Temos nessa parábola, como parâmetro para nossa avaliação, duas modalidades de oração: a do fariseu e a do publicano. No final, a parábola diz que o publicano voltou para casa justificado e o fariseu não.

Alguns podem perguntar: como assim? Os dois não estavam rezando? Quer dizer que nem toda oração é atendida por Deus? Como Deus não ouve a prece do fariseu, que agia corretamente, cumprindo todas as normas da religião, seus preceitos, e ouve a prece do publicano, que procedia de modo errado? Então esse Deus é injusto?

Muitos catequistas, e outras pessoas em nossas comunidades, fazem esses tipos de questionamentos por não ver o outro lado da oração, não ter ainda um coração convertido para a misericórdia de Deus, conforme o fariseu. Muitos catequistas, que vão à missa todos os domingos, e até mesmo nas missas semanais, comungam, contribuem fielmente com o dízimo, além da catequese, estão em pastorais e ministérios, são os primeiros a julgar, a apontar o dedo para as falhas e os pecados dos outros. Acham-se melhores, sentem-se salvos, mas sua oração é mera repetição de seus feitos, de suas "boas ações". Confessam sempre, mais do que deviam. Se a Igreja pede confissão pelo menos uma vez ao ano, essas pessoas confessam toda semana. Porém, em suas confissões, em vez de falar de seus pecados, falam das coisas boas que fazem ou dos pecados dos outros. Saem da confissão de "alma lavada", mas não justificados, isto é, perdoados, pois não foram confessados seus pecados, por isso não se pode dar absolvição. Confissões dessa natureza deixam os padres em uma situação difícil, pois como dar absolvição a alguém que não confessou, apenas relatou suas boas ações ou falou de pecados alheios?

Por outro lado, há os pecadores assumidos. Aqueles que têm consciência de seus pecados e se colocam diante de Deus, ou do sacerdote, para a confissão, cientes de sua indignidade, conscientes de seus pecados e desejam ardentemente a misericórdia de Deus. Essa modalidade de oração, ou de confissão, é ouvida por Deus e justifica a pessoa que ora ou que confessa dessa maneira.

Nessa parábola, há o espelho desses dois jeitos de orar. Ambos rezam, mas há uma diferença fundamental no tipo de oração que cada um faz. O fariseu é de fato uma pessoa boa, faz tudo conforme pedem as leis e as normas religiosas, mas é arrogante. Faz tudo corretamente, mas lhe falta a humildade, elemento de suma importância para se sintonizar com Deus. Já o publicano é de fato um grande pecador, mas o que lhe faz justificado diante de Deus é sua atitude de humildade. Ele não se acha digno de se colocar diante de Deus, fica de longe, nem se atreve a olhar para o céu, pois sabe ser indigno pelos pecados cometidos. Deus vê a sinceridade de seu coração e o escuta. A oração do fariseu é um louvor a si mesmo e não a Deus. Ele agradece por não ser como os outros, isto é, ladrão, desonesto, adúltero. Ora julgando o publicano que está ali, no mesmo espaço, achando-se melhor que ele. Quantas vezes, em nossas igrejas, encontramos pessoas agindo dessa maneira. Em vez de cuidar de sua vida, de corrigir seus pecados, ficam apontando o dedo para outros e julgando seus erros, ou procedimentos supostamente errados. Olham os que comungam para saber se estão conforme pede a Igreja, reparam nas roupas dos outros, julgam-nos por sua aparência e fazem uma oração de julgamento. Temos uma oração que, apesar de ser aparentemente bela e comovente, é similar a do fariseu, pois agradece o que se tem mediante a desgraça dos que não têm. Vejamo-la e a analisemos: "Obrigado, Senhor, por meus braços perfeitos, quando há tantos mutilados; por meus olhos perfeitos, quando há tantos sem luz; por minha voz que canta, quando tantas emudecem; por minhas mãos que trabalham, quando tantas mendigam. É maravilhoso, Senhor, ter um lar para voltar, quando há tantos que não têm aonde ir; sorrir, quando há tantos que choram; amar, quando há tantos que odeiam; sonhar, quando há tantos que se revolvem em pesadelos; viver, quando há tantos que morrem antes de nascer; sobretudo, ter pouco a pedir e tanto a agradecer". Não seria essa uma típica oração do fariseu moderno?

Deus quer que de fato façamos as coisas corretamente, que procedamos conforme as orientações da Igreja, mas isso não nos dá o direito de julgar os outros. O olhar misericordioso de Deus não julga, não faz discriminação de pessoas, pois ele é um justo juiz. Se Deus não julga as pessoas, quem somos nós para julgá-las? Cabe a nós cuidar de nossa vida, reparar nossos erros e não apontar o dedo para os outros, julgando seus erros. Diz o livro do Eclesiástico (35,15-17.20-22) que Deus jamais despreza a súplica do órfão, nem da viúva, ou seja, dos marginalizados. Deus nos ensina a sermos mais misericordiosos, a agir com mais amor. Nossas comunidades eclesiais estão carentes desse amor misericordioso. Por isso a Igreja vem pedindo a conversão pessoal e pastoral para transformar nossas paróquias em verdadeiras comunidades de irmãos que se amam. É o que o papa Francisco vem propondo: olhar mais para a pessoa do que para seus pecados e ir ao encontro dos pecadores assumidos que se afastaram por causa de seus pecados. A catequese precisa viver essa "Igreja em saída" que pede o Papa. Enquanto julgamos as pessoas, não temos tempo de amá-las, e uma Igreja sem amor não é de Deus. Isso não é de hoje, isso é bíblico, é a proposta central dessa parábola e dos Evangelhos;

é a proposta de Jesus. Não podemos perder de vista o essencial e nos perdermos nos detalhes. Há muita comunidade se perdendo no detalhe. Cuida das regras, do legalismo e esquece o amor e a misericórdia. Como podemos querer que nossa paróquia se transforme em Comunidade de comunidades se nos dispomos mais a julgar do que a amar? A renovação de nossas paróquias, pedida pela Igreja no Brasil, deve passar primeiro pela renovação de mentalidades, de conversão, parar de julgar e começar a amar, sobretudo os pecadores, porque somente o amor pode trazê-los de volta à casa de Deus.

Assim sendo, temos diante de nós a figura de Paulo, apóstolo (2Tm 4,6-8.16-18), que traz mais uma vez o exemplo da conversão radical para a vida, para a proposta cristã. Ele está no final de sua vida e com a sensação de missão cumprida. Que bom se chegássemos ao final de nossa vida e missão na Igreja com essa mesma sensação, com a certeza de que fizemos o bem, que ajudamos outros a serem melhores. A vida cristã é um combate constante às tentações em seus diversos níveis e situações. Mas é um bom combate, pois é para a vida, em defesa da vida. As armas desse combate são a oração, o amor e a misericórdia. Se não as usarmos, estaremos combatendo de forma errada, apenas julgando e condenando. Paulo, antes da conversão, julgava, perseguia e condenava. Há muitos católicos que ainda estão nesse estágio dentro de nossas comunidades, tendo olhos somente para julgar, condenar e não para amar. Por isso precisamos nos espelharmos nos exemplo do apóstolo Paulo, em nossa prática cristã, e buscarmos a conversão verdadeira. Somente assim receberemos a coroa da justiça, que será recebida apenas por quem for justo com seus semelhantes.

A parábola do fariseu e do publicano nos convida a voltarmos para o Senhor de coração contrito, humilde, tendo reconhecido nossas falhas e confiantes na misericórdia de Deus. É esse o propósito de toda oração, seja qual for a modalidade que usarmos.

O profeta Oseias (6,1-6) convoca o povo para esse retorno a Deus por meio da oração, que tem esse objetivo: fazer com que voltemos para Deus, mesmo que estejamos magoados, machucados, feridos por nossos pecados. Se tivermos a humildade de reconhecer nossas faltas e pedir perdão a Deus, ele restaurará nossas forças, nossa integridade, muito antes do que imaginamos. O profeta fala de dois dias para Deus dar-nos a vida e três para restaurar-nos e viver-nos em sua presença. Podemos fazer um paralelo, ou comparação, com o próprio Cristo, que deu a vida por nós, ressuscitando ao terceiro dia. Assim, ele conferiu-nos a ressurreição, a vida eterna. Devemos confiar na vinda dele em nosso socorro, pois ela é certa como a aurora. Ele virá quando menos esperarmos; como as chuvas tardias que regam o solo. Quando confiamos, com certeza ele agirá, mesmo que nosso amor não tenha tanta consistência e seja como a nuvem ou o orvalho que cedo se desfazem. O amor de Deus por nós não se desfaz, não é passageiro, é eterno. Ele nos corrige e nos poda para que cresçamos conforme ele deseja. Que possamos nos expandir com seus ensinamentos. O que ele quer de nós é que sejamos pessoas que pratiquem o amor e não apenas atos supostamente religiosos, baseados apenas na aparência, vazios de significado, que nada transformam. Para Deus, atitudes religiosas dessa natureza não têm valor algum, não se justificam.

Portanto, a eficácia de nossa oração vai depender da maneira como rezamos. Se a oração for uma agressão a Deus, não surtirá nenhum efeito, porque Ele ignora orações vindas de um coração soberbo e arrogante. Por outro lado, se nossa oração brotar do fundo de nosso coração, resultado do reconhecimento de nossa pequenez, será atendida, como foi atendido o cobrador de impostos. Sua oração não teve nada de excepcional. Foi apenas um ato de reconhecimento de suas fraquezas. Ele sabia que era um pecador e indigno da misericórdia de Deus, mas se prostrou diante dele de coração aberto, sem falsidades e hipocrisias. Disse o que era de fato, sem máscaras. Já o fariseu não chegou a rezar, simplesmente julgou o outro que estava a seu lado. Quantas vezes vamos à Igreja e, em vez de rezar, ficamos a observar a atitude dos outros, o que vestem, como se portam e o que dizem? Quando agimos assim, saímos vazios da celebração.

Na missão de catequistas, essa parábola e os textos complementares ensinam muitas coisas que nos ajudam em nosso processo de conversão: rezar, ser humilde, fazer corretamente um exame de consciência, não julgar nosso próximo. Enfim, ensina o que devemos e o que não devemos fazer para que nossa oração seja ouvida por Deus.

Portanto, o apelo dessa parábola é para que os catequistas avaliem sua vida de oração e busquem sempre a conversão.

CONSIDERAÇÕES FINAIS

Como considerações finais, trago uma reflexão sobre o Bom Pastor, do evangelho de João (10,1-18). Esse texto não é uma parábola, mas o cito para fazer uso de uma linguagem comparativa para falar da distinção entre o bom pastor e o mercenário. Portanto é um texto apropriado para concluir uma obra, cujo objetivo é também evidenciar o papel de pastor que os catequistas desempenham.

Assim sendo, faço comentários dessa exortação de Jesus no contexto das parábolas, com mesmo objetivo: destacar quando um catequista é bom pastor e quando ele é mercenário. Isso vale para todos os agentes de pastoral, leigos e consagrados.

O texto do Bom Pastor (Jo 10,1-18) é exclusivo do evangelho de João e traz uma das lições mais contundentes para os que têm alguma responsabilidade na Igreja. Desse modo, falar do Bom Pastor, ou refletir sobre esse texto, é algo essencial para a formação dos catequistas e de todos os demais agentes de pastoral.

Na liturgia, a Igreja reflete sobre essa passagem no quarto domingo do tempo pascal (Ano A e B) e na segunda-feira da quarta semana da Páscoa, do Ano A, que corresponde à semana do Bom Pastor. Com essa temática, somos convidados a avaliar nossa missão de batizados, nossa ação pastoral de catequistas e verificar se estamos sendo bons pastores, entrando pela porta das ovelhas e sendo reconhecidos por elas, ou se estamos indo por outros caminhos, fazendo outros procedimentos que não condizem com aquilo que Jesus quer de nós.

É muito gratificante quando os catequizandos reconhecem os dos catequistas, amam-nos e os valorizam. Esse é um sinal de que o catequista está exercendo sua missão de pastor, conduzindo com amor as ovelhas que lhes foram confiadas, dedicando seu precioso tempo para elas e até dando a vida por elas. Por essa razão, vocês, catequistas, são muito importantes para nossa Igreja. Tão importantes que sem vocês nossa Igreja perderia a força missionária de preparação para a missão de crianças, adolescentes e jovens. Assim sendo, avalie sempre sua missão e verifique se você está sendo bom pastor.

O tema do Bom Pastor é fundamental na Igreja, e a liturgia, desde o Concílio Vaticano II, traz essa temática para a reflexão, dividindo essa parábola entre os três anos do calendário litúrgico (A, B e C). No ano A, o texto não fala diretamente do bom pastor (Jo 10,1-10), mas das preliminares, ou seja, da porta que dá acesso às ovelhas. Jesus se apresenta como a porta das ovelhas. A única que dá acesso ao Pai. Quem não entra por ela não compactua com suas propostas. Porta significa caminho, rumo e direção. Em outra passagem, ele se apresenta como "o caminho, a verdade e a vida", único caminho de acesso ao Pai. Aqui o sentido é o mesmo; no ano B, o texto é direto e trata do tema do Bom Pastor (Jo 10,11-18), apontando as principais características para identificar quem é bom pastor e quem é mercenário. E no ano C, com um trecho curto do evangelho (Jo 10,27-30), destaca-se o fato de as ovelhas ouvirem a voz do pastor, reconhecê-lo e segui-lo.

A imagem do pastor de ovelhas, embora não faça parte da realidade de muitos catequistas, sobretudo os que vivem no mundo urbano, está em nosso imaginário e transmite segurança. Quem não se sente amparado ao ver a imagem de Jesus com uma ovelha nos braços? Ela transmite amor, carinho e proteção. É similar à imagem da mãe que segura o filho nos braços, dando-lhe proteção e segurança.

O Salmo (22/23) resume muito bem essa segurança que o texto do Bom Pastor nos transmite. Nele, Deus se apresenta como aquele que nos guia por caminhos seguros. Quem tem Deus como guia não teme, não vacila diante das tentações, não desanima e segue adiante na missão, sem medo; confia, sabendo que nada lhe faltará porque ele, no tempo certo, suprirá todas as necessidades; não perde o foco de suas ações, sabendo que está no caminho que o levará os prados e às campinas, isto é, a um lugar de paz, de segurança, de fartura, terra que emana leite e mel, lugar de delícias. Tudo isso está contido na expressão "prados e campinas verdejantes", lugar de paz, harmonia, lugar de descanso, de águas tranquilas e repousantes, um refrigério para a alma atribulada. Toda essa imagem de segurança vem de um Jesus, Bom Pastor, que conhece suas ovelhas e cuida delas com muito carinho. Ovelhas estas que também conhecem seu pastor. Há uma cumplicidade entre o pastor e a ovelha quando este é um bom pastor. Quando temos essa confiança em Deus, entregamos nossa vida e nossas ações em suas mãos, e ele nos conduz firmemente, como conduziu seus apóstolos e discípulos. Toda vez que você, catequista, sentir-se atribulado, cansado, abatido, sem forças, recorra a essa parábola e seus complementos para se abastecer e fortalecer. Depois de meditá-la, você recobrará suas forças.

Para complemento do texto do Bom Pastor, eu indico alguns textos bíblicos, dentre eles um trecho do livro dos Atos dos Apóstolos (2,14a.36-41). Nele nós encontramos a figura de Pedro dando um testemunho apaixonado sobre a confiança em Jesus, o Bom Pastor. É dia de pentecostes. Ele está reunido com os discípulos e uma multidão. Faz memória de tudo o que Jesus viveu e sofreu e mostra que muitos dos que ali estão, apesar de terem tido em numerosas provas do amor de Jesus, continuam a seguir por outros caminhos, a entrar por outras portas. Para mudar essa situação, é preciso conversão, mudar radicalmente de vida, receber o batismo e retomar o caminho de Jesus, entrando pela porta que ele abre. Para nós, hoje, significa fazer um profundo exame de consciência, uma boa confissão e retomar o significado de nosso batismo. Jesus está aqui, diante de nós, com os braços abertos, pronto a nos acolher como na imagem do Bom Pastor. Cabe a nós aceitarmos esse abraço e recebermos sua proteção. Mas, para isso, é preciso conversão, diz Pedro nessa leitura.

Não é fácil ser cristão, ser discípulo, ser catequista. Também não é fácil reconhecer essa porta diante de tantas que se abrem e prometem coisas maravilhosas. O que fazer diante da dúvida, dos obstáculos, dos sofrimentos da missão? É Pedro que, mais uma vez, responde a essas interrogantes, por meio de uma de suas cartas (1Pd 2,20b-25). É preciso suportar com paciência as dificuldades da missão. Temos diante de nós a imagem daquele que tudo suportou e tudo venceu. Assim, nós também poderemos vencer se confiarmos, porque a confiança nos dá força. Basta confiar no Bom Pastor, que protege nossa vida e nos fortalece. Ele, o Bom Pastor, guarda-a, diz o final da carta de Pedro.

Que o texto do Bom Pastor nos ensine a sermos bons pastores na catequese. Pessoas responsáveis umas pelas outras, que amam e cuidam de seu semelhante. Se o filósofo Thomas Hobbes disse que "o homem é o lobo do próprio homem", podemos inverter esse pensamento e afirmar que o homem pode e deve ser pastor do próprio homem. É o que Jesus nos ensina: cuidar uns dos outros, protegendo e, ao mesmo tempo, sendo protegidos. Somente assim teremos uma sociedade verdadeiramente humana e, portanto, divina, no caminho que leva ao Pai. Somente assim a catequese de nossa Igreja fará a diferença na vida das pessoas e no mundo.

Assim, somos convidados a avaliar nossa ação pastoral na catequese e descobrir se estamos sendo bons pastores ou não; se estamos desenvolvendo bem nossas ações pastorais. Mas essa descoberta se faz por atos e não apenas por palavras. Há muitos que se dizem bons pastores, mas, na hora da prática, ou seja, quando chegam o perigo, os desafios, não enfrentam ou não assumem. Nessas horas se revelam os bons pastores e os mercenários. Na comunidade paroquial sabemos quem é bom pastor pelo compromisso e pela fidelidade de cada um; sabemos quem é bom catequista pela prática e não pelo ato de receber os sacramentos. É importante saber que nem todos os que estão na Igreja são bons pastores. Para ser bom pastor, precisamos de conversão pessoal e pastoral, senão estaremos apenas reproduzindo ações supostamente religiosas.

Quando se fala em pastor, logo vem à mente a pessoa do Papa, dos bispos, dos padres ou dos pastores de igrejas evangélicas. Mas não são apenas esses os pastores. Esses são pastores por excelência, ou deveriam ser. São pastores também todos aqueles que assumiram um trabalho pastoral, uma responsabilidade, seja na Igreja ou nas diversas outras instâncias da sociedade. Na Igreja, essa conotação se recobre de significados. Por essa razão, os trabalhos na comunidade eclesial são chamados de pastoral, ou seja, ação de pastores. Pastor é aquele que cuida, ou que tem responsabilidade por algo ou alguém. Porém, a parábola alerta para duas categorias de pastores: os bons pastores e os mercenários, isto é, os bons e os maus pastores, que se intitulam pastores, mas agem apenas por interesse e não se preocupam com as ovelhas. A preocupação desses mercenários, ou falsos pastores, está no retorno que as ovelhas podem lhes dar, mas não no amor às ovelhas. Já o bom pastor cuida com amor, ama as ovelhas e dá a vida por elas se preciso for.

Jesus é a referência suprema de bom pastor. Assim sendo, ele apresenta as características do bom pastor e alerta sobre os maus pastores.

A primeira característica do bom pastor é dar a vida por suas ovelhas. Jesus deu a vida por nós. Segui-lo é ser capaz de dar a vida pelos outros. E mais, Jesus não diz que devemos dar a vida apenas aos que amamos. Para esse talvez não seja tão difícil, pois o amor move para essas ações. Por exemplo, uma mãe, que morre um pouco a cada dia para que seus filhos tenham vida, faz renúncias e, se for preciso, priva até de seu alimento para alimentar seus filhos, priva de sua própria vida. É o instinto materno, o instinto do bom pastor. Ele diz que também devemos arriscar a vida por pessoas de quem não temos laços de sangue, que pouco nós conhecemos, simplesmente porque sua vida corre risco, ou porque ela está precisando; isso é um ato heroico e revelador do bom pastoreio. Desse modo, o bom pastor arrisca sua vida para defender as ovelhas. Quando ele vê o lobo chegar, enfrenta-o, mesmo que esse represente uma ameaça a sua vida. É o que fazem os que defendem os injustiçados. Conhecemos histórias de pessoas que morreram em defesa da causa de outras pessoas, mesmo sem conhecê-las diretamente. Lembramos aqui os mártires, os que defenderam a vida dos injustiçados, de índios, posseiros, migrantes e outras categorias de marginalizados. Quem luta, defendendo os marginalizados, é bom pastor porque coloca sua vida em risco para preservar a causa e a vida dos que sofrem injustiças. Essas categorias de pessoas são ovelhas vulneráveis aos lobos e, se elas não tiverem pastores que as defendam, irão cair em suas garras dos lobos. Quando alguém assume um "pastoral de fronteira", por exemplo, está dando demonstrações concretas de que é um bom pastor.

A segunda característica do bom pastor é o conhecimento de suas ovelhas. Há uma identificação entre o pastor e as ovelhas. Já que o texto faz uma comparação agrária, do mundo animal, para tratar dos que têm e dos que não têm compromisso com a vida, vale trazer um exemplo desse mesmo universo. Os animais domésticos conhecem quando as pessoas gostam ou não deles. Um cachorro, por exemplo, tem essa sensibilidade muito aguçada. Ele conhece pelo olhar se seu dono, ou qualquer outra pessoa, gosta ou tem medo dele. Eles conhecem quando alguém o rejeita. Se entre os animais irracionais isso fica evidente, quanto mais entre os seres humanos? Porém, o humano usa de muitas simulações para disfarçar seus sentimentos e procedimentos. Quantos são os que se aproximam dos pobres e indefesos apenas para usá-los ou explorá-los ainda mais. Vejamos os políticos em épocas de eleições. Todos os candidatos a cargos públicos se vão às periferias, às áreas de risco, aos lugares onde os pobres vivem. Não vão lá para socorrer as ovelhas em perigo nem estão preocupados com a qualidade da vida delas. Eles estão interessados em seu voto, ou naquilo que poderá lhe dar benefício. Não é o amor aos pobres e sua defesa que os movem até eles, mas o interesse em tirar benefícios para si e para os seus. Esses são maus pastores, que só serão reconhecidos depois que forem eleitos. Por essa razão, pede-se que se pesquise o histórico de cada candidato para não confundir na hora de elegê-lo. Essa situação revela que há lobos travestidos de bons pastores. Eles dão algo hoje para tirar em dobro, ou mais que isso, amanhã. Quem elege um candidato porque recebeu dele algum benefício vai pagar caro por isso. A política brasileira apresenta um quadro real dessa categoria de pastores e de lobos. Portanto, todo cuidado é pouco. Jesus alerta não apenas no âmbito político, mas também no âmbito religioso. Há muitos pastores nas Igrejas que são maus. Por essa razão Jesus diz que o bom pastor conhece suas ovelhas e elas o conhecem.

A terceira característica do bom pastor é o cuidado. Quem ama cuida, diz uma expressão popular. O bom pastor guia, conduz, orienta suas ovelhas para que elas sigam no bom caminho. Faz isso porque as ama. Ele aponta caminho e as prepara para que não se deixem enganar pelos falsos pastores, pelos mercenários, pelos lobos. Preocupa-se com a formação de seus fiéis, de modo que tenham uma visão crítica do mundo e da religião e não se deixem enganar por nada e por ninguém. O mau pastor é aquele que usa a Palavra de Deus, a Bíblia, para manipular as pessoas e extorquir dinheiro de acordo com seus interesses. Já o bom pastor se dedica a suas ovelhas por amor, não por obrigação. Quando alguém age na Igreja por obrigação, está revelando ser um mau pastor.

O grande desafio da Igreja hoje é identificar os bons pastores e os mercenários. Isso tem sido uma das preocupações do papa Francisco em relação à pedofilia e a outros problemas que atingem as ovelhas indefesas, como, por exemplo, as crianças. As indicações de Jesus continuam válidas, ou seja, pelas obras que se conhecem as pessoas e não apenas pelo discurso. Mas, mesmo pelas obras, é preciso ter muito cuidado e uma visão crítica, pois há "obras de fachada" e essas supostas obras boas podem ter prazo de validade, serem oportunistas. Cabe avaliar, analisar e discernir com maturidade os procedimentos dos pastores para não se deixar enganar.

O livro dos Atos dos Apóstolos (At 4,8-12) mostra Pedro agindo como bom pastor. Ele fala com firmeza e coragem contra os maus pastores e contra os lobos que estão à espreita, mesmo que sua vida esteja correndo risco. Ensina-nos, dessa maneira, a sermos também autênticos anunciadores da ressurreição. Anunciar a ressureição é anunciar a proposta, o projeto de vida daquele que morreu e ressuscitou e que é, portanto, a referência máxima de bom pastor.

A primeira carta de São João (3,1-2) mostra o grande amor de Deus por nós. Ele fez de seu Filho Jesus um pastor exemplar. Com Jesus nos tornamos muito mais que ovelhas, tornamo-nos filhos de Deus; quem crê nisso age como filho. Se ainda não cremos, é porque ainda não conhecemos a Deus. Mostra que conhece a Deus quem crê em seu Filho Jesus e dá testemunho dele com pensamentos, palavras e atos, diz São João nessa leitura.

Vemos, assim Jesus, o Bom pastor, revelando sua ternura, seu cuidado, sobretudo, com os pobres e sofredores. Ele nos enche de alegria e nos convida a entregar nossa vida em suas mãos, para que ele cuide de cada um de nós e nos ensine a cuidar de nossos irmãos como bons pastores. Ensina-nos a sermos catequistas exemplares, a seguir seu exemplo e viver como quem de fato acredita em sua ressurreição.

Assim sendo, todo discípulo e missionário de Jesus Cristo, todo catequista, tenha como parâmetro para suas ações a dedicação ao próximo. Quanto mais dedicamos nossa vida ao próximo, mais nos aproximamos daquilo que Jesus classificou como bom pastor. Ao longo de nossa vida, são-nos confiadas muitas responsabilidades: na família, no trabalho, na escola, nas ruas e na comunidade religiosa e social. Responsabilidades com coisas, funções e, sobretudo, com pessoas, como é o caso da catequese. Coisas e funções comumente estão relacionadas com pessoas. Quando essas não são executadas ou cuidadas como deveriam, são as pessoas que sofrem as consequências disso. Percebemos, assim, como cada um de nós traz dentro de si uma porção de pastor. Exercemos, ou pelo menos deveríamos exercer, ações pastorais em tudo o que fazemos, desde pequenas tarefas diárias até as grandes responsabilidades.

Com a parábola do Bom Pastor, somos convidados a avaliar nossa ação de pastor e a ação de nossos governantes, líderes religiosos e demais pessoas que têm responsabilidades na comunidade e na sociedade; a cuidar, proteger as ovelhas e a arriscar, se preciso for, a vida por elas.

Quem de nós teria coragem de arriscar a vida por alguém ou um grupo? Que liderança política ou religiosa arriscou ou deu sua vida pela vida de outros? Se fizermos um levantamento, vamos encontrar muita gente que não mediu esforços para se dedicar ao próximo. E não são apenas líderes religiosos, mas também pessoas anônimas. São exemplos de bons pastores que, às vezes, sem conhecer Jesus, têm dentro de si seus ensinamentos e sua mensagem.

Os apóstolos deram exemplo disso. Veja o caso de Estêvão que foi martirizado porque viveu os ensinamentos de Jesus. No livro dos Atos dos Apóstolos (11,1-18), Pedro se esforça para ser exemplo de bom pastor. "Tenho ainda outras ovelhas que não são deste redil: também a elas devo conduzir." Pedro vai ao encontro dos pagãos, adentra a vida deles e apresenta-lhes Jesus ressuscitado. O anúncio de Pedro os faz crer, e isso transforma a vida deles, leva alegria não apenas a eles, mas a todos os que souberam dessa boa notícia.

Será que você, catequista, em seus trabalhos pastorais na catequese de sua comunidade, também se esforça para exercer sua missão de bom pastor? Vale a pena refletir sobre isso e mudar atitudes caso sejam constatadas ações que não correspondam a um bom pastor.

ÍNDICE

Este livro foi composto com as famílias tipográficas Caviar Dreams, Minion Pro e Segoe
e impresso em papel Offset 70g/m² pela **Gráfica Santuário.**